JN437863

목근춘추

목근춘추

초판 인쇄 / 2014년 10월 25일
초판 발행 / 2014년 10월 30일

지은이 / 목근회
펴낸이 / 김경옥
편집 / 이진만 염민정
펴낸곳 / 도서출판 온북스
등록번호 / 제 312-2003-000042호
등록년월일 / 2003년 8월 14일
주소 / 서울시 종로구 수표로 83
전화 / 02) 2273-4602, 303-0762
팩스 / 02) 2274-4602, 303-2010
전자우편 / bjs4602@hanmail.net

ISBN 978-89-92364-51-5 (03810)

온북스
onbooks

간행의 말

목근회(木槿會)는 1998년 3월 7일 일어일문학과에서 정년하고 수도권에 거주하는 교수들에 의해 발족하였다.

일본에 관한 학문적 업적과 연구 전통의 불모지인 한국에서 연구와 교육을 담당하였던 개척기 교수들의 친목모임이다.

회원들은 재직 중에는 그다지 교류가 없었지만 반일(反日)의 분위기가 짙게 남아있던 당시의 시대적 사회적 상황에서 고민과 감성을 공유하였기에 즐거움과 기대를 갖고 모임에 적극 참여하게 되었다.

물론 친목만이 목적은 아니며 건강과 여가 선용 문제, 한일간의 소식 교환, 국내 일본 관련학회와의 유대도 도모하며 자주 간단한 발표회를 갖는 등 활력의 증진과 자기 향상의 기회로 삼고 있다.

2006년 12월에는 주로 일본연구와의 관련을 소재로 하여 『구름 따라 세월따라』라는 문집을 발간하였으며 이번에는

『木槿春秋』라는 이름으로 새로운 감회 속에 2차 문집을 간행하게 되었다. 인생을 밖에서 바라보는 노후 심경의 표현, 잊지 못할 회고담, 기억에 남는 기록의 재소개 등을 내용으로 하는 이 문집의 간행은 회원 상호간에 보다 깊고 넓은 이해와 친숙을 가져오리라 믿는다.

광음여시(光陰如矢)요 만상전변(萬相轉變)이라. 목근회가 발족한지 16년이 흘렀다. 당시에는 기개가 왕성하던 초로들이 이제는 백발만이 늘었으며 12명의 초기 회원 중 7명이 유명을 달리하였다. 그러나 후배들이 차례로 참가하여 모임의 조직과 전통을 이어갈 수 있게 되었음은 참으로 고맙고 다행한 일이다.
회원 모두가 세대 간의 정서의 간격을 넘어 이해와 화합과 기쁨으로 매회의 모임에 임하고 있다.

회원들의 건강과 목근회가 의미있는 만남의 장으로 지속되기를 희망하면서 이 문집을 간행한다.

2014년 10월 20일

목근회 회장 **이 영 구**

차례

1 그리운 이야기

2 소꿉 이야기

3 가본 이야기

4 일궈온 이야기

5 알아본 이야기

• 필자 소개 •

곽영철 郭永喆

포산(苞山)
문학박사(국학원대학)
한양대학교 교수, 문과대학장
한국일본학회 회장
국민권익위원회 명예권익위원
현 재단법인코리아미래재단 이사장

권만혁 權萬赫

경산(景山)
고려대학교정경대, 한국외대 대학원
센다이 한국문화원 초대원장
동아대학교, 경기대학교 교수
경기대학교 사회교육원장

김동수 金東秀

공산(公山)
문학박사(한일신화 비교)
동덕여대 일어일문학과 설립 교수
동덕여대 대학원장
동일어문학회 회장
현 동덕여대 명예교수

김태정 金泰定

벽운(碧雲)
오사카대학 법학부대학원박사과정 수료
한국외대 동양학대학 학장
한국외대 국제지역대학원장
한국일어일문학회 회장

박무희 朴武熙

현암(玄庵)
관인 뉴-라이프 관광학원 원장
중앙대학교 대학원 박사과정 수료
국제대학교 중앙도서관장,학생처장
한일문화연구소 소장
한국 일어일문학회 총무이사

박희태 朴熙泰

만광(晩光)
리츠메이칸대학 한국외대 대학원
한국외대 용인캠퍼스 부총장
한국일어일문학회 회장
현 만광일본언어문화연구소 소장

• 필자 소개 •

신근재 愼根縡

우촌(祐村)
도쿄대대학원 사회학연구과 수료
문학박사(데이쿄대학)
동국대학교 인문과학대학 학장
도쿄대학 객원교수
동국대학교 일본학연구소장

유상희 柳相熙

동우(東隅)
문학박사(중앙대학교)
전북대학교인문대학 부학장
전북대학교 평생교육원장
한국일본어문학회 회장

이덕봉 李德奉

필명: 리산(里山)
언어학박사(츠쿠바대학)
동덕여대 외국어학부장, 대학원장
한국일본학회 회장
츠쿠바대, 와세다대, 오차노미즈여대
북경일본학연구센터대학원 강사
현 메이카이대, 릿쇼대심리학부 초빙교수

이영구 李榮九

서송(瑞松)
서울대문리대, 철학박사
한남대학교교수
중앙대학교외국어대학 학장
한국일본학회 회장
미야기가쿠인여대 데즈카야마학원 외국인교수

이종덕 李鍾德

보광(普光)
고려대학교문과대 한국외대대학원
문학박사(데이쿄대학)
세종대학교인문대학 학장

황윤주 黃胤周

현당(玄堂)
서울대법대 한국외대대학원
경일고등학교교장
상명대학교 사범대학 학장, 대학원장
학교법인 상명학원 감사

박희태 · 나의 이야기

황윤주 · 현재옥과 박단자

이영구 · 우수사려의 미와 생

이종덕 · 어느 일본인과의 만남

1

그리운 이야기

첫사랑의 만남, 스승과 벗의 만남,

인연의 뜰엔 그리움의 꽃이 핀다

나의 이야기

박희태 ●●

2013년 12월 23일은 나의 결혼생활 52주년이 되는 날이다. 나의 벗들 중에는 이미 회혼(回婚)을 맞이한 이도 있는데, 나는 장가를 늦게 들어 2년 전인 재작년에서야 결혼 50주년을 맞이하였다. 아내와 함께 해로하여 결혼 50주년을 맞이하는 것이 나로서는 이를 데 없이 기뻐 금혼식(金婚式)을 〈한국의집〉에서 전통 혼례로 올리려고 마음먹었었다. 그러나 아내가 극구 만류하여 서울 강남에 있는 〈웨딩 스튜디오〉에서 애들 식구들과 다 같이 기념사진을 찍고 외식하는 것으로 그날을 보냈다.

돌이켜 보면 내가 아내와 부부의 인연을 맺게 된 것은 어른들이 알음알음으로 수소문하여 양갓집 규수를 찾다가 중매에 의해 색시 감이 나타났기 때문이다. 일본에서 귀국한지 3년이 지나자 장가갈 나보다 어른들이 더 노심초사하셨다. 아내와 맞선 본 날을 지금도 생생하게 기억하고 있다. 1961년 6월 25일 일요일 덕수궁에서 신랑집 식구들과 색시집 식구들이 상견례 겸 신랑과 색시의 선을 보았다. 지금은 촌스럽다고 할지 모르지만 양가 어른들이 멀리서 지켜보는 가운데 덕수궁 안에 있는 한 벤치에서 처녀 총각이 처음으로 만나 맞선을 보았던 것이다.

그때 무슨 대화를 나누었는지는 다 잊어버렸지만 아내에게서 곱게 자란 티가 나는 양갓집 규수다운 인상을 받아 나는 마음에 들었다. 그전에 어머니께서는 외숙모를 대동하고 색시 집에 가시어 색시의 외모와 사람됨을 살피신 후였기에 당사자들이 서로 마음에 들기만 하면 어른들의 뜻에 따라 인연을 맺기로 되어 있었다.

그러나 아내는 그 당시 신랑감이 썩 마음에 들지 않았었다고 한다. 그것도 그럴 것이 사진 교환이 있었을 때 보낸 것은 잘 찍힌 20대의 사진이었는데 실물은 사진과는 다른 이미지의 키는 자그마하고 피부색도 가무잡잡한 새신랑 같지 않은 총각이었으니 실망했으리라 이해가 간다.

그런데 장모님께서는 딸에게 혼담이 들어와도 다 물리치시고 무꾸리의 말대로 동쪽에서 박씨성(朴氏姓)을 가진 신랑감만 나타나기를 기다리셨던 터라 따님이 마음에 들어 하건 들어 하지 않건 나를 따님의 천생연분이라 여기셨던 것이다. 신랑이 키가 작다고 투덜대면 벼룩의 양주(兩主)가 잘 산단다 하시면서 결혼은 신랑 신부 두 사람만이 아니라 두 집안이 인연을 맺는 것이라고 하시면서 결혼을 밀어붙이셨다고 한다.

장모님께서 아내가 어렸을 때는 KBS어린이합창단의 합창단원으로 참가케 할 정도로 활달하게 키우셨지만 학업을 마치고 난 후부터는 집안에서 여필종부(女必從夫)의 도덕관(道德觀)에 따라 신부수업(新婦修業)만 시키시었다. 성우(聲優)의 직업을 가질 기회도 있었는데 일체 사회생활을 못하게 하셨다. 장모님께서는 1911년생으로서 숙명고녀(淑明高女)를 나오신 분이고 동갑인 장인께서도 서울대학교 법과대학의 전신인 경성법전문학교(京城法專門學校)를 나오신 분인 데도 가풍(家風)이 그랬었다. 여하간 아내는 어른들의 뜻을 거스르지 못하고 있었는데 내 쪽지편지의 글씨가 약간 마음에 들었든지 못마땅한 게 좀 누그러져서 나의 뜻에 순종하여 한강변을 같이 거닐거나 남산을 따라 올라가기도 하여 재건 데이트를 하면서 연애 또는 열렬한 사랑을 하지는 않았지만 결국 부부의 연을 맺게 되었다.

결혼식은, 지금은 호텔이 초라하게 보이지만 당시에는 이름 있던 아스토리아호텔에서 올렸다. 신부나 내나 161센티의 같은 키인데도 내가 신부보다 작게 보였든지 식장에서 신랑 키에 맞추어 키를 줄여 서느라고 애먹었다고 한다. 신혼여행은 신혼부부들을 위한 전용열차를 타고 온양에 2박3일 다녀와 크리스마스이브를 온양온천호텔서 보냈던 추억이 지금도 생생하다.

우리의 신혼생활은 신부를 맞이한 후에도 총각 때처럼 어머니와 열두 해 위인 형님, 형수님 그리고 조카들과 한집에서 같이 사는 환경이었다. 거기에다가 육이오동란(六二五動亂) 때 작은어머니와 헤어지시어 홀로 계신 작은아버지까지 한집에 거처하셨으니 집안일을 거드는 도우미가 있었다 해도 아내의 시집살이는 몸도 고단했고 마음고생도 심했으리라고 생각된다. 게다가 신랑이란 사람이 어른들을 모시고 사는 환경이라고 해서 신부에게 살갑게 굴지 못하고 데면데면하였으니 아기자기한 신혼재미가 있었을 리가 없다.

그래서 한때는 우울증세도 있었고 갈등도 겪었다는 데 그때는 그런 것들을 전혀 알아차리지 못하였으니 나는 어느 모로 보나 바보였다. 그래도 그러한 시집살이를 한 덕에 지금도 경로의 나이가 된 조카들이 설이면 세배를 오거나 명절 때 또는 생일 때 꼭 찾아오곤 한다.

3년이 지나서야 따로나와 10평 남짓한 한옥에서 비로소 소꿉장난 같은 신접살림을 시작했다. 그 후로 집을 조금씩 늘려가 1968년부터는 한국외대(韓國外大)에서 엎드리면 코 닿을 가까운 지역인 이문동에서 살고 있다. 한 40여년 한 곳에서 살다보니 이제는 이문동 터주나 다름없어 이웃들과는 물론 동네 복덕방 영감, 구멍가게 주인, 이발소 아저씨들과도 서로 인사를 나누며 지내는 사이가 되었다.

나는 지금 아내와 단둘이 살고 있다. 아내와 50여년 같이 살아오면서 아내와 나는 둘도 없는 반려자임을 날이 갈수록 느낀다. 아내는 한때 취미생활로 꽃꽂이도 하고 또 호스피스교육을 받고 봉사활동도 했지만 뚜렷이 자아실현(自我實現)을 못한데 대한 후회는 있으리라고 생각한다. 그래도 여염집 아낙네로서 남편에게는 보비위를 맞추어가며 내조를 하고 자식 들을 위해서는 최선을 다해 뒷바라지 하면서 남의 집에서 세를 산 적은 없지만 넉넉지 않은 살림을 잘 꾸려왔다. 그리고 요즘에 와서는 여기아파 저기아파 하면서도 다행히 몸져눕지 않고 꿈지럭거리면서 설거지 한 번 안 해주는 남편을 위해 하루 세끼 밥상을 꼬박꼬박 차려주니 고마운 마음 그지없다.

요즈음의 우리네 살림살이는 옛날에 비하면 아주 편해졌다.

옛날에 행랑아범, 어멈을 거느리며 식모, 찬모, 침모 등을 두고 살았던 부자 못지않게 잘 살고 있다. 예를 들어 옛날에는 아궁이에 불을 때어 밥을 짓고, 빨래는 손빨래를 해야 하며 또한 식품을 신선하게 보관하기 위해서 빙고(氷庫)에서 떠온 얼음이 필요했는데 지금은 밥은 전기밥솥이 빨래는 전기세탁기가 또 식품의 냉장 냉동은 냉장고가 해주니 얼마나 편한 세상인가.

호랑이 담배 먹던 시절의 얘기라고 할지 모르지만 옛날에는 변을 보려면 뜰 한구석에 있는 뒷간에 드나들어야 했다. 그러나 지금은 화장실이라는 이름의 세면대가 딸린 수세식 변소가 집안에 있으니 얼마나 편리해졌는지 모른다. 그 뿐이 아니라 나 어렸을 때는 신문지를 조그맣게 오려서 뒤지를 했으며 이 닦는 것도 요즘처럼 칫솔에 의해 치약으로 수시로 닦는 것이 아니라 아침에 한번 소금으로 닦고 말았다. 이렇듯 생활의 편의에 대해 얘기하자면 한이 없다.

결혼생활 50여년 그런대로 큰 풍파 없이 지내왔다. 거실에 걸려있는 결혼50주년 기념사진을 자주 들여다보는데 그럴 때마다 삼남매가 제각기 가정을 꾸리어 손자손녀들을 거느리고 잘 살고 있어서 흐뭇한 기분이 들어 행복감을 느낀다. 자식들에게 엄하기만 했지 곰살궂게 굴지 못했던 내가 과연 아내가 없었다면 가정을 잘 지키고 또 자식들을 잘 키울 수 있었을까 하는 생각을 하면 아내가 그렇게 고마울 수가 없다.

삼남매 중 큰 딸과 둘째 딸은 벌써 50대에 들어섰고 막내인 아들도 40대 중반이 되어 나름대로 다들 잘 살고 있어 큰 걱정은 안 하고 있다. 큰 딸과 둘째 딸은 결혼신고와 동시에 내 호적(戶

籍)에서 제적되었으니 그야말로 출가외인(出嫁外人)이 되었다. 아들도 장가들어 며느리가 내 호적에 입적되어 가족이 한 사람 는 셈인데 따로 나가 핵가족으로 살고 있으니 한집에서 조석 식사를 같이하는 식구가 아니다.

그러지 않아도 호주제(戶主制)가 폐지되고 2008년 1월 1일 가족관계 등록 등에 관한 법률이 시행됨으로써 가족관계증명서를 떼면 며느리와 손자손녀는 가족으로 나타나지 않으니 남이 되어버린 거나 다름이 없다. 왜냐하면 새로운 신분등록제에 의하면 가족의 범위가 배우자, 직계혈족과 형제자매로 되어 있고 생계를 같이할 경우에만 직계혈족의 배우자, 배우자의 직계혈족, 배우자의 형제자매를 가족으로 인정하고 있기 때문이다.

그리고 가족관계등록부가 1인1적(1人1籍)으로 되어 있어 아내 이름으로 가족관계증명서를 떼면 가족으로 친정아버지, 어머니, 배우자, 자녀만 기록되어 있다. 그 대신 호적에서 제적되었던 출가외인의 두 딸은 다시 가족으로 등록 되어 있어 따로 살림살이를 하여도 내 가족임이 분명하다.

큰 딸애는 같은 대학 같은 학과 동급생과 인연을 맺은 소위 CC 커플(캠퍼스 커플)이다. 사돈께서 나무도 한 정원에서 토양이 다른 정원으로 옮겨 심으면 몸살을 앓아 잘 가꾸지 않으면 살리기가 힘든데 하물며 자신이 자란 환경과 가풍이 전혀 다른 가정으로 시집오는 것이니 얼마나 어렵겠느냐고, 우리 가정에 잘 적응할 수 있도록 각별히 보살피겠으니 염려마시라고 하는 감동적인 말씀을 하시어 선뜻 내 딸을 내 주었는데, 사돈께서 당신 언행대로 잘 이행하시는 것 같아 마음이 놓였다. 둘째 딸애는 대학교 1학년 때 미팅에 의해 사귀어 짝을 찾아 결혼하게 되었으나 그런대로 시집을 잘 보냈으므로 지금까지도 걱정을 별로 안 하고 있다.

돌이켜보면 연년생인 두 자매가 어렸을 때 재롱을 부리며 우리 내외를 기쁘게 해주어 무척 행복했었다. 우리내외는 첫딸을 낳았을 때도, 둘째 딸을 낳았을 때도 조금도 섭섭해 하지 않았다. 아들을 선호하는 사람들과는 달리 아들딸을 가리지 않았기 때문이다.

막내인 아들도 같은 대학 같은 학과 후배와 연애를 하여 결혼을 하였으니 우리 내외는 애들 짝 찾느라고 애먹지 않았다. 아무리 아들딸 구별 않고 자식들을 키우긴 했지만 개성박씨(開城朴氏) 성을 이어받을 후손은 있어야 하겠다고 생각하던 차에 2000년생인 밀레니엄 손자가 하나 태어나서 다행으로 여기고 있다.

개성박씨는 관향(貫鄕)이 개성이라 경기도 일원에 분포되어 있었는데 이북(以北) 개성지역(開城地域)에는 혹 있을는지 몰라도 현재 남한(南韓)에는 절손(絕孫)되다시피 하여 남자로서는 나와 조카, 아들, 손자 4사람 밖에 없는 것 같다. 손이 귀한 집안이라 개성박씨를 이을 사람은 손자 하나 밖에 없어 개성박씨가 아주 사라지기 십상이다.

그야 부계(父系)사회가 오늘날에는 양계(兩系)사회로 바뀌어 부부가 합의하면 자녀가 어머니의 성을 따를 수 있는 양성평등(兩性平等) 세상이 되었으니 손자건 손녀건 개성박씨를 이어가게 할 수는 있지만 그게 마음대로 되는 일이 아니어서 걱정이 된다.

올해 내 나이 여든여섯, 평균수명의 나이가 넘도록 살고 있다. 시카고대학의 심리학자 Benjamin Cornwell교수의 말에 의하면 70~80대가 가장 행복한 연령대라고 하니 아직 여생을 즐길 때인 것 같다. 더구나 만 85세가 되었다고 주민센터에서 연말에 장수(長壽)수당까지 주겠다고 하니 오래 살긴 산 것 같다. 앞으로 얼마나 더 살지는 모르나 아무 때 이승을 뜬다 해도 두렵거나 여한이 없다.

玄在玉과 朴丹子

– 哀愁의 두 女人

황윤주 ●●

1

내가 고향을 떠난 것은 내 나이 여섯이 되던 해였다. 우리 가족을 태우고 갈 자동차가 저만치 뿌옇게 보이는 신작로에 서 있던 기억이 난다. 그러나 그 차를 타고 이화령(梨花嶺)을 넘어 현해탄(玄海灘)을 건너간 기억은 나지 않는다. 아마도 내가 잠들어 있는 동안의 여정(旅程)이었나 보다.

내 고향은 소백산(小白山) 줄기가 죽령(竹嶺)에서 우로 꺾어 월악산(月岳山)을 지나 문경새재(聞慶鳥嶺)로 뻗어가는 도중에 있다. 작은 개천을 사이에 두고 三十여호의 초가가 게딱지 같이 옹기종기 엎드려 있었다.

산마을이라, 산그늘이 내려오면 이내 밤이 왔다. 그 때문인지 낮에 우는 새소리 보다 밤에 우는 부엉이 울음이 더 기억에 남아 있다.

어느 날 저녁이었다. 나는 할머니 등에 업혀 개울건너 강진(江津) 할머니 집으로 마실을 갔다. 강진 할머니는 충주 근방의 강진에서 우리 마을로 오신 분인데 나를 아주 귀여워 해 주셨다. 강진 할머니 안방에는 어느 새 등잔불이 켜 있었고 동네 할머니들이 모두 와 있었다. 그런데 방에 들어서자 웬 예쁘장하고 똘방똘방하게 생긴 계집애 하나가 조그만 짐 보따리처럼 어른들 틈에 쫑긋 앉아 있는 것이 눈에 띄었다. 마치 꼬마인형 같았다. 나는 몹시 호기심이 났다. 그래서 친구 삼고 싶었던지 그녀의 턱 앞으로 바싹 다가앉았다.

그 당시의 등잔불은 호롱의 심지를 크게 돋우면 끄으름이 심해서 적당히 줄여 사용했기 때문에 구석진 곳은 침침하였고 등잔불 주변만 붉으래하였다. 등잔불이 바람에 흔들릴 때마다 그녀의 검고 큰 눈망울은 불빛에 번들거렸고, 바르게 날이 선 코는 불빛을 등질 때면 마치 노을을 등진 능선처럼 그 음영(陰影)으로 말미암아 아름다운 선을 그었고, 그리고 무엇보다도 그 작고 앙증맞은 이마에 등잔불이 조용히 머물고 있을 때면, 겨울날 산봉우리에 석양을 볼 때처럼 따스하고 슬프고 안쓰러운 느낌을 자아내게 하였다.

나는 미동도 않고 그녀를 응시하였다. 그 환상적인 정경에 한없이 빨려 들어갔다. 그러자 그녀는 이 이상한 개구쟁이의 염치없이 하는 행위에 불안을 느낀 듯 옷고름을 연신 만지작거리며 경계하는 눈빛으로 나를 힐끔힐끔 보는 것이었다.

시간이 얼마나 되었는지, 드디어 어른들이 자리를 털고 일어나자, 그 계집애도 기다렸다는 듯 재빨리 일어서려고 하는데 아아 이를 어찌할꼬? 나의 고사리 손이 먼저 그녀의 작은 치맛자락을 덥석 움켜쥐고 있었으니! 그녀는 그만 울음을 터트렸고, 졸지에 전개된 이 해괴(駭怪)한 진풍경을 내려다보고 어르신들은 일제히 폭소하였다.

다시 집으로 돌아오며 개울을 건널 때, 나는 할머니 등에 업혀 훌쩍대고 있었다. 그 계집애가 눈앞에 없는 것이 답답하고 슬펐다.

그날 밤 잠자리에서(나는 그 무렵 천자문을 익히노라 사랑채에서 잤다) 조부께서 나의 배를 쓰다듬으시며 「그래 옥(玉)이 네 마음에 들더냐?」하시며 웃으셨다. 아마 할머니한테 이야기를 다 들으신 모양이다.

– 그 후 세월이 까맣게 흐른 지금까지 그 계집애 – 玄在玉을 나는 한 번도 만난 적이 없다. 하지만 그 시절 아련했던 추억은 지금도 안개속의 가로등처럼 내 가슴 속에 깜박거리며 있다.

2

六 · 二五가 터지던 해, 나는 18살 이었다. 그 해 8월에 나는 피난지 부산의 해변 가까이 있는 어느 미군보급부대에서 식당 일

을 하였고, 그 덕분에「전시요원증」즉「징집보류증」을 얻게 되었다.

전황(戰況)은 날로 위급해 갔다. 대한민국의 영토는「한반도와 그 부속도서」에서 점차 오그라져 동으로 영천, 북으로 왜관, 서로 마산 교외를 잇는, 그야말로 고양이 이마박이 만해졌고, 이대로 가다가는 영도(影島)바다로 쓸려갈 형국이었다.

기관원들이 낮에는 거리에서, 밤에는 누다락방까지 뒤져, 젊은이들을 찍어내, 일주일간의 소총연습 끝에 최전방으로 쏟아부었고, 그 서투른 신병들은 소모품처럼 산화(散花)해 갔다.

나는 완월동(脘月洞)의 낡은 적산가옥 한 귀퉁이를 거처로 삼고 출퇴근을 하였다. 적산가옥에는 나 말고 젊은 집주인 부부와 안주인의 고향친구라는 여학교 동창이 살고 있었다. 그 동창생 여자는 여학교(그 당시 舊制 5학년)를 수석으로 나온 사람답게 아주 영특하게 보였다. 중간 체격으로 알맞게 곧은 종아리가 뽀얀 것이 보기 좋았다. 특히 오른쪽 뺨에 까만 점이 귀밑 가까이 있었는데, 그 점이 역설적으로 그녀의 얼굴 인상을 고혹(蠱惑)하게 돋보여 주고 있었다. 우리는 그 동안 함께 대화를 나눈 적이 없었다.

그러던 어느 날, 어떻게 된 일인지, 나는 그녀의 방에서 그녀를 앞에 두고 우리와는 아주 다른 고도의 문명국에서 건너온, 낯설고 신기했던 가지가지 이색문화를 접하고, 우리가 그 동안 얼마나 불쌍한 민족이던가를 비분강개하는데, 입에 거품을 물고 있었다. 그녀도 신기하다는 듯 때로는 놀라는 듯 했고 또 때로는 부러워하는 듯 나의 미군 부대 경험담을 경청하였다.

그렇게 시간을 보내던 중 누가 먼저 화두를 꺼냈는지, 우리의 대화는 문학작품 쪽으로 전개되었고 차츰 역사철학으로 확대, 급기야는 종교사상 같은 형이상학적 사유(形而上學的 思惟)의 영역으로까지 무한비행을 하는 것이었다. 나도 웬만큼은 독서량이 있었고, 비교적 감성적 기능을 예민하게 타고난 터여서 그 여자가 알면 무얼 얼마나 알겠는가 하고 처음에는 좀 얏잡아 보았으나 그게 아니었다.

그녀는 나보다 한 수 위였다. 우리들은 차츰 함께 공감(共感)하며 한마음이 되었고 함께 공명(共鳴)함으로서 몸을 부르르 떨었고, 그리고 종당에는 환희의 뜨거운 용광로 속으로 함께 용해되어 가버렸다. 참으로 난생 처음 맛보는 황홀하고 감미로운 지적 교열(知的交悅)이었다.

새벽이 되어 우리의 대화는 그 어떤 성취감에 스스로 소진(消盡)된 듯 한참 동안 보랏빛의 침묵으로 변했다. 방을 나올 때 그녀의 눈빛은 전날의 그것이 아니었다. 귀여운 동생을 보는 듯, 만만찮은 적수를 만나 놀랍다는 듯 – 아니, 그녀의 눈에는 이 밤에 오랜만에 주체못할 어떤 수줍음으로 하여 당혹함을 애써 감추려는듯한 기색이 역력하였다. 나는 울고 싶은 가슴을 안고 내 방으로 왔다. 그리고 짧지만 행복한 잠에 깊이 빠져들었다.

그날 퇴근 후, 공연히 벅차고 자꾸 빼근해 오는 가슴을 누르며 완월동 그 집 문을 들어서려는데, 옆집 할머니가 달려와서, 아까 낮에 그 집에 일어났던 「사건」을 겁먹은 얼굴로 일러주는 것이었다.

– 어떤, 인상이 고약한 사람들이 들이닥쳐 젊은 여자와 집 주인부부를 연행하여 갔다는 것이다. 순간 나는 가슴을 포탄이 펑! 하고 뚫고 지나간 것처럼 맥없이 주저앉았다. 어디로 끌고 갔는지 도대체 무슨 죄로 끌고 갔는지, 그들은 과연 돌아올 수 있는 것인지 – 그 모두가 답답하고 불안하였다. 나는 그저 「어제의 하룻밤」이 다만 한 여름 밤의 꿈으로 끝나지 않기를 간절히 빌었다.

허탈하고 잿빛 같은 일주일이 지난 어느 날, 집주인 부부가 유령처럼 비실비실 돌아왔다. 얼마나 얻어맞고 왔는지 죽은 송장 같은 몰골이었다. 그러나 동창생은 보이지 않았다. 다급히 물었으나 자기들도 모른다는 것이었다. 어쩌면 피살되었을지도 모른다고 하였다. 그 여자는 진주에서 좌경여성단체의 위원장으로 이름을 날렸고, 六・二五가 나자 우익의 보복이 두려워 이곳에 와 있었다. 같은 피난이더라도 좌익이 쳐들어와 이곳으로 온 우리와는 처지가 달랐다. 그들 부부는 단지 「위원장님」을 데리고 있었던 죄로 이렇게 치도곤을 당했다고 한다. 처음 그들이 연행된 곳은 어떤 물류창고 같이 큰 건물이었는데, 그 곳에서 그녀는 따로 고문을 받은 것 같다고 하였다.

그 부부의 말을 빌리면, 고문장에는 이미 무수한 남녀들이 반나(半裸) 혹은 전나(全裸)의 상태로 개처럼 타작되고 있거나 축 늘어져 있었고, 그 아비규환 중에도 괜찮은 여체(女體)를 만나면 매질하다 말고 옆 창고로 끌고 가서 일을 끝내고는 그 죄의 경중을 묻지 않고 슬며시 방면(放免)해 준다는 것이다. 전선은 전선대로, 후방은 후방대로 이 민족은 서로가 서로의 야수가 되어 그 살점을 뜯어먹고 있었다.

세월이 흐르고 휴전이 되었다. 대학이 부산 구덕운동장 끝에 문을 열었다. 나는 영도 산중턱에서 자취를 하였다. 시청 앞까지 버스로 가서 거기서 전차로 갈아타고 대학으로 갔다.

그날은 비가 부슬대는 오후였다. 하교 길에 시청 앞 정류장에서 버스를 기다리고 있는데, 어떤 젊은 여자가 아스팔트 웅덩이에 고인 빗물을 개의치 않고 처벅 처벅 저쪽으로 가더니, 이내 다시 돌아오는 것이다. 올 때도 역시 웅덩이 물을 피하지 않는다. 원색의 양장에다 빨간 구두를 신었고 그 구두 위로는 뽀얀 다리가 아름답게 뻗어 있었다. 나는 좀 이상한 여인이라고 생각하면서 내 바로 눈앞을 지나가는 그녀를 바라본 순간, 헉! 하고 숨이 막히는 듯 했다.

오른 쪽 뺨, 귀 가까운 곳에 그 고혹적인 검은 점(点)이 있지 않는가! 무엇을 어떻게 해야 할지 당황하고 있는데, 때마침 버스가 도착하자(그 때는 거의 한 시간 간격이었다) 기다리던 인파(人波)가 일시에 몰려가 승차 전쟁을 일으키는 머리에 나도 그 속에서 허우적대다가 그만 그녀를 놓치고 말았다.

나는 영도소방서 앞에서 하차하였다. 저만치 미군 숙소 담장을 끼고 산중턱으로 구부러진 길을 따라 나는 판잣집으로 가야했기 때문이다. 나는 아까 시청 앞 그「일」에 골몰하며 천천히 걷고 있는데, 어느 틈에 따라왔는지 아까 그 빨간 구두의 여인이 내 앞을 앞지르며 미군 숙소를 향하여 종종 걸음을 치고 있지 않는가!「어!」-나는 말뚝처럼 우뚝 섰다. 그리고 허공을 향해 손을 저으며 큰 소리로 외쳤다.「박단자씨! 거 박단자씨 아니오?」그러나 그녀 - 朴丹子는 나의 고함 소리가 들릴 만큼 그렇게 마음이 여유롭지 못했는지, 듣고도 그 이름은 과거의 호명이었지, 지금의 나와는 관계가 없다고 생각했는지, 뒤도 돌아보지 않고 미군 숙소 안으로 사라졌다.

나는 그녀가 사라져간 미군 막사 너머로 뾰족이 얼굴을 내밀고 있는 산마루를 멍하니 바라보았다. 산마루에는 흰 구름이 한가롭게 떠가고 있었다.

우수사려憂愁思慮의 미와 생

– 스승 청송 선생을 추모하며

이영구 ●●

나의 대학 시절의 스승이신 청송(聽松) 고형곤(高亨坤)선생님이 백수(白壽)의 연세에 돌아가신지 10년이 지났다. 지금도 하얀 수염을 만지면서 "어서 오게" 하고 맞이해 주실 것만 같다.

2004년 봄 내가 일본 모 대학의 외국인교수로 가게 되어, 1월 9일 세배 겸 하직인사를 올리려고 당시 분당의 큰 자제 분 댁에 계신 선생님을 찾아뵈었는데, 그것이 선생님을 마지막으로 뵌 것이 되었다. 그때도 청력이 감퇴되시기는 하셨으나, 사고력은 여전하시어 "잘 갔다 오라" "바쁜데 어서 가봐라" 등의 말씀을 해주셔서, 여름 휴가철에 들어오게 되면 또 뵐 것으로 알고 무심코 떠났다.

선생님의 부보를 접한 것은 6월 25일 근무하고 있던 일본의 대학에서 였다. 주말이어서 매우 힘들게 한국행 비행기표를 구하여 다음 날 오후 서울에 도착, 바로 선생님의 빈소에 갔다. 그러나 강의 도중이어서 다음날 다시 일본으로 돌아가지 않을 수 없었다. 운구도 못하고 더욱 출상도 못 본채 떠나야하는 나의 심정은 허전하였으며, 또 한없이 죄송스러웠다.

선생님께서는 종교적 입장에서든 상식적 입장에서든 희망 또는 요청적 입장에서든, 인간의 사후에 관해서는 수십 년 가까이서 모시고 있었음에도 특별히 확실하게 말씀하신 바는 없으나, 사람은 죽으면 자연으로 돌아간다는 보통사람의 생각과 별로 다르지 않은 것으로 나는 안다.

다만 현세에서의 만남을 천재일우의 아름다운 인연(因緣)이란 말씀은 자주 들은 적이 있다. 선생님께서는 이 세상에서 좋은 인연, 나쁜 인연 할 것 없이 결국에는 아름다운 인연으로 융화 · 용해시키고, 표연(飄然)히 자연으로 돌아가셨다는 생각이 든다.

나는 당신께서 미리 준비해 두신 선생님의 산소를 들린 적이 있다. 어느 날 "내가 마석 수동면에 있는 천마산 줄기의 풍수(風水)를 보고 마음에 드는 곳을 물색하고 가묘를 준비하여 두었으니 보러 가자" 고 하셔서 선생님을 모시고 갔다 온 적이 있다. 산소 입구의 도로도 정비되어 있지 않고, 잡초만 우거져 황량한 감마저 드는 곳이었다. 그런데 선생님께서는 기분이 매우 좋으신 것 같았으며, 사진을 몇 장 찍는데도 흔쾌히 응하여 주셨다.

지금 생각하면 선생님의 거동이 자유스러울 때의 마지막 자연스러운 모습의 사진이 아닌가 하고 귀중하게 보관하고 있다.

산소에 대한 말이 나온 김에 덧붙이고 싶은 이야기가 있다. 당시 서울시장인 둘째 자제 고건(高建)씨는 화장을 적극 권장하는 입장이어서 선생님보다 먼저 가신 사모님은 화장을 하였으나,

선생님께서는 화장을 극히 싫어하시어 흙으로 돌아가기를 원하셨다. 그래서 선생님께서는 나보고 "시장이 화장을 못하게 강하게 말해주게"라는 말씀도 하셨다. 나는 화장이든 토장이든 인생무상이라는 관점에서 보면 그다지 큰 의미가 있는 것은 아니라고 평소 생각하고 있었다.

내가 선생님의 강의를 들은 것은 전주의 전시(戰時) 연합대학에서였다. 당시는 아직 전투가 계속되던 시기로 언제 전세가 불리해지거나 또는 연합대학이 해체될지 모르는 불안 의식이 팽배했던 때였고 내일을 기약할 수 없는 불확실한 시대였기에 가급적 학점을 많이 취득해 두라는 권유도 있고 해서, 무모하게도 당시의 규정 최고인 학기당 42학점을 신청하여 거의 매시간 수강하다시피 하였다. 그 결과 전공인 철학과목 보다 다른 과목의 수강이 더 많았으며, 42학점을 전부 취득하기는 하였지만 성적이 좋을 리 없었다. 후에 26학점만 인정받아 성적으로 큰 손해를 본 것은 물론이거니와 선생님의 강의를 못 알아들은 것이 큰 후회가 되었다. 선생님께서는 고학년을 위한 "연습(演習)" 과목을 담당하셨는데, 저학년인 나는 이해할 수가 없었으며 따라서 성적이 D학점이었던 것은 당연한 일이었다.

나는 문리과대학이 부산에서 개교하였을 때부터 비로소 철학과 학생으로서의 자부심을 갖게 되었으며, 선생님의 강의도 계속 들었다. 서울로 환도한 후는 학부 · 대학원 시절을 통하여 생철학과 실존철학을 공부하였으며, 선생님 강의는 빠짐없이 청강하였다.

학부 시절 선생님의 강의에서 기억나는 일이 있다. 한번은 강의 시간이 되었는데도 선생님이 들어오시질 않았다. 당시는 강좌당 90분 수업이었는데, 교수들이 10~20분 늦게 들어오거나 적당히 끝내는 것이 상례였다. 유명 교수일수록 이 같은 경향이 강하였으며, 오히려 유명도의 표현인양 알려지는 경향마저 있었다. 시간 엄수가 철저한 지금으로서는 상식 밖의 일이라 할 수 있다.

보통 10여분 늦게 들어오는 것은 다른 교수들도 그러했지만, 그날은 약 30분이 지난 후에 들어오셨다. 그러나 강의는 하지 않으시고, 창문 밖을 뚫어지게 쳐다보시다가 얼마 후 좋은 생각이 떠오르지 않으니 오늘은 그만하자고 하시며 교실을 나가셨다. 한참 강의를 고대하고 있던 학생들에게는 정말 어이가 없는 허전하고 무료한 시간이었다. 그러나 아무도 불평을 하지 않고 모두 빙긋이 웃으면서 강의실을 빠져나왔다. 그러나 어떤 때는 강의실에 들어 오시자마자 노트도 없이 열변을 토하시기도 하셨다. 선생님께서는 한번 당신의 지혜의 샘물이 솟아나오면 강의시간이 끝난 줄도 모르고 무성영화시대의 변사와 같이 지적 정열을 쏟으셨다. 그래서 다른 강의를 포기하고 선생님의 강의를 들은 적도 있었다.

학생들은 노트를 할 틈도 없이 유수와 같은 열변을 그저 감동하며 듣고만 있었다. 그런 강의는 선생님의 직관과 시적(詩的) 표현으로 충만한 것이어서, 감수성이 강한 학생들을 매료시켰다. 선생님의 강의는 논리적이라기 보다는 때로 예술학, 미학, 수사학의 강의와도 같았다.

지금처럼 테이프레코더가 있었다면 선생님의 강의를 녹음해 두고 오래 되새겨 들을 수 있었을 텐데, 그 당시는 그저 선생님의 열강에 황홀해 하기만 하였다. 그 시적이고 수사적인 내용은 몇 구절 이외는 잊고 말았으나, 그 감동만은 여전히 남아있다.

그리하여 나는 한번 선생님에게 저서를 남겨주시라는 말씀을 드린 적이 있다. 선생님의 명강의를 노트할 기회도 없었기에 부탁드린 것이다. 그때 선생님께서는 즉석에서 답변을 하시지 않고, 얼마 후 다른 기회에 선생님의 스승에 대한 이야기를 들려주셨다.

서울대학교의 전신인 경성(京城)제국대학 재학시절 선생님은 아베 요시시게(安倍能成), 미야모토 가즈요시(宮本和吉)선생 등으로부터 강의를 들으셨다는 것이다. 아베선생도 물론이지만 특히 미야모토선생은 훌륭한 실력을 갖고 있었음에도 불구하고 다른 학자에 비하여 저서가 극히 적었다는 것이다. 그래서 선생님께서는 내가 말씀드린 것과 같이 미야모토선생에게 저서를 원하였던 바, 미야모토선생의 대답이 "바닥이 보여서 말이야(底が見えてね)" 라고 하셨다고 한다. 나는 미야모토선생에 관한 이야기의 인용을 나에 대한 선생님 자신의 대답이라고 이해하였다. 즉 함부로 책을 쓸 수 없다는 엄격한 자기성찰의 탓으로 저서의 무게와 책임을 설명 대신 말씀해 주신 것이었다.

이 "바닥이 보여서" 라는 대답은 나에게도 큰 충격을 주었다. 이 말씀은 지금까지 나의 뇌리에 남아있어, 나의 저서 집필에 언제나 하나의 경고로 남아있다. 사제(師弟) 삼대(三代)에 걸친 저서 기피증이라고나 할까.

대학원 시절이 되어 비로소 선생님의 학문의 영역에 들어갈 수 있었다. 선생님은 철학연습으로 하이데거의 주로 후기사상을 중심과제로 삼으셨고, 훗설과 관련한 현상학 강의를 하셨다. 선생님의 말년의 연구과제인 불교와 서양의 존재론과의 관련에 관한 강의와 사상은 내가 대학원 시절에는 배운 바가 없었다.

대학원 시절 강의가 끝나면 가끔 밖으로 나가 막걸리와 도라지 위스키 등을 마시면서 사제간 밤늦도록 담소의 시간을 보내곤 하였다. 그때는 물이 흐르고 그 양쪽으로 판잣집이 즐비한 청계천의 싸구려 주점의 다락방에 올라가 통행금지 시간이 될 때까지 각자의 호주머니를 다 털어가며 —물론 선생님 주머니도 털고— 학문, 청춘, 사랑, 인생 등을 논하던 때가 지금도 마냥 그립기만 하다. 그 주석에서 듣고 배운 선생님의 모든 인품에서 나온 지식과 사상은 강의실에서 몇 년간 들은 것보다 훨씬 더 가슴에 와 닿는 바가 있었다.

선생님은 서울대학교를 떠나 전북대학교 총장으로서 그리고 한 때 야당의 국회의원으로서, 현실의 여러 분야에서 인생을 체험하셨다. 한번은 마치 자신이 「괴테」의 작중인물인 「파우스트」처럼 여러 세계를 방탕아처럼 경험하고는 있으나 만족은 없다는 말씀을 하신 적이 있다. 나는 선생님의 마음의 보금자리는 역시 학문의 세계가 아니었을까 하는 생각을 하였다.

사회 일선에서 은퇴하신 후 선생님께서는 예상대로 다시 학문

연구에 몰두하셨다. 서양의 존재론과 선(禪)의 접목에 관한 연구였다.

그 성과가 1968년에 나온 선생님의 큰 논문『선(禪)의 존재론적 구명(存在論的 究明)』이다. 여기서 선생님께서는 선의 현상학적, 존재론적 구명을 시도하셨고, 다시 이를 보완하여 1971년『선의 세계』(太學社)를 간행하셨다.『선의 세계』에서는 "선"과 특히 "하이데거"의 관련에 관한 내용이 주제라고 생각된다.『선의 세계』는 그후 1976년과 1979년 삼영사(三英社)에서 재판과 중판이 나왔다.

선생님의 낭만과 풍류와 재능, 그리고 유려한 문체는 1975년 조양사(朝陽社)에서 발간된 수상록(隨想錄)『하늘과 땅과 人間』에서 엿볼 수 있다. 학술 논문은 논리 체계로 일관되는 것이지만, 수필은 저자의 인간의 전모가 드러나는 것이기에 나는 이『하늘과 땅과 人間』에서 선생님의 기억을 늘 새롭게 한다.

선생님은 그 후 단풍으로 유명한 내장산의 산록에 칩거하시며 본격적인 불경과 고승의 사상 연구를 시작하셨다.

수도사와도 같이 엄격한 극기의 생활을 하신 내장산에서의 10년의 은거와 거기서 거둔 연구의 귀중한 자료들을 버스 안에서 분실하시고 십년허송의 실의에 빠지셨던 선생님이, 어렵고도 어려운 원효(元曉)에 관한 해명을 새로 시도하신 것은 선생님의 연세로 보아 놀라운 일이 아닐 수 없었다.

선생님의 생신은 스승의 날 전후가 되는 음력 4월 16일이다. 나는 내가 서울에 있을 때는 정초, 생신일, 추석에는 자주 찾아

뵈었다. 선생님은 두문불출하셨으며, 아흔이 넘으셨는데도 불구하고 확대경을 통해 책을 읽으시며 깨알같이 작은 글씨로 노트를 하고 계셨다. 아직도 젊고 현직에서 연구해야 할 나는 부끄럽기 짝이 없었다.

내가 불경의 세계에 문외한이기에 불교 문제로 선생님과 깊게 말씀을 나눈 적은 없으나, 불가(佛家)의 말을 인용한 선생님의 적절한 비유 표현 등은 나의 지적 함량을 항상 높여주셨다.

선생님은 해박한 한학과 불교에 관한 지식, 그리고 독일어의 실력으로 동서 사상의 접목을 시도하셨던 바, 만일 학계를 일찍 떠나시지 않으셨다면 선생님께서 그렇게도 의욕을 갖고 계셨던 학문적 목표가 달성되지 않았을까 하는 아쉬움이 크다.

선생님은 학자인 동시에 "소나무에 매달리는 바람소리를 듣는다"의 뜻인 청송(聽松)이라는 아호가 말해주듯 풍류인(風流人)이자 천부적인 시적 서정의 소유자이셨다. 송만갑(宋萬甲), 이화중선(李花仲仙) 등의 판소리를 늘 칭찬하시곤 하셨다. 선생님의 직관적이고 시적인 강의는 이미 말했거니와 실생활과 문장에서도 그 진모가 여실히 나타난다. 선생님께 직접 들은 수많은 일화 가운데 하나만 소개하겠다.

선생님께서 국회의원 시절이던 어느 날 종로의 다방에 친구 분과 같이 들리셨는데, 그 다방의 어린 여종업원이 예쁘기도 하거니와 친절하고 또 불우하다는 것을 듣고 뭔가 마음의 선물을 하고 싶어 명필인 친구 분은 글씨를 담당하고 당신께서는 제작을 담당하여 글씨 병풍을 만들어, 두 분이 손수 들고 다시 찾아 가 그 여종업원에게 아무 설명과 조건도 없이 선물해 주셨다는 것이다. 먼 후일 유명한 글씨 때문에 병풍의 가치가 커질 것이라는 말만 남기고. 그 여종업원은 뜻도 모르고 어이가 없는 표정으로 병풍을 받았으리라. 얼마 후 다시 그 다방에 가본 즉 여종업원은 이미 떠난 후였으나 마음은 흐뭇하였으며, 이것이 인간의 인연의 아름다움이라고 하셨다.

선생님의 시적인 서정과 유려한 문장, 직관적인 판단은 선생님의 문장 도처에서 찾을 수 있으며, 특히 선생님의 수필에 그 면모가 약여하다.

선생님의 불교와 서양철학 특히 원효(元曉)사상의 현상학적 존재론적 해명을 위한 연구는 말년까지 지속되었다. 시력(視力), 청력(聽力)이 거의 쇠퇴한데 더하여 운필(運筆)의 기력까지 없어진 상태에서도 옆에 있는 사람에게 구술로 기록하게 하는 집념은 단순히 지적 호기심에서 나온 것이 아니라 선생님의 생(生)과 미(美)를 표현하는 처절한 번민에서 나온 것이 아닌가 생각된다.

선생님은 일체방하(一切放下)의 불교적 교설과 탈자(脫自) 즉 "Ek-sistenz"를 말씀하셨으나 당신께서는 물론 그런 각(覺)의 세계에 이르는 고승(高僧)같은 경지와는 거리가 먼 평속인(平俗人)으로 자처하셨다. 아무리 나를 버리려 해도 "생각하는 나(ich denke)"의 "나(ich)"를 버리기가 어렵고 그리하여 제행무상(諸行無常)을 초월하지 못하는 인간의 숙명적 한계와 비극적 존재임을 말씀하셨다.

니체(Nietzche)는 인간의 비극을 디오니소스(dionysos)적으로 극복하라는 것을 주장하였으나 선생님은 디오니소스적 요소 대신 "사유(denken)"의 개념을 도입하셨다.

즉 인간은 숙명적 유한성을 사유를 통하여 인식하고 이의 초극에 정진하라는 뜻이라 하겠다.

인간의 실존적 존재임을 긍정하면서도 "사유"를 끝까지 확신하며 신앙에서 안식을 구하지 않았던 것이 아닌가 한다.

선생님이 자주 쓴 우수사려(憂愁思慮)란 용어는 하이데거(Heidegger)의 실존적 "관심(Sorge)"과 사변철학의 기본인 "사유"의 복합적 성격의 표현이며 이 우수사려의 생에서 기쁨도 슬픔도 미(美)도 행복도 현상한다는 것이 선생님의 사상으로 나는 이해하고 있다.

선생님은 또한 이 세상을 더할 나위 없이 아름다운 것이라 하셨다. 인생은 우수사려에 차있고 이렇게 단명(短命)이기에 삶 자체는 희비의 반복의 연속이지만 그것이 바로 인생의 운명이기에 아름답다는 것이다.

즉 우수사려의 고뇌가 있는 반면 회자정리(會者定離)요 생자필멸(生者必滅)의 변화가 있기에 한 순간 한 찰나가 그렇게도 아름다운 것이라는 말씀이다.

우수사려의 아름다움을 관념적이 아니라 실제의 삶으로 음미해 보려고 「파우스트」적인 오뇌와 희열, 그리고 슬픔과 좌절 등을 회피하지 않고 흔쾌히 맞이하신 흔적을 선생님의 수필집 『하늘과 땅과 人間』에서 엿볼 수 있으며, 여기서 단순한 철학자가 아닌 시인으로서의 선생님을 발견할 수가 있다.

선생님께서는 2002년 당신이 소중하게 간직하신 소장품을 전부 원광(圓光)대학교에 기증하셨다. 희귀한 백자와 고가구(古家具), 고서(古書), 고병풍(古屛風) 등 75점과 600권에 이르는 귀중서적 등 갖고 계시던 모든 것을 기증하신 것이다. 원광대학교에서는 박물관에 聽松기념관을 특별히 마련하고 있다. 또 선생님의 유산은 「청송학술재단」의 설립기금으로 기증되었다. "인생공수래공수거(人生空手來空手去)"라고 자주 말씀하신 선생님께서는 말씀 그대로 공수래공수거하셨다.

나는 나의 집 베란다에 있는 난과 관음죽, 그리고 소철을 바라보고 있다. 이 화초는 선생님께서 주신 것이다.

나는 이 소중한 선물을 통하여 훤칠한 장신에 백발(白髮) 백수(白鬚) 그리고 백의(白衣)의 두루마기에 키만큼이나 기다란 지팡이를 짚고, 흡사 도사나 신선을 연상케 하는 선생님의 생전의 모습을 떠올리고 있다.

선생님은 분명 속계(俗界)의 제연(諸緣)을 끊고 떠나셨다. 나는 선생님이 지은 한시(漢詩)의 한 구절 "강산적막 막도 기여사 천지현황 우주홍황(江山寂寞 莫道 其餘事 天地玄黃 宇宙洪荒)"을 음미하며, 선생님께서는 우수사려가 없는 선경(仙境)에서 자재(自在)하시리라 연상하고 삼가 명복을 비는 바이다.

『하늘과 인간과 멋』

* 전시 연합대학이 해체된 후에는 학기당 B학점 이상은 24학점, 기타는 21학점까지로 학칙이 바뀌었다. 1950년대의 대학은 90분 2학점이 대부분이었기에 전공 강좌가 부족하여 타과 강의를 많이 들었다. 결과적으로 인문학적 교양의 폭이 넓혀진 것이라고 하겠다.

어느 日本人과의 만남

이종덕 ●●

필자가 그 동안 사귀어 온 많은 일본인(日本人)중에서 특별히 잊을 수 없는 한 사람이 있다. 그 사람은 일본 도쿄도 오타구 가마타(日本 東京都 大田區 蒲田)에서 치과의원(齒科醫院)을 경영하였던 핫도리 야스요시(服部惠宣)氏이다.

이 분은 일제(日帝)때에 경성(京城)에서 자라서 소학교, 중학교, 전문학교(小學校, 中學校, 專門學校)를 졸업하고 종전(終戰)때 까지 우리나라에서 치과의원을 경영하면서 우리 한국을 위해서 좋은 일을 많이 한 친한파(親韓派)의 한 사람이었다.

이미 작고(作故)한지 꽤 오래 되었지만 이 분에 대한 미담 몇 가지를 남기고 싶어 여기에 서술하여 본다.

필자는 핫도리氏를 통하여 일본인이 조선(朝鮮)에서 잘못한 식민지정책(植民地政策)에 관한 사실(史實)을 많이 들었고, 옛경성부(京城府)에 대한 얘기도 들었다.

또 이 글의 뒷 부분에서 서술하겠지만 이분은 다재다능(多才多能)한 분이었다.

핫도리氏의 부친은 조선총독부에 고등관(高等官)으로 부임하여 주임관(奏任官)까지 역임한 도쿄 대학 선과(東京大學 選科) 출신 엘리트 였다고 한다. 핫도리氏의 모친도 우에노음악학교(上野音樂學校:現 東京芸大)에서 피아노를 전공하였고, 경성에서 고등여학교의 음악선생을 역임하는 등 모범적인 가정이었다.

필자가 일본에서 유학하면서 1969년 도쿄도 오타구 가마타(東京都 大田區 蒲田)에서 살고 있을 때, 치통으로 찾은 병원이 핫도리氏의 병원이었고, 그 때부터 이 분과 알고 지내면서 우리 두사람은 아주 친한 사이가 되었다.

이때부터 핫도리氏는 필자에게서 한국어를 더 배우게 되었고, 필자는 핫도리氏를 통하여 일제시대(日帝時代)의 경성에 대한 여러 가지 역사적 사실을 배웠다.

필자는 그 분에게서 옛 서울(경성:京城)에 대하여 많은 사실을 들었던 것 중 기억에 남은 것을 여기에 기술하고자 한다.

• 「경성」 시절

핫도리氏가 경성에 살고 있었을 당시 경성의 인구가 약 60만명 정도였으며, 경성은 일본의 3 대부(三大府) 중 하나였다고 한다.

3 대부는 오사카부, 교토오부, 경성부(大阪府, 京都府, 京城府)로서, 경성부에서 일본인들이 주로 살고 있던 곳은 마치(町:まち)로 라고 하였으며, 조선인이 살고 있던 곳은 쵸(町:ちょう)로 불

리는 곳이 많았다고 한다.

핫도리氏는 어머니의 영향을 받아 어려서부터 피아노를 배우고 중학교 2학년 때 체르니(Czerny) 50번을 칠 수 있었으며, 연습곡도 많이 연주하여 초견(初見)이 빠르다고 칭찬을 들었다고 한다. 또 이분의 집에는 야마하(山葉) 피아노가 있어 연습도 많이 하였으며, 핫도리氏는 피아노 뿐 아니라 만돌린(Mandolin)도 배웠다고 한다. 그리고 자신은 미술 분야도 좋아하였고, 학업성적도 좋았다고 하였다.

경성부는 1915년에 동(洞)을 정(町)으로 개명하였으며, 부내(府內)에 120여개 정(町)이 있었고, 교외(郊外)의 군부(郡部) 중 일부가 경성부에 편입되었는데, 청량리, 동작리, 신촌리, 연희리, 영등포리, 서빙고리, 성북리, 이태원리 등이다.

경성의 본격적인 도시계획은 1930년도 후반에 착수하여 성곽도시(城廓都市)인 경성이 성안(城內), 성밖(城外)으로 구분되어 개발되었다고 한다.

그리고 이때 주변에 산(山)과 성(城)으로 둘러싸인 경성부의 아름다운 경치를 유난히 좋아하고 칭찬한 일본사람이 많았다. 그중에도 당시 경성제국대학(京城帝國大學) 교수였던 아베 요시나리(安部能成)氏는 그의 수필에서 「경성의 4계절 아름다움은 그리스의 아테네와 비길 만큼 아름답다」고 말하며 특히 경성의 돌다리와 성벽의 아름다움을 극찬하였다.

그러나 일본의 식민지 지배로 인해 서울의 아름다움이 파괴되는 등 피해가 극심하였으며, 특히 조선의 왕궁은 일본인들의 파괴와 공격의 대상이 되어 왔다. 1922년에는 경복궁(景福宮) 정문이었던 광화문(光化門)을 철거하려는 계획이 조선 총독부에서 제기 되었다. 철거라는 풍전등화의 위기에 처해있던 이 광화문을 뜻 있는 많은 사람들이 총독부에 강경하게 반대하여 철거대신 이전하게 되었다고 한다. 이 뜻있는 사람들 중에는 일본인 학자 야나기 무네요시(柳宗悅)가 앞장을 섰는데, 그는 일본인으로는 드물게 조선예술과 문화의 애호가였다.

야나기 무네요시는 1920년경부터 20년 가까이 조선을 수십 번 방문하면서 「조선인을 생각함」, 「사라져가는 조선 건축을 위하여」 등 조선 문화와 예술에 관련된 논문과 책을 저술, 발표하면서 일본에 미술관도 설립하였다.

핫도리氏는 용산구 모도마치(龍山區 元町:현 원효로)에 살면서 용산중학교로 진학하였다. 당시 경성에 있는 일본인들의 중학교로는 경성중학교와 용산중학교가 있었는데 경중(京中)이 용중(龍中)보다 상급학교 진학률이 우수하였고, 두 학교는 일본인 중학교였지만, 조선의 고관 자제이거나 성적이 우수한 학생이 몇 명씩 입학하였다고 한다.

핫도리氏는 용중에 다닐 때, 당시 선린상업학교 학생이었던 고가 마사오(古賀政男)와 만돌린 동호회(同好會)에서 만나 함께 연습도 하고 발표회도 가졌다. 고가 마사오는 일본에 귀국한 후 유명한 작곡가로 많은 활동을 하였다.

핫도리氏는 용산중학교를 졸업한 후 경성제국대학 예과(豫科)에 응시하였으나 합격하지 못하였다. 주위에서는 도쿄로 가서 진학하라고 권유 하였지만 자신은 경성을 떠나기 싫어서 부친이 권하는 경성치과전문학교(京城齒科專門學校)에 응시하여 입학하게 되었다.

당시 경성치전(京城齒專)은 하세가와 丕(長谷川 町:현 小公洞)에 위치하였으며 사립(私立)이었다. 그 당시 의과전문학교(醫科專門學校)는 조선에 5개교가 있었지만 치과전문학교은 경성치전 뿐이었다.

경성치전의 학생은 조선인과 일본인 학생 수가 비슷하였다. 핫도리氏는 재학중에 농어촌 무의촌 의료봉사활동에 참여하였던 것이 가장 기억에 남는다고 하였으며, 당시 조선 농어촌의 순박한 농민들을 위해서 간단한 치석제거와 잇몸치료를 해 준 것뿐이지만, 기뻐하는 농촌사람들을 보고 핫도리氏 자신도 기뻤다고 한다.

경성치전을 졸업한 후 핫도리氏는 종로에서 치과의원을 개원하였는데, 핫도리치과의원에는 가네꼬(金子)라는 김씨 성을 가진 치기공사가 있었고, 히라누마(平沼)라는 윤씨 성을 가진 간호사가 있었다.

가네꼬는 경성공업학교(京城工業學校)를 나온 우수한 사람인데 취직하였던 공장에서 큰 부상을 입어 한쪽 다리를 저는 장애인(障碍人)이 된 후, 치과 기공사가 된 사람으로 손재주가 많은 사람이었다. 경성에서도 그의 치과기공 솜씨는 널리 알려져 있을 정도였다. 히라누마도 경성여상(경성女商)을 졸업한 후 간호사 자격증을 취득한 사람이었다. 그녀는 병원의 장부처리도 잘 하고 일본어가 유창하여 일본인 환자들로부터 호평을 많이 받았다. 핫도리氏는 치과 진료만 할뿐 병원 경영은 두 사람이 맡아서 잘 해 주었다. 핫도리氏는 일주일에 두 번씩 경성적십자병원(京城赤十字病

院)에 외래의사로 나가고, 경성 치과의사회 일도 맡아서 하게 되었다. 가네꼬와 히라누마는 같은 직장에서 오랜 기간 근무하면서 상호 신뢰하고 존경하게 되어, 결국 두 사람은 결혼하여 모범적인 가정을 이루었다.

핫도리의원 2층 응접실에는 재경(在京) 음악애호가들의 출입이 잦았다고 한다. 그 중의 한사람이 우라오 분죠(浦尾文藏)라는 사람인데 재경 일본인중에서는 조선에서 가장 오래 산 사람이라고 하였다. 핫도리氏 보다 나이는 많았는데, 두 사람은 음악애호가이면서, 바둑 급수도 비슷하며, 조선 음식을 좋아하는 점도 같았다고 한다. 우라오氏는 1895年 조선에 와서 1945년까지 50년간 조선에 살면서 통역관, 부동산 중개업 등으로 재산을 많이 모았고, 그 재산의 일부를 종교 재단, 복지 관련 재단에 희사하는 등 사회에 환원한 사람이라 하였다.

• 「최승희(崔承喜)」와의 만남

핫도리氏 부인(夫人)은 동경에 있는 미션계 대학에서 복지학을 전공한 사람이었지만, 어려서부터 무용을 배웠다. 일본에서도 유명한 이시이 바쿠(石井漠)에게서 사사(師事) 받았으며, 경성에 오기 전까지 이시이 무용 연구소에서 무용을 익혔던 사람이었다. 그리고 부인은 경성에 정착하고 나서 무용 개인지도를 시작하였는데, 처음에는 유치원생들을 상대로 지도하다가 성인들의 개인지도까지 맡았다.

핫도리氏 부인은 오랫동안 무용레슨을 하다 보니 경성에 있는 무용인들과 만날 기회가 많았다. 그러던중 우연히 조선인 무용가 최승희를 알게 되었으며, 최승희는 이시이선생에게 무용을 배우러 동경에 간다고 하여 두 사람은 금방 친하게 되었다고 한다.

부인 핫도리(결혼 후 남편 성(姓)을 따른 것)는 경성에 오고, 조선인 최승희는 동경으로 가게 되어 부인은 최승희에게 이시이 무용 연구소에 대한 여러가지 정보와 활동 상황을 소개하였다고 한다.

최승희는 일본에서 이시이바쿠의 지도를 받고 대성공한 무용가되어 한 때 귀국하여 경성에서 활동하려 하였다. 그러나 당시 무용은 기생(妓生)들이나 하는 것이라고 그녀의 출신학교에서 제명설까지 나와 경성에서의 활동을 접고 일본으로 갔다. 그 후 최승희는 일본에서 유명한 무용가로 성장하였다.

그리고 최승희가 창씨개명(創氏改名)이 아닌 "崔承喜"로 전쟁 말기 비상사태 하에서도 조선의 여성으로 제국극장(帝國劇場)에서 무용을 발표하여 대성황을 이룬 것은 특기할만한 문화행사였다.

그리고 일본의 노벨문학상 수상자인 가와바다 야스나리(川端康成)를 비롯하여 다까미 쥰(高見順) 등 많은 문화인이 최승희의 팬이었으며, 고이소 료헤이(小磯良平), 우메하라 류사부로우(梅原龍三郎) 등 유명한 화가들은 그녀의 모습을 화폭에 담아 발표하였다고 한다.

가와바다 야스나리(川端康成)의 전후(戰後) 소설 중에 「마이히메(舞姬)」에는 최승희에 대한 추억과 그녀의 무용에 대한 평(評)이

실려 있다고 한다. 이와 같이 인구가 2,000만 명밖에 되지 않은 조선인 중에는 각 분야에서 재능이 뛰어난 인재(人才)가 많이 있었음을 알 수 있다.

• 「三浦環(미우라 다마끼)」의 초청

1940년 무렵 경성에서는 음악을 좋아하는 사람들이 조촐한 모임을 갖게 되었다. 그 중에는 동경에서 음악학교를 다닌 전공자도 있고 비전공자도 있었다. 의사, 치과의사, 교사 등 다양한 멤버들이 모여 상호 친목을 도모하면서 작은 음악회도 열고 나름대로 즐거운 취미생활을 하였다. 처음에는 여섯 명으로 시작된 동호회원이 시간이 지나면서 점차 그 수가 증가하여 50여명이 되고, 따라서 동호회 활동도 활발해졌다. 핫도리氏는 이 모임에 세화역(世話役:幹事)을 맡아서 회원들을 위한 연락 업무 등 여러 가지 일을 하였다.

1945년초 이 모임에서 일본의 세계적인 오페라 가수 미우라 다마끼(三浦環)를 경성으로 초청하여 공연을 갖자는 제안이 나왔다. 미우라는 이태리(伊太利) 작곡가 푸치니(Puccini)에 의해서 오페라 『나비부인(蝶蝶夫人)』의 여자주인공으로 데뷔하였으며 첫 무대부터 대성공이었다고 한다. 미우라는 세계대전이 발발되고 나서 30년 가까운 외국에서의 활동을 접고 일본에 귀국해 있었다. 미우라의 이 귀국사실을 알고 그녀를 경성에 초청하자는 계획이었다. 핫도리氏는 곧 계획을 수립하여 총독부 당국과 접

촉을 하였다. 당국에서는 그녀가 오랫동안 서양에서 활동한 사람인데다 오페라 "나비부인"의 친서구적(親西歐的)인 내용을 탐탁하지 않게 여겨 불허하려 하였으나, 전시(戰時)에 조선인의 사기(士氣)를 올린다는 뜻에서 조건부로 허락을 하였다.

그 조건은 오페라 공연은 안 되고 일본 가곡(歌曲)만 부르기로 한다는 것이었다. 공연 장소는 경성 부민관(府民館)에서, 공연 횟수는 2회로 결정하였다. 그 조건에 따르기로 하고 초청 계획은 성사가 되는 것 같았다. 미우라 다마끼氏도 경성공연을 흔쾌히 수락하였다. 핫도리氏가 경성 공연을 성공적으로 추진하기 위해서 동분서주하고 있는 가운데, 1945년 3월부터는 연일(連日) 미공군 B-29 전투기의 일본 주요 도시에 대한 폭격이 계속되었다. 이에 따라 경성에도 폭격이 있을 것으로 예상되어, 이 음악회 공연허가는 갑자기 취소되었다. 이와 함께 미우라 다마끼의 공연을 기대하던 경성의 음악인들, 음악애호가들의 실망은 대단하였다. 핫도리氏 또한 경성에서 보람 있는 일을 하려고 하였으나 이는 참으로 아쉬움이 남는 추억이 되었고, 在경성 우에노음악학교 동문들에게도 큰 실망을 주었다.

• 전쟁 말기의 경성

1941년부터 5년간 태평양전쟁의 와중에서 조선인들은 모두가 전시 시국에 순응하며 내핍생활(耐乏生活)을 견디어야만 하였다. 일본당국자의 정보이외는 이렇다 할 전략적인 안목이 없는 우리 국민은 이대로 가면 일본이 승리하는게 아닌가 하는 생각을 할 수 밖에 없는 실정에, 신사(神社) 참배 등에 큰 저항없이 참여 하였던 것도 당시 민중 대다수의 무력(無力)하였던 의식을 반영한 것이었다.

그러나 일부 고관들이나 친일파 거두들은 '미국의 소리' 같은 방송을 듣고 전국(戰局)의 불리함을 예상하고 있던 계층도 있었지만, 대부분의 조선인들은 경성 시내 건물마다 「나이센 잇따이, 베이에이 게끼메스(內鮮一體 英米擊滅)」 등의 표어가 붙고, 전쟁 완수 격문이 거리마다 나부끼는 환경에서 살고 있었다. 따라서 전시 초비상의 분위기에서 당면한 고통을 운명처럼 체념하고 있던 것이 조선인의 공통된 느낌이었을 것이다.

그리고 소위 대동아전쟁(大東亞戰爭)으로 확대된 지 3년 정도 지나서부터 패색(敗色)이 짙어가는 것을 일반 국민은 잘 알지 못하고 있었다. 일본군은 「돌격정신(突擊精神)」 하나로 침략하였던 그 광대한 외국의 전선(戰線)을 감당할 길이 없었고, 특히 연합군에 의한 보급로의 차단으로 일본군은 고립무원(孤立無援)의 참상이 벌어지고 인적 자원도 고갈되어 갔다. 1943년도부터 "군국산화(軍國散華)한 호국영령(護國英靈)에 감사 묵도를 드린다" 라는 기치(旗幟)가 등장하면서 전세(戰勢)가 기울기 시작하고 군인들의 희생이 많았음을 추측할 수 있었다. 그리고 전쟁이 막바지에 이르자 병참기지(兵站基地)로서의 조선은 그 역할의 차원이 달라졌다. 인적(人的) 소모전(消耗戰)에서 많은 일본인은 거의 전선(戰線)으로 끌려갔고, 이제는 조선의 청년들에게 마수(魔手)를 뻗치지 않을 수 없었다. 그래서 일본의 「황민화 운동(皇民化 運動)」을 철저히 실행하는 이면(裏面)에는 전쟁에 조선인의 인력동원을 하기 위한 포석이 있었다.

1942년 2월에는 '육군특별지원명령' 이 시행되어 조선 청년들의 군입대(軍入隊)를 종용하였으며, 지원자를 영웅시하여 많은 젊은이가 자진입대(自進入隊) 할 것을 강권(强勸)하였다.

1943년 10월에는 '조선학도특별지원법령' 이 제정되면서 조선 총독부는 조선인 친일파들을 앞장세워 「경성익찬회(京城翼贊會)」를 조직하여 전문학교, 대학교 학생들로 하여금 지원하도록 적극 권장하였다.

친일파 장로인 伊東(윤○○)氏가 앞장서서 학생들에게 호소하기도 하였다. 이는 이름만 지원병(志願兵)이지 사실상 강제성이 있었다. 또 이들은 군에 입대하지 않으면 노무자 징용(徵用)으로 끌려가게 되는 것이니, 군에 입대하는 것이 좋을 것이라고 선전하였다.

시간이 지날수록 일본은 군 병력이 부족해지자 조선의 젊은이들에게도 징병제도를 실시하기에 이르렀다. 일본 각의(閣議)에서 이 제도를 결정한 것은 1942년이었으나, 당시 조선 청년 중에는 미취학자(未就學者)가 많아서 이들을 입영시켜 훈련하는 문제가 큰 장애가 되었던 것이다.

그러나 일본은 전세가 위급해지자 재고할 여유도 없이 징병제를 곧바로 실시하기에 이르렀다.

아이러니컬하게도 일본의 조선에 대한 우민화(愚民化) 정책은 여기에서 자가당착(自家撞着)에 빠지게 되었다. 애초의 식민지 교육정책은 조선인들을 공부를 시켜 놓으면 마음대로 다루기 힘들고 지식인 일수록 오만해져서 황민화 운동에 동조하지 않았기 때문에, 일본은 교육기관을 억제하고 특히 고등교육기관의 설립은 총독부 당국으로서는 눈에 가시일 수밖에 없다고 판단하여 이를 제한하였던 것이었다.

당시 조선총독(朝鮮總督)은 입법, 사법, 행정(入法, 司法, 行政)의 3권을 장악하고 在 조선군(朝鮮軍)의 통수권(統帥權)까지 갖고 있어 조선 사회에서는 마치 「천황(天皇)」과 같이 군림하였으며, 일본의 육군대장 아니면 해군대장 출신이 총독으로 임명되었다.

미나미 지로(南次郎) 총독 때에는 조선사람이 가장 싫어하는 창씨개명(創氏改名)을 결행하였다. 이는 조선 사람의 성(姓)을 없애고 "씨(氏)" 중심의 일본식 가족 제도로 고치는 것이었다.

조선은 예로 부터 유교(儒教)를 숭상하여 가계(家系)를 존중하고 족보(族譜)에 이름을 올려 조상에 이르는 뿌리를 밝히는 데 힘썼다. 이러한 오랜 역사를 갖고 있는 민족인데 일본은 언어와 문자도 말살하고 생활양식까지 일본화 시키려는 정책을 강제로 시행하였다.

창씨개명을 강행하려는 또 하나의 목적은 조선인의 지원병, 징병제 실시에 앞서, 조선 이름을 일본식으로 부르기 쉽게 하기 위한 방편이었다고 말하는 사람도 있었다고 한다.

♬「봉선화(鳳仙花)」 노래

1943년부터 조선인 전문학교, 대학교 학생들의 지원병 입대가 실시되면서부터 학생들이 출정(出征)할 때 부르던 노래가 바로

「봉선화」였다. 당시 학생들은 절규(絕叫)하듯 이 노래를 불렀다. 원래 이 노래는 3 · 1 운동을 계기로 1920년에 창작되었다고 한다. 작곡은 홍난파(洪蘭坡)이고 작사는 김형준(金亨俊)인데 두 사람은 같은 음악도로 친한 친구 사이였다.

이 노래는 김형준이 자신의 집 뜰에 핀 봉선화(봉숭아)를 보고 그 꽃의 시든 모습과 일제하의 조선백성을 은유(隱喩)하여 나라 없는 조선인의 설움과 광복(독립)을 염원하면서 쓴 시(詩)다.

1919년 3월 1일 3 · 1 운동 때, 동경 우에노음악학교 학생이었던 홍난파는 독립 선언문을 배포하다가, 일본 관헌(官憲)에 쫓겨 귀국한 후, 경성에서 체포되어, 옥(獄)살이를 하다가 출옥된 후 1941년 8월 30일 작고하였다.

이와 함께 「봉선화」는 전국적으로 알려진 노래가 되었으며 1942년 유명한 소프라노 가수 김천애(金天愛)가 불러서 크게 유행되고 레코드 판매량이 대단하였다. 이는 일제의 침략에 울분을 참고 견디는 조선 민족의 한(恨)이 담긴 노래가 증명된 셈이었다.

그러나 학도병이 출정(出征)할 때 폭발적으로 이 노래를 조선어로 부르게 되자 일본 당국에 의해 가창 금지령, 레코드 판매 금지령이 내려졌다고 한다.

그후 이 「봉선화」노래는 더욱 전국적으로 유행되었을 뿐만 아니라, 일본어로 된 가사도 나왔으며, 일본인들 사이에서도 젊은 전문학교, 대학생들이 일본어 가사로 된 이 노래를 폭넓게 부르게 되었다고 한다.

♧「鳳仙花」일본어 가사

垣に咲く　鳳仙花よ	울 밑에 선 봉숭아야
汝の姿　あわれなり	네 모양이 처량하다
いと 長き　夏の日に	길고 긴 날 여름철에
美しく 花 咲く ころ	아름답게 꽃 필적에
うるわしき 乙女ら	어여쁘신 아가씨들
汝を愛て あそべり	너를 반겨 놀았도다
いつしか 夏は去り	어언간에 여름가고
秋風の そよ吹きて	가을바람 솔솔 불어
愛らしき 花びらを	아름다운 꽃송이를
むごくも 侵せしに	모질게도 침노하니
花散りて しおれし	낙화로다 늙어졌다
汝が姿　あわれなり	네 모양이 처량하다
北風寒雪 吹き荒れ	북풍한설 찬 바람에
汝が姿　消ゆるとも	네 형체가 없어져도
平和なる　夢をみる	평화로운 꿈을 꾸는
汝が魂　ここにあり	너의 혼은 예 있으니
のどかなる 春風に	화창스런 봄 바람에
よみがえよと いのらん	환생키를 바라노라

• 종전후(終戰後)의 경성

1945년 8월 15일 일본의 패전(敗戰)을 고하는 천황의 육성 방송은 경성에 살고 있는 일본인들에게 엄청난 충격을 주었다.

일본인들은 대동아전쟁에서 모두가 불리한 전세(戰勢)임은 어렴풋이 느꼈지만, 이를 현실로 받아들일 만큼 마음의 준비는 되어 있지 않았다.

그리고 패전 방송이 있은 후에도 경성부내 어디에서도 조선인들의 어떠한 보복성행동같은 것을 하려는 움직임이 없다는 사실은 일본인들에게 신기할 정도였다.

그것은 일본군의 혹독(酷毒)한 탄압 때문에 독립운동 등이 표면상 자취를 감추고 있을 뿐이었으며, 당시에 은인자중(隱忍自重)하는 것은 조선의 지식인들도 예외가 아니었다.

드디어 1945년 8월 16일 서대문 형무소에서 독립운동에 참여하였던 애국지사 등 각종 죄수들의 석방이 시작되었다. 서대문 형무소 옥상에는 어느 사이에 "혁명은 드디어 이루어졌다" 라고 쓴 깃발이 날리고 있었고, 이후 경성 시내에서는 해방(解放)을 축하하는 시위 행사가 여기저기에서 일어났다.

그리고 시내 전차, 기차, 트럭도 조선 민중에 의해 점령되었다. 그동안 조선인의 가장 미움을 샀던 곳은 서대문 형무소, 조선신궁(朝鮮神宮), 하꾸분지(博文寺)였다. 서대문 형무소는 항일투사와 사상범이 수용되어 있었고, 조선신궁은 관폐신사(官幣神社)라고 하여 종주격(宗主格)인 이세진구(伊勢神宮)과 직결되는, 그들이 말하는 소위 격조 높은 진구(神宮)로 아마데라스 오미가미(天照

大神)와 메이지(明治)천황을 제신(祭神)으로 섬긴 곳이다.

또한 남산(南山) 북쪽 끝 장충단 공원 쪽에는 하꾸분지(博文寺)가 있었다. 이는 조선침략의 우두머리격인 이또 히로후미(伊藤博文)의 유덕을 기리고 일본 불교 진흥을 위해 1929년에 건립된 대표적인 일본식 건물이었으나, 이 건물은 1945년 9월 초 일본인의 손으로 해체 되었고 소각 되었다. 그리고 1945년 9월부터 우리나라에서는 미군정(美軍政)이 실시되었으며 첫 경성 부윤(府尹)은 이범승(李範昇)氏가 맡게 되었다. 이와함께 일제치하의 경성의 동명(町名)을 동(洞)으로 환원하였으며, 유서 깊은 동을 위인선철(偉人先哲)의 아호(雅號)를 동명으로 정한 곳도 많았다.

이때 개정된 동명을 살펴보면 다음과 같다.

새 명칭	기존 명칭	새 명칭	기존 명칭
소공동	長谷川町	동자동	古市町
다동	茶屋洞	모동	永樂長
을지로	黃金町	명동	明治町
충무로	本町	필동	大和町
예장동	倭城台町	쌍림동	並木町
장충동	東四軒町	세종로	光化門通
순화동	和泉町	갈월동	岡崎町
청파동	青葉町	원효로	元町
청암동	岩根町	신창동	清水町
도원동	彌生町	충정로	本町通
상수동	上水溢町	영천동	館洞町

도동	吉野町	산림동	林町
오장동	初音町	묵정동	新町
예관동	花園長	남학동	日之出町
인현동	樓井町	회현동	旭町
초동	若草町	북창동	北米倉町
묘동	授恩町	만리동	蓬萊町
후암동	三坂町	남영동	練兵町
문배동	京町	신계동	榮町
산천동	山手町	용문동	大倉長
효창동	錦町	대방동	番大町
본동	本洞町	양동	御成町

경성부가 서울특별자유시로 변경된 날자는 1946년 8월 16일, 이때부터 서울은 신생 대한민국의 수도(首都)로서의 면목을 갖추게 되었다.

그리고 8.15 독립 후의 우리 민족의 과제는 당시 국내의 있는 민족 운동의 지도자들을 망라한 민족통일전선체(民族統一戰線體)를 구성하는 것이었다. 특히 국민들은 고하 송징우(古下 宋鎭禹), 몽양 여운형(夢陽 呂運亨) 같은 일제 식민지시대의 민족 운동을 주도해 온 대표적인 지도자가 합심하여 독립국가(獨立國家)를 위해서 힘을 합해 주길 기대하였으나 두 사람은 통일 전선의 모색에 실패하였다. 결국 이것은 자주 독립을 염원(念願)하던 우리 민족에 있어 커다란 손실이었다.

• 일본으로의 귀국

1945년 8월 15일 종전(終戰)이 된 다음, 경성부에는 일본인 귀국자(歸國者)를 도와주는 후원회격인 위해서 「일본인 세화회(日本人 世話會)」가 발족되고 이 단체가 여러 가지 각종 귀국 수속절차 사무를 도왔다. 핫도리氏는 3개월 동안 귀국 준비 등 바쁜 일정을 보냈다. 핫도리氏는 병원과 주택은 치기공사 김氏에게 양도(讓渡)하였는데, 김氏 부부는 앞서 기술한 것 처럼 핫도리氏를 위해서 많은 일을 도와준 사람들이었다.

핫도리氏 가족은 10월 25일 경성을 떠나 귀국길에 올랐다. 경성역에서 부산역까지 가는데 만 3일이 소요되었다.

핫도리氏는 부산에 도착하였지만 일본으로 가는 선편이 부족하여 곧바로 갈 수 없었다. 「코안마루(興安丸)」라는 배가 유일한 선편인데, 하루에 한번 출항하며, 한번에 2,000명 정도 승선이 가능하다고 하였다.

전쟁 중 미군이 조선해협과 일본의 시모노세끼(下關) 해안에 기뢰(機雷)를 설치하여 직항로로 가지 못하고 야마구치겐 센사끼항(山口縣 仙崎港)으로 돌아서 귀국하는데, 이때 부산에는 몇 만 명씩 되는 도항자(渡航者)가 있어 승선하는데도 며칠씩 기다려야 하였다.

핫도리氏 일행은 부산에 온지 3일만에 승선하여 센사끼항(仙崎港)을 통하여 일본에 입국하였다. 그리고 센사끼에서 동경으로 가는데 만 하루가 걸렸으며, 핫도리氏 가족은 임시 거처로 고향인 가나가와겐 오다와라시(神奈川縣 小田原市)로 가게 되었다. 이곳은하꼬네(箱根山) 밑에 위치한 도시로 전쟁 피해가 다른 곳에 비해 적었다.

전쟁에 패배(敗北)한 나라의 비참함은 말로 표현할 수 없었다. 당시 일본도, 도, 후, 겐(都, 道, 府, 縣) 마다 해외에서 귀국한 사람을 돕기 위한 후원단체격인 「引揚者協生會」라는 단체가 설립되었지만 유명무실했다. 당시에 일본 전체가 혼란과 곤궁의 극치를 이루고 있었고, 식량은 결핍되고 물가고는 극심하였다. 그 와중에 미 군정당국의 일본 개조 계획은 착착 진행되어 사상범, 정치범의 석방, 전쟁 범죄자의 체포도 실시되었다. 이와 함께 군국주의자에 대한 공직추방의 지령도 내렸으며, 경찰 고위 간부들도 전원 면직되었다.

민주주의 국가의 근간을 이룰 중의원(衆議院)의 구성도 일신하여 전후 제1회 총선이 실시되었다. 이 총선에서 전쟁주의 요꾸산 의원(翼贊 議員) 등은 추방되어, 입후보자는 거의 신인들이었다.

일본인들은 미군정 지시사항을 철저히 지켰고, 그리고 모든 일본인은 미군의 대일관(對日觀)을 호전시키는데 진력하였다. 맥아더 총사령관의 군정 하에서 그의 신임을 얻도록 일본의 공무원, 기업인, 그리고 종교인 등 각계 지도자가 혼연일치되어 노력한 보람이 있어 각종 규제 사항도 점차 완화되고, 일본이 원하는 원조 물자도 쉽게 받을 수 있었다.

한편 동경도 신바시(新橋)에는 「조선총독부 동경사무소」가 개소되었다. 여기에서는 총독부 시절의 잔무 정리(殘務 整理) 사무와 조선에서 귀국한 일본人들의 신원 증명, 취직 알선, 기타 사무를 맡아서 하였다.

핫도리氏는 이 사무소에서 알선해준 미군정 사령부내 치과 진료소의 치과 의사로 취직이 되었는데, 미군정 사령부의 계약기간은 일년씩으로 되어 있지만 재계약은 두 번 더 할 수 있게 되어 있었다. 핫도리氏는 이곳에서 만 3년간 근무하고 나서, 치과 의원을 개업하기로 결심하였다.

핫도리氏는 치과 병원을 개업하면서부터 점차 경제적인 여유가 생기자, 이때부터 경성에 있을 때 사귀었던 친구들을 수소문하여 하나 둘씩 찾게 되었다.

그 중에는 용산중학교 때 친구도 있고, 경성치과전문학교 동창생도 있었다. 동경도내와 요꼬하마, 가와사끼시(横浜, 川崎市) 등 근교에도 연락망이 넓혀지면서 예상보다 많은 10여명이 모였다.

이들은 모두 일본에 귀국하여 외국에서 온 사람 취급을 받았고 일본에서 적응하기가 매우 힘들었다고 하면서 경성치과전문학교 동창생들의 모임을 매달 갖기로 약속하였다.

1965년 한 · 일 국교 정상화가 되고 나서부터 한국에서 일본으로 오는 유학생이 늘어났다. 국비(國費) 유학생도 있고 사비(私費) 유학생도 있었다. 또 유학생 중에는 용산중학교 후배도 있고, 경성치전(서울대학교 치과대학 전신) 후배들도 있었다.

이들을 이곳 동경 동창회 모임에서 만나게 되었다. 또 이 모임을 통하여 당시 사비 유학생의 경우 외국인 유학생에 지급되는 각종 장학금 수급 신청이 가능하였다.

이곳 동경 동창회 회원들은 한국에서 온 후배들 중에 장학금 수령을 희망하는 학생들을 도와주기로 합의했다. 당시 동경도내에는 외국인 유학생에게 장학금을 지급하는 장학회가 60여개 이상 있었는데 장학회마다 지급조건이 다양하였다. 동창회는 장학금 신청자에게 수급조건이 맞는 장학회에 신청하도록 필요한 구비서류와 보증서 등을 작성하여 도와주면서 수혜 대상자가 되도록 하였다.

장학금 수혜자 중에는 동경의 명문대학 연구과(대학원)에서 수사학위(석사)를 받고 귀국한 사람도 있고, 장학금 수혜 조건이 좋은 로터리(Rotary) 장학회에서 지속적으로 장학금을 받고 東京醫科齒科大學硏究科에서 치의학 박사학위를 취득한 사람도 있다. 이 사람은 한국에 귀국하여 치과대학 교수가 되어 많은 연구실적을 발표하고 있다고 하였다. 그래서 在 東京 동창생 일동은 후배들을 위하여 아주 보람있는 일을 하였다고 자부하고 있다.

• 오무라 수용소(大村收容所)

1950년 6월 25일 한국 전쟁이 발발된 후, 한국전에 참전한 UN군에게 지급 되어야 할 각종 군수물자 중 일부를 군작전상 일본에서 공급하기로 유엔군 사령부에서 결정하였다.

이로 인해서 패전국(敗戰國) 일본은 경제적으로 부흥(復興)될 수 있는 계기가 되었고, 더욱이 일본은 이와 같은 호기(好機)를 적절하게 활용하여 경제적으로 재기하는데 성공하였다.

반면 우리나라에서는 6.25 동란을 겪은 후, 생활고가 심해지자 일본으로 밀항(密航)하는 사람이 증가하였다. 이때 밀입국을 시도하다 실패한 사람은 오무라 수용소(大村收容所)에 수용 되었는데, 밀입국을 시도한 사람은 대부분 일본에 연고자가 있기 때문에, 일본에 가면 안정된 생활을 할 수 있을 것으로 생각하고 밀항을 시도한 것이었다.

핫도리氏는 경성에 살고 있을 때 자기 집에서 오랫동안 가정부로 일해온 분의 아들이 오무라수용소에 수용되었다는 소식과 함께 일본인의 신원, 재정 보증인이 있으면 석방된다는 말을 들었다. 그래서 도의적 차원에서 그 사람을 도와주기로 마음먹고, 핫도리氏가 신원, 재정 보증인이 되어 필요한 조치를 취하였다. 밀항을 시도한 당사자는 부모가 1940년까지 일본에서 거주한 사실이 있기 때문에, 신원, 재정 보증인이 있으면 석방이 가능하였다.

당사자 박(朴)군은 일본에서 출생(昭和12年生)한 사람으로 부친 사망 후 어머니와 함께 1940年 경성으로 온 것이었다. 박군의 어머니는 일본에서 오래 거주한 사람으로 일본어도 잘 하고 일본인의 관습도 잘 아는 분으로 경성의 핫도리氏 집에서 가사를 많이 도와 준 분이었다. 박군은 석방된 후 오사카(大阪)에서 자수성가하여 파친코점을 하고 있으며. 日本通名(일본에서 통용하는 이름)은 아라이(新井)이다.

맺음말

이 글을 쓰면서 다시 한번 일본의 식민지통치 행위에 대하여 생각해본다.

혹자(或者)는 식민지 통치기간인 36년간의 일제행위(日帝行爲)에 대해서

처음 10년간은 "土地よこせ" 하였고,

다음 10년간은 "米よこせ" 하였으며,

그 다음 15년간은 "人よこせ, 命よこせ" 하였다고 말한다.

일본은 처음 10년간 조선총독부의 토지 수탈을 위하여 토지조사 사업 명목으로 토지소유권이 불투명한 것은 총독부의 소유로 등기하고, 미등기된 土地一切를 총독부 소유로 이전하는 등 우리나라의 방대한 토지를 일본인 재산으로 만들었다.

그리고 그 후부터 10년간은 조선에서 생산된 양질의 미곡(米穀)을 일본에 반출하였으며, 이는 일본의 부족한 식량을 조선에서 보충한 사실을 말한 것이다.

그 다음 15년간은 우리 조선의 청년, 장년층 노동력이 일본에 강제로 동원되어 광산 지역과 군용(軍用) 시설 및 건설 현장으로 강제로 노역(勞力) 동원되었으며, 여성은 군정신대(軍挺身隊)와 군부(軍部) 시설로 동원되었고, 징병제(徵兵制) 실시로 조선의 많은 젊은이들이 군(軍)에서 희생되었다.

이와 아울러 구미지역, 영국, 불란서 등 서구(西歐)의 식민지 지배 정책과 일본의 식민지 지배 정책을 비교한다면, 일본인의 식민지 지배 정책이 서구의 지배정책보다 훨씬 혹독한 파쇼적 행위로 일관(一貫)해 온 것을 알 수 있다.

세계 제2차 대전 중 1945년 8월 15일 일본이 패배로 우리나라는 식민지에서 독립국가로 되었으나, 현실적으로는 독립국가 대신 열강에 의해 국토가 남 · 북으로 분단(分斷)된 국가로 70년 가

까운 세월이 지나면서 아직도 세계에서 유일한 분단국가가 되었다.

만약 제2차 세계대전 중 시기적으로 소련이 참전하기 전에 일본이 연합군에 항복하였다면 남북(南北) 분단의 비극은 없었을 것이 아니었는가? 하는 일본에 대해 통한(痛恨)의 원망스러운 생각도 해 본다.

더우기 우리나라와 일본은 과거 36년간의 지배자와 피 지배자의 불행한 역사 때문에 아직도 상호 불신감이 팽배(澎湃)해 있다.

아직도 과거 일제의 침략 행위에 대한 일본인의 반성은 진정성(眞情性)이 결여되어 있으며, 그동안 잘못된 역사 교육으로 젊은 세대들은 일본의 침략 행위 사실을 잘 모르고 있다고 해도 과언이 아니다.

한편 한국에 있어서의 일본에 대한 인식은 어떠한가?

이승만 정부 때에는 시종일관 반일(反日) 정책 일변도로 일관했고, 박정희 정부 시대 이후로는 반공(反共) 이데올로기가 강요되고 있었다. 따라서 학문적인 한 · 일 관계 연구나 교육은 타 연구 분야에 비해 소홀하였다.

과거에 대한 일본 역사 교과서 검정(檢定)을 에워싼 최근 일본의 역사 왜곡(歪曲) 문제가 대두 되면서 지금까지 친한파로 생각했던 정치인까지 실제로는 반한적(反韓的)인 의견을 서슴없이 내놓는 것을 보고 우리는 놀랄 수밖에 없다. 또 과거 일본이 저지른 「침략(侵略)」 행위를 그들이 「진출(進出)」이라고 주장하는 것을 보고 우리는 아영실색(啞然失色)하지 않을 수 없다.

이는 그동안 우리가 「일본」이라는 나라의 본연(本然)의 자세를

모르고 있었던 것이 증명된 셈이다. 우리는 일본인의 특성인「本音와 建前」(본심과 겉으로 내세우는 말)을 알아야 한다. 일본인의 이중성은 일본을「ニホン」,「ニッポン」이라고 국명(國名)도 두 가지로 표기하고, 그들의 국기(國旗)도「日の丸」와「日章旗」두 종류가 있다는 것을 보면 알 수 있듯이 우리는 이들의 이중성(二重性)을 경계해야만 한다.

또 일본은 메이지(明治)유신 때부터 우리나라에 대한 문화 · 역사 · 지리 · 종교 등 각 분야 별로 연구해 온 학자가 많았고, 그들의 연구 자료를 바탕으로 우리나라와 외교 통상, 정치 등에서 활용하여 침략에 거침이 없었다. 반면, 우리나라는 일본에 대한 언어 구사자(驅使者)는 많으나, 그동안 일본학의 분야별로 심도있게 연구해 온 학자는 많지 않은 실정이다.

우리나라 사람중에「일본은 싫지만 배울 점은 많다」라고 말하는 사람이 있듯이, 일본인들 가운데에도「한국은 싫지만 한국 문화는 좋다」라고 말하는 사람이 있다. 따라서 우리는 일본 인구 1억 3천만 명 중에는 친한파도 있고 혐한파(嫌韓派)도 존재한다는 것을 인정하고 대일관계(對日關係)를 정립(定立)하여야 하겠다. 이와 함께 민간차원에서 문화와 예술을 통한 양국관계를 돈독(敦篤)하게 접근하는 방법도 모색되어야 하겠다.

이것은 한 · 일 양국이 우선 문화적으로 상호 선린(善隣)의 정신에 바탕을 두고 현대 지구촌시대에 동남아지역은 물론 국제사회에 기여하는 방법이 모색되어야 하기 때문이다.

이제 한 · 일 국교 정상화 50주년을 맞는 시점에서, 역사의 영속성(永續性)이라는 큰 흐름 속에서 우리는 일본의 과거를 살피고 현재를 통찰(洞察)하여 미래에 대비하여야 한다, 아울러 국제화 시대에서의 우리의 위상(位相)을 정립하기 위해서도 우리는 일본에 대한 보다 정확한 연구가 필요하다고 생각한다.

신근재 · 페르시아 무인조각상

신근재 · 신륵사 앞에서 만난 '오브제'

김동수 · 판소리에 대해서

이덕봉 · 초인목의 만남

2

소꿉 이야기

자연에서 벗을, 문화에서 벗을,

마음속에 벗을 품은 이야기

페르시아 무인조각상

신근재 ● ●

서울 용산구 원효로 2가에 인사동 수석가게 주인집이 있다. 수석 동호인 몇 사람이 공휴일 오후 원효로 댁을 찾았다.

수석(壽石)이란 사람의 마음을 사로잡는 묘한 매력이 있다. 돌이 진열되어 있는 곳이면 염치 불구하고, 어느 집 안방이나 사랑방을 가리지 않는다. 집주인도 그것을 허락한다. 남의 집 안방을 스스럼없이 드나드는 것이 수석매니아의 행태이다. 어찌 보면 기이한 일이라고 할 것이다.

마당에는 아직 정리되지 않은 수석들이 조그마한 산더미같이 쌓여 있었다. 남한강 돌밭 같았으면 쌓여있는 그 더미 속을 한 번 뒤져보고 싶은 충동이 들었으나, 넓지 않은 남의 집 마당이어서 그런 속내를 도저히 입 밖에 드러낼 용기가 나지 않았다.

그런데 그 돌 더미 구석 한쪽에 서 있는 석상(石像)에 눈길이 갔다. 그리고 그 반대편에 또 하나의 석상이 보였다. 쌍으로 이루어진 조각 같다. 실물보다 약간 크게 조각한 구레나룻 수염에 둥근 터번을 쓴 페르시아 무인상(武人像)과 문인상이었다.

일본 유학시절 도쿄대학에서 난생 처음 만난, 바그다드 출신이라는 일본어가 유창한 의학부 대학원생의 바로 그 인상이다. 피부 색깔만 흰색이 아닌 황색일 뿐 골격은 서양인과 다름이 없었다.

우리나라에 웬 페르시아인의 조각인가? 그 발상, 모델의 풍모, 조각의 솜씨, 무엇 하나 조금도 손색이 없어 보인다. 감탄사가 나올 수밖에 없었다.

집주인은, "경주의 어느 왕릉 어귀에 있는 석상을 등신대(等身大)로 축소한 것" 이라고 했다.

주인집 안방에서 향이 은근히 입안을 감돌게 하는 융숭한 차 대접을 받았다. 우리는 수석 이야기로 한동안 꽃을 피웠다. 언뜻 그 댁 문갑 위에 놓인 수반의 산수경석(山水景石)에 시선이 쏠렸다. 크고 작은 하얀 봉우리의 능선과 유연히 뻗어내린 아담한 주름이 균형미를 갖춘 것 같다. 연출력이 돋보였다.

쳐다보고 또 다시 바라보고 하는 것을 눈치 챈 주인 노파가 그 수반석을 집어 나에게 건네주면서,

"저기 저 석상도 가져가시라구요" 한다.

당황할 수밖에 없었다.

수반석은 상응한 값을 치르고 인수받아 가져 오기로 하였으

나, 저 석상은 어찌 할 것인가? 역도선수가 무거운 역기를 들어 올리다가 땅바닥에 떨어뜨리는 심정이었다. 어깨에 힘이 빠지면서 축 처지는 순간이다. 그냥 공짜로 가져가라고 해도 못 가져갈 처지였기 때문이다.

큰 저택에 널찍한 정원이 있어야 한다. 정원의 어디에다 저 조각상을 세울 것인가? 100평도 채 못 되는 우리 집 부지로는 언감생심이라 하지 않을 수 없었다.

오후 한 때의 순간적인 행복이었다. 이룰 수 없는 소박한 꿈이었다.

지금은 어느 곳 어느 저택 어느 정원에서 그 페르시아 무인조각상이 숨을 쉬고 있을까? 눈을 지그시 감고 아련한 회상에 잠겨본다. 서울을 크게 벗어나지는 못하였을 것이라는 상상이 밀려왔다.

경주의 왕릉을 떠올려 보자. 신라 무열왕(재위, 654-661)을 비롯하여 몇 몇을 제외하고는 어느 왕의 능묘(陵墓)인지 분명히 밝혀진 것이 드물다. 묘지석(墓誌石)이나 비석이 남아 있지 않기 때문이다. 그래서 금관 또는 천마도 등이 부장품으로 출토되었다고 하여 금관총 · 천마총이라 부른다.

경주 시내에서 울산 가는 길의 왼쪽 한적한 도로변에 괘릉(掛陵)이 자리하고 있다. 8세기 통일신라 원성왕의 무덤으로 추정되는 곳이다.

이 근처에 작은 연못이 있어, 그 가운데 있던 돌 위에 왕의 유해를 넣은 관을 얹어 걸어 놓고, 그 위에 흙을 쌓아 봉분으로 조성했다고 해서 괘릉이란 이름이 붙었다고 한다. 한 때 문무왕릉(文武王陵)이라 일컫기도 했을 만큼 넓은 영역에, 12지 신상의 특징을 원숙한 수법으로, 엷은 부조(浮彫)의 효과를 유감없이 나타낸 호석으로 능묘를 장식하고 있다.

왕릉(王陵) 입구에는 탐방객(探訪客)을 바라보고서 구레나룻 수염에 둥근 터번을 쓴 페르시아 무인상과 문인상이 양쪽에 떡 버티고 서 있다. 무인상은 가슴 앞에 주먹을 불끈 쥐고 있는 왼손, 오른손에 칼을 힘차게 움켜쥐고, 고개를 약간 왼쪽으로 기울인 자세로 눈을 부릅뜨고 응시하고 있다.

2.57m의 역동적인 이 석상을 직접 마주 대할 때마다, 언제 불러도 손에 잡힐 것 같은 서울 원효로의 수석가게 주인댁에서 만난 그 조각상이 떠오른다. 그때 받은 강렬한 인상이 아직도 내 머릿속에 선명하게 자리 잡고 있다.

인물의 조각에 모델이 있다는 것을 전제로 할 때, 신라 왕궁 가까이에 모델의 주인공인 페르시아인이 있었을 것이라는 상상을 해본다. 그래서 1,200여 년의 풍화(風化)를 겪고도 저렇게 생동감 넘치는 표정의 석상을 조각할 수 있었을 것이다.

8세기 중엽, 예술미와 자연미의 융합의 극치를 이룬 석굴암은 유네스코 문화유산(文化遺産)으로 등재된 우리의 자존심이다. 그것을 후세에 남긴 원숙하고 빼어난 솜씨를 지닌 조각가(彫刻家)가

분명히 존재할 것이다. 그런데도 그 기법의 진수를 제대로 이어받지 못한 오늘의 현실이 아쉽고 또한 안타깝기만 한 것은 왜일까.

• 페르시아 무인조각상

신륵사 앞에서 만난 '오브제'

신근재 ● ●

여주에는 세종대왕의 영릉(英陵)이 있고, 비극적으로 생애를 마친 명성황후(明成皇后)가 어린 시절을 보낸 생가(生家)가 있다. 이 생가와 영릉 사이를 멀리서 휘돌아 흐르는 남한강 둔치에 천년의 고찰 신륵사(神勒寺)가 자리하고 있다.

한국의 절은 '○○산 ○○사' 처럼 산을 배경으로 하여, 그 기슭에 세워져 있는 것을 흔히 볼 수 있는데, 신륵사는 유독 강변에 터를 잡고 있다는 것이 특징이라면 특징이라 할 수 있을 것이다. 석탑(石塔)이 많은 우리나라에서 드물게도 보물로 지정된 신륵사 다층 전탑(多層塼塔)은 남한강을 굽어보고 우뚝 솟아 있어 강물에 비치는 그림자는 자못 환상적이다.

강이 휘돌아 나가는 곳에 둔치가 생기고 자그마한 평야도 형성되어 있다. 바로 이 여주 들판에서 생산되는 맛깔스러운 쌀이 왕조시대(王朝時代)에도 진상품(進上品)으로 유명했던 바로 그 쌀이다. 강변을 따라 끝없이 이어지는 땅콩 밭은 풍성한 여주가 주는 매력의 하나로 손꼽을 만하다.

그 때도 뙤약볕이 이글거리는 무더운 날씨에 구름이 잠깐 생겼다가 텅 빈 하늘로 사라지고 있었다. 유유히 흐르던 남한강도 가뭄이 심해지고 갈수기(渴水期)로 접어들고 있었다. 강물이 줄기 시작하고 차츰 바닥을 드러냈다. 그렇게 드러난 강바닥의 폭이 넓어지자 웅덩이도 맨살을 보이기 시작했다.

석양이 서산에 기울어, 산 그림자가 멀리서 서서히 강 쪽으로 다가오고 있었다. 강변의 이곳저곳을 하루 종일 돌을 찾아 누비다가 돌아가려는 찰나에, 커다랗게 움푹 파인, 따가운 햇살에 말라버린 웅덩이 가장자리를 발견했다.

강물에 휩쓸려 내려오다 강바닥에 엉겨 있는 풀잎에 반쯤 덮인 채, 탁한 물때로 누렇게 되어 비스듬히 누워있는 돌에 무심코 시선이 쏠렸다. 손바닥만한 돌을 본능적으로 집어 들었다. 무게가 느껴졌다. 섬광(閃光)이 번쩍하는 순간이었다.

한참을 걸어 물이 있는 곳으로 갔다. 말라붙은 풀잎과 누렇게 덮인 돌에 묻은 때를 굵은 모래로 문질러 씻어보고, 다시 헹구어 보니 오석(烏石)이었다. 오브제의 추상석이었다.

주위에서 어둠이 몰려 왔다. 서둘러 돌밭에서 걸음을 옮기다가 길게 뻗은 모래사장을 가로질러 둔치로 올라가고 있었다. 길이 보이지 않았다. 무조건 한쪽 방향으로 풀밭을 헤치며, 논밭

사이로 걸어 나오다가 사방을 두리번거리는데 멀리 불빛이 보였다. 불빛 쪽으로 길을 찾아 한동안 헤맨 끝에, 자동차 불빛이 움직이는 방향으로 무거운 배낭을 짊어지고 터벅터벅 걸어야 했다,

다행히도 신작로에서 지나가는 행인을 만나 물었다.

"시외버스 서는 곳이 어디쯤 되지요?"

"돌아서서 반대쪽으로 한참 가야 합니다."

이제까지 오던 길을 되돌아서 얼마나 걸었을까. 겨우 어느 마을 입구에 이르렀다. 그런데 시골 지서 앞을 지나다가 그만 불심검문(不審檢問)에 걸리고 말았다.

국방색 등산 모자에 허름한 작업복 차림. 낡은 배낭을 짊어지고, 헌 운동화를 신은, 보기에도 수상한 사람으로 딱 의심받을만 했다. 달도 없는 어두운 밤길을 쇠갈퀴와 손가방 하나에 무거운 것을 들고 다니는 이상한 사나이……. 혹시나 간첩이 아닌가? 영락없이 수상한 사람으로 비칠 수밖에……. 서슬이 시퍼런 유신시절(維新時節)이었기 때문이다.

지서(支署) 안으로 불려 들어가 심문을 받았다.

배낭과 손가방을 큰 탁자 위에 올려놓고, 모조리 뒤져 보아도 나오는 것이라곤 신문지로 접어서 곱게 싼 강돌 몇 개밖에 없다. 이상한 일이다. 고개를 갸우뚱거리던 경관이 주민등록증을 뚫어지게 들여다보고서는 주소지로 확인해 보아야 한다는 것이다.

"집 전화번호가 몇 번인가?"
"서울의 99-8880번입니다."

경비 전화기를 들고는 확인하기 시작했다.
"여주경찰서 ○○지서인데, 신 아무개라는 사람이 거기 있습니까?"
"외출하고 지금 안 계시는 데요."
"언제 집을 나갔지요? 불심검문에 수상해 보여 확인하는 겁니다."
이런저런 것을 시시콜콜 따져보고 나서는 겨우 의심이 약간 풀렸는지,

"배낭과 가방을 챙기시오."
하면서 묻는 말이,

"지질학자입니까? 광석을 채집하고 있습니까?"
"예, 그렇소이다."

얼른 대답하고는 아찔한 그 순간을 모면할 수밖에 없었다.
체신부 K국장의 호의로 받은 우리 집 전화번호가, 당시로서는 VIP에 속하는 것으로 착각하여 심문하던 경관의 마음을 움직이게 한 것 같다.
검문을 받던 경찰서 지서를 막 빠져 나왔다. 불과 얼마 안 되는 곳이 시외버스 정거장이었다. 버스가 곧 출발하려고 시동을 걸

고 있었다. 늦은 밤 탈탈거리는 버스를 가까스로 얻어 타고, 서울 마장동 터미널에 당도하자, 그 때서야 비로소 시장기가 몰려 눈앞이 캄캄했다.

그러나 마음만은 흐뭇하였다.

판소리에 대해서

김동수 ●●

금년이 정년한 지 꼭 10년이 되는 해이다. 돌이켜 보면 엊그제 같은데 그 동안 얼마나 바쁘게 여러 가지를 하며 지내왔는지 한번 기억을 더듬어보고자 한다.

우선 정년한 그 해는 가정의 평화를 위해 그간 바쁘다는 핑계로 미뤄왔던 부부동반으로 성당에 다니는 것을 실천하기로 했다. 도곡동 성당에 다니면서 교리공부를 열심히 하여 1년 만에 세례를 받고 아브라함이라는 세례명을 얻게 되었다. 이어서 6개월간 견진성사도 마쳤고 이후 한동안은 아내의 소원대로 부부동반으로 주일마다 미사에 참석했다. 하지만 간절하지 않아서인지, 신심이 깊지 않아서인지 미사 시간이 그렇게 무료하고 지루하여 오히려 시간이 아깝다는 생각까지 하게 되었다. 때문에 다시금 갖은 핑계를 대며 성당에 나가는 날이 점점 뜸하게 되었다. 할머님, 어머님 그리고 아내에게 미안하고 천주님께 죄짓는 거 아닌가 하는 마음이 커지는 만큼 다른 일을 찾게 되었다. 용산에 있는 농업기술센터에 부부동반으로 다니면서 주말농장을 운영하는 교육

과정, 약초 및 과수재배, 조경 등의 교육과정을 이수하고 신구전문대학에 개설되어있는 분재 재배 교육을 받았으며, 배상면 주류연구소에서 누룩으로 술담그는 법, 전통소주를 만드는 방법을 배우면서 소주 내리는 기계까지 선물받게 되었다. 이 과정에서 만난 전국 단위의 동료들과 지방까지 다니면서 추가로 실습을 했다. 언젠가는 조용한 시골로 귀농하여 정착할 때 필요한 기술들을 습득하고자 이러한 교육들을 받았고 양평, 가평을 거쳐 최근에는 퇴촌에 전원주택을 구매하여 과수를 심어놓고 주말마다 농사을 다니는데 성당대신 힘들게 주말마다 농사를 가게 되었으니 아내의 원성은 더욱 자자졌다. 결국 아직은 도시와 시골을 오가는 상태로 완전히 귀농을 못하고 있다.

그러는 와중에 도곡주민센터, 서초노인복지회관에서 경기민요, 컴퓨터, 국선도 등도 배우면서 그야말로 '백수가 과로사 한다' 는 말처럼 동분서주하며 열심히 지내던 중 2009년 드디어 종로3가에 있는 20년 전통을 자랑하는 '소리랑' 동호회에 가입하게 되었다. 이곳에서 판소리와 고법(북치는 법)을 배웠고 1년에 몇 번씩 공연도 참석하였다. 이렇게 본격적으로 전통문화를 접하게 된 후 얼마 전 부터는 독선생을 모시고 흥보가 완창을 공부하고 있다. 아쉽게도 뒤늦게 이 취미를 시작하여 이미 70세 중반을 접어드니, 목소리에 힘이 실리지 않아 고음이 제대로 안 나오고 힘차게 소리를 낼 수 없어 많이 안타깝다. 그러나 건강을 지키고 무료하고 외로움을 달래주기는 판소리만큼 좋은 취미는 없다. 그렇게 생각하는 이유는 다음과 같다.

무엇보다도 판소리 발성은 목을 쓰지 않고 뱃속 깊은 단전에서 소리를 끌어내야 하므로 복식호흡을 해야 한다. 이 과정에서 배가 따뜻해지고 호흡도 길어지게 된다. 또 애절함을 소리내어 풀게 되면 답답한 마음이 펑 뚫리는 것처럼 시원하게 되고, 흥이 날 때는 신명나서 좋으니 이처럼 인간의 희노애락을 마음껏 풀어낼 수 있으니 이에 더 좋을 수가 없다. 또한 새벽에 무심코 잠이 깨어도 긴 가사를 속으로 외우다 보면 어느덧 잠들게 될 정도로 집중하게 되어 다른 고민을 할 겨를이 없게 된다. 이처럼 판소리는 가사를 암기해야하고, 박자를 맞추며 소리를 내야 하므로 머리를 활성화시키는 효과도 갖고 있다. 본인도 강남에서 종로3가까지 오가는 2시간이상의 지루한 길이 이어폰에서 흘러나오는 판소리 가사를 암기하다보면 지루함을 느낄 새가 없을 정도다. 한편 TV나 공연에 가서 국악을 감상하게 되면 중간 중간 추임새(얼씨구~, 좋지~, 잘한다~ 등등)을 넣어 주어 청자의 흥을 같이 돋구며 공연에 동참할 수 있으니 더욱 재미를 느끼게 된다.

일반적으로 판소리를 어렵게만 생각하는 경향이 있는데 막상 접해보면 나이든 사람도 쉽게 배울 수 있을 정도로 누구나 학습할 수 있다. 따라서 우리 전통 문화유산이 현재 무관심 속에서 점점 사라져가고 있는 현실이 안타까워 이 기회를 통해 판소리란 무엇이며 어떻게 구성되어 있고, 어떻게 감상하면 좋을지를 간단히 소개해보고자 한다.

1. 판소리란 무엇인가

판소리란 쉽게 말하자면 한명의 창자(소리꾼)가 고수의 북에 맞추어 창(소리), 아니리(말), 발림(몸짓)으로 긴 이야기를 엮어가는 것을 말한다. 어느 사건을 표현해 듣는 이들을 웃기기도 하고 울리기도 한다는 의미에서 판소리는 음악과 문학을 근간으로 하는 종합예술이다. 판소리를 만들어온 사람들은 문학적인 내용의 전개를 가장 유효 적절하게 표현하기 위해서 모든 음악적인 방법을 동원했다. 경우에 따라서는 무속의 음악과 장단을 끌어들이기도 하고 필요하다면 불교음악의 가락을 따오기도 했으며, 때로는 민중의 애환이 짙게 깔려있는 민요를 도입하기도 했다. 뿐만아니라 가곡이나 가사창의 창법을 응용하기도 하고 옛사람들이 책을 읽던 송서성(誦書聲)까지도 끌여들였던 것이다.

단가란 짧은 노래라는 뜻으로 한사람의 창자가 길고도 까다로운 판소리를 부르기에 앞서서 목을 풀기위해 부르는 짧고 쉬운 노래로서 옛날에는 허두가라고도 했다. 그리고 장단으로는 대부분 중모리로 쓴다.

2. 판을 벌여 향유하는 문화

판소리를 가리키는 데 쓰인 말은 매우 많아서 소리, 광대소리, 타령, 잡가, 창, 창악, 극가, 창곡조등 다양한 이름으로 불려오다가 근래에 판소리라는 용어로 정착되었다. 판소리는 판과 소리가 결합된 말로 짐작된다. 판이라는 말은 굿판, 씨름판, 노름판에서 보듯이 일이 일어난 자리라는 뜻이 있고 여러사람이 참여하여 이루어지는 행위라는 뜻도 담겨있다.

3. 노래로 하는 이야기

판소리는 춘향가, 심청가, 흥부가, 수궁가, 적벽가등 전승 5가를 중심으로 향유된다. 춘향가는 정절을 지켜가며 한남자를 사랑한 열(烈)로 뭉쳐진 행위의 이야기이다. 흥부가는 인색한 형과 착한 아우 사이에 이루어지는 이야기를 담고 있으며 권선징악을 주제로 하는 이야기이다. 그리고 심청가는 효, 수궁가는 충, 적벽가는 의(義) 또는 권(權)에 관한 이야기를 바탕으로 둔다. 그밖에도 변강쇠가, 옹고집, 배비장, 강릉매화, 장끼, 무숙이, 가짜신선가(전승 5가와 함께 12가로 불림) 등의 이야기는 일부 소설로 남기도 했지만 모두 언젠가부터 판소리로서의 맥이 끊기게 된것을 못내 아쉽게 생각한다.

4. 모두 제 몫을 하는 판소리 판

판소리의 판을 구성하는 다수의 행위자는 창자, 반주자, 청자의 셋으로 나누어진다. 창자는 노래로 하는 창과 말로 하는 아니라, 발림을 번갈아 가며 소리를 한다. 여기에 고수는 북으로 장단을 맞추면서 추임새를 넣고 청자도 그저 듣고만 있지 않고 적극적으로 추임새를 넣고 제 몫을 하면서 공감하고 격려하며 함께 즐긴다.

5. 매번 창조되는 북장단

반주자인 고수는 창자가 소리를 할때 북으로 장단을 맞추어준다. 판소리에서 사용되는 장단을 크게 일곱가지로 나뉘어진다. 가장 느린 진양조는 24박이고 그다음 중모리는 12박, 중모리보다 2배 빠른 중중모리가 12박, 중중모리보다 2배 빠른 자진모리는 4박, 또는 12박으로 나뉘어진다. 그리고 가장 빠른 휘모리는 4박으로 되어있고 엇모리는 5박 또는 10박, 엇중모리는 6박으로 되어 있다. 그 외에도 단중모리, 빠른 중중모리, 빠른 자진모리, 세마치등으로 불리는 장단들은 빠르기에 연관되어 붙여진다. 고수는 창자가 소리하는 판에서 큰 역할의 비중을 차지한다. 예를들어 저런 죽일놈이 있나! 와 같이 창자의 말에 맞장구를 치는가 하면, 간단한 대사를 주고 받기도 하고 창자를 격려하고 힘을 덜어주기 위해 '얼씨구', '으이', '그렇지' 등 간단한 말로 추임새를 넣기도 하고, 창자를 이끌어가는 지휘자도 되어야 한다는 점이다. 그래서 이렇게 고수의 역할이 크다하여 판소리계에 흔히 일고수 이명창(一鼓手 二名唱)이라는 말까지 나오게 되었다.

《 역대 명창들에 대해서 》

1. 전기명창

순조때는 뛰어난 명창들이 나와서 판소리의 여러 가지 조를 구성하고 더늠을 형성시켰는데, 권삼득, 황해천, 송흥록, 방만춘, 염계달, 모흥갑, 김제철, 고수관, 김성옥, 신만엽, 송광록, 주덕기 등을 들 수 있다. 이중에 여덟을 골라 전기 8명창이라 부른다.

2. 후기 명창

철종, 고종 시기는 판소리의 전성기에 해당한다. 철종때에는 당시 세도를 잡고 있던 김병기가 판소리의 애호가요 후원자였고 고종 초기에는 대원군 또한 판소리를 즐겼기 때문에 판소리의 뛰어난 명창들은 다른 창우들과 달리 국창으로서 대접을 받게 되고 판소리의 명창들은 국창에 합당한 품위있고 예술적인 기예를 터득하고자 필사의 노력을 하게 되엇다.

이 무렵에 활약한 명창으로 이름이 전하는 이는 수도 없이 많으나 이가운데 국창으로 칠만큼 뛰어난 이를 꼽자면 박유전, 박만순, 이날치, 김세종, 송우룡, 정창업, 한송학, 장자백, 정춘풍, 김찬업, 김창록, 이창윤, 김정근 등과 같은 이를 들 수 있다. 이들중 여덟을 골라서 후기 8명창이라 부른다.

이시대의 명창들은 판소리를 더욱 치밀하고 정교한 음악으로 발전시키는 한편 판소리 사설의 극적내용을 어떻게 음악으로 표출하느냐 하는 이른바 '이면에 맞게 소리하는 쪽' 으로 판소리를 발전시켰다. 이들은 또 사사관계와 지역적인 지연관계에 의하여 여러 유파를 형성하였다.

3.근세명창

고종말기가 되면 판소리는 내용으로 보나 공연으로 보나 전성기에 이르지만 한편으로는 원각사 이후 창극이 유행하게 되자 판소리의 유파적 특징이 뒤섞이게 되어 유파의 특색을 차츰 잃어갔다. 이시기에 활약한 명창으로는 박기홍, 김창환, 김채만, 송만갑, 이동백, 유공렬, 전도성, 김창룡, 김창진, 유성준, 정정렬, 이화중선등이 있다. 이중에 다섯을 골라서 근세 5명창이라 부른다.

《판소리 제(制)》

판소리를 창법이기도 한 소리를 전체적으로 끌고 나가는 소리선이 굵고 가늘기, 음, 청탁 소리끝의 길고 짧은 맺음, 여운등으로 동편제, 서편제를 크게 분류한다. 최근에 들어서 이 제를 나누어 이야기 했지만, 옛 명창들은 그런 분류를 하지 않았다. 지리적으로 지리산 섬진강을 경계로 하여 동편이 남원, 운봉, 구례, 곡성, 고창, 진주들이 동편제 고을이요 고창, 광주, 보성등 서편지역을 서편제 고을이라고 할 수 있다. 그러나 지명을 가지고 분류하는 것은 별 의미가 없고 굳이 나누어 이야기 하려면 소리로 분류하는 것이 옳은 방법이다. 소리 전체를 하다보면 동편제, 서편제 하는 제가 부분적으로 일부 섞어들어가는 경우도 있다.

1. 동편제

옛 명창들 중 많은 사람이 이 동편제 소리를 했다. 옛날에는 주로 남자들이 판소리를 했기에 산이 무너져 내리는 소리, 폭포가 쏟아지는 소리, 장수가 호령하는 소리와 같이 엄하고 평온하고 우렁차며 끝맺음이 짧고 분명한 것이 특징이다. 특별한 기교같은 것을 부리지 않고 목의 풍부한 성음으로 하기에 아무리 들어도 싫증이 나지 않는 것이 특색이고 소리를 뚝뚝 잘라 시원스럽게 소리하며 장단도 대마디 대장단으로 딱딱 끊어 노래하는 게 특징이다.

옛날 소리는 주로 동편제에 의하여 불리어 졌으며 후에 서편제도 많이 불려졌다. 동편제라고 해서 처음부터 끝까지 소리가 무뚝뚝하고 웅장하고 딱딱 끊어 나가는 소리가 아니고 이따금씩 필요에 따라 슬픈 애조가 섞이는 서편제에 가까운 소리도 들어가는 법이다. 단지 전체 주류가 그렇게 나간다는 뜻이다. 이는 서편제에서도 마찬가지 이다. 소리 한바탕을 하다보면 이따금씩 다른 제라 할 수 있는 소리부분이 조금씩은 들어가기 마련인 것이다. 송흥록을 동편제 시조라 하고 이동백, 송만갑, 유성준, 최근들어 강도근이 주로 동편제 소리를 했다. 적벽가 춘향가 수궁가는 동편제 소리를 하면 더욱 잘 어울린다.

2. 서편제

섬세하고 여성적이며 애조를 띠는 소리가 주된 성음이며 소리 끝을 똑똑 잘라 무뚝뚝하게 내는 동편제와는 달리 길게 빼며 여운을 남긴다. 소리에 기교를 부리어 섬세하고 자상한 맛을 보이는 것이 특징이다. 소리의 가공과 기교가 많이 섞인 소리로 애조로 부르는 것이 특징이다보니 심청가나 흥보가등에 더 잘 어울릴 수도 있다.

3. 강산제

강산제판소리가 동서제로 대분류되어 오다가 최근들어 자주 강산제란 말을 들을 수 있다. 보성을 무대로 순창에서 태어나 보성을 강산에서 자라고 살아간 박유천을 시조로 하여 불려진 소리제, 지역은 서편이나 소리는 동편제에 가깝고 음성과 음색이 다양하고 대마디 대장단은 동편제를 가지고 있다. 강산제는 동편제 뿐만아니라 서편제 중고제 설령제등 많은 제의 장점과 사실을 인용하여 비교적 음정과 음색이 정확하고 이면에 맞게 잘 짜여져 있다. 최근들어 정응민 명창의 제자 조상현, 성우향, 성창순등의 명창들이 제자들을 많이 길러내며 하나의 유파로 전국에 두루 불려지고 있다.

4. 중고제

경기도 일원에서 한때 불리어 졌던 격조있는 소리제. 동편도 서편도 아닌 제이나 비교적 동편에 가깝고 요즘은 부르는 사람이 없으며 동서편 중간 중간에서 잠시 한 대목씩 나타날 정도이다. 중고제 명창은 모흥갑이었으며 근세에는 동편제의 줄기인 송만갑이 중고제 기교를 많이 썼던 것으로 알려진다.

5. 기타

소리제라고 하기보다는 소리의 가풍 또는 특색을 말하는 짧은 한 토막의 소리를 말하는 것으로 볼 수 있을 것이다.

설렁제: 소리 한 바탕에 한두번 정도 나오는 가풍이며 하나의 기교를 덜렁제, 호걸제, 권마 성제라고도 한다. 영조 때 권삼득이 개발하였다고 한다.

경두름제: 이것 역시 소리의 한바탕에서 한두번 나올 정도를 자주 불려진 것은 아니나 경기도에서 많이 불려졌고 염계달이 창시자다. 수궁가중 토끼가 자라에게 욕하며 능청을 부리는 대목에서 들어볼 수 있다.

석화제: 명랑하며 거덜거리는 음이 많은 것이 특징이며 가야금 병창제와도 비슷한 감을 준다. 춘향가의 천자뒤풀

이나 수궁가의 토끼화상, 날짐승 상좌다툼 등에서 들어 볼 수 있다.

《 판소리 성음과 용어들 》

(1) 판소리에서 버려야할 금기사항

1) 비성(鼻聲): 코속에서 내는 콧소리를 말한다.

2) 전성(轉聲): 발발이성이라고도 하며 소리를 발발 떨어내는 소리를 말한다.

3) 노랑목: 소리를 기교위주로 한다고 교모하게 하여 분명하고 확실한 판소리 적성성음이 아닌 천하고 경망스럽게 내는 소리.

4) 함성(含聲): 소리는 입밖으로 뱉어내야 하는 데 입안에서만 우물우물 모금고 내는 소리.

(2) 발성기법: 일반적으로 오성(五聲)이라고 하는 발성법이다.

1) 아구성(牙聲): 입을 위아래 크게 벌리고 어금니를 맞대게 하는 상태에서 어금니와 양턱에 힘을 주어 내는 성음.

2) 후성(喉聲): 목구멍을 통해내는 일반적인 성음.

3) 순음(脣音): 입술을 통하여 강하게 내는 성음.

4) 설음(舌音): 혀를 굴려내는 음.

5) 치성(齒聲):이빨사이로 내는 성음.

(3) 일반적인 성음의 구분

판소리의 성음에는 엄청나게 많은 성음이 있는 바 먼저 실기를 기초로 하지 않으면 설명할 수 도 이해할 수도 없다

1) 양성(陽聲): 소리를 높게 올려내며 밝고 맑으며 밖으로 밀려 올리는 음. 남성적 성음이다.

2) 음성(陰聲): 소리를 낮게 내거나 안으로 잡아당기는 성음. 여성적 성음이라고 할 수 있다.

(4) 소리내는 신체부위에 따라 구분

1) 흉성: 소리를 가슴에서 내는 소리

2) 항성 (項聲): 목에서 크게 울려 내는 음으로 천성적으로 이음을 잘 내는 타고나는 사람이 있다.

3) 목성: 목에서 내는 소리. 판소리는 목성으로만 하면 깊이나 예술성이 없다.

4) 대퇴성: 목덜미에서 내는 아주 높은 성음. 수련을 많이 한 옛 명창들은 최상청을 낼 때 주로 대퇴성을 이용했다.

5) 철성: 쇠소리 같이 높고 곧은 소리

6) 비취성: 코로 소리를 밀어내어 내는 음

7) 단전성: 배꼽아래 단전에서 나오는 소리.(명창이 되기 위해서는 단전성을 많이 써야한다.)

8) 단장성: 창자가 끊어질 정도로 배 창자에 힘을 주어 내는 음

9) 통성(洞聲): 목에 기교를 부리거나 가성을 내지 않고 목 그대로 굵게 내지르는 목. 남성답고 우렁차서 폭포가 쏟아지고 하늘이 무너지는 음과 같다.

10) 척추성: 소리를 가슴에서부터 뽑아올리면 덜미에까지 이르러 덜미성이 되고 높이 뽑아내면 뒤 척추에서부터 나오게 된다.

(5)기타 소리 목이나 성음

1) 엄성(嚴聲): 소리를 위엄있게 또 엄하게 내는 성음, 적벽가 등에서 많이 쓰임

2) 가성(假聲): 희성이라고도 하며 목소리를 제대로 내지 않고 흉내만 내는 성음. 높은 음을 낼 수 가 없을 때 힘을 덜들이고 소리를 낸다.

3) 속목: 목안에서 불분명하게 내는 성음으로 잘 들리지 않는다.

4) 깍는목: 곱게 깍아 다듬어 내는 성음

5) 수리성: 목이 쉬는 듯한 소리로 명창들에게서 듣는 성음

6) 천구성: 선천적으로 풍부한 성량을 타고나 목성이 좋은 성음(천구성을 가진 사람은 드물고 단지 목을 후천적으로 갈고 닦은 명창이 많다.)

7) 떡목: 소리가 빡빡하고 탁하여 판소리에 좋지 않은 성음

8) 생삼청: 일정한 음으로 내다가 갑자기 다른 성음으로 살짝 솟아오르는 성음 (마치 겨울에 대나무 순이 땅위로 솟나 나오듯 앞의 성음과 다른 성음이 쑥 나타나는 성음)

9) 어청: 일정한 성음이 아니고 반음정도 위로 또는 아래로 내는 중간음

10) 요음(搖音): 소리를 흔들어 내는 음

11) 송서성 (誦書聲): 판소리 중에 서당에서 책읽는 것과 같이 내는 소리. 창조, 도섭, 아니리와 같이 판소리를 짜는데 간간이 쓰이는 성음.

(6) 장식과 여러기법등을 통하여 이어지는 목(성음)들

1) 기지개목: 두팔을 펴고 기지개를 펴듯 소리가 천천히 휘여지며

늘어지게 내는 성음

2) 추천목: 그네 뛰듯 출렁출렁 내는 성음

3) 꺽음목: 딱 꺽기듯 소리를 꺽어서 내는 음

4) 제친목: 소리를 뒤로 딱 제치듯 혀를 빨리 제쳐내는 목

5) 구르는 목: 구슬 구르듯, 공 구르듯 소리가 굴러가는 목

6) 던지는 목:돌을 던지듯 소리를 멀리 힘차게 뱉어내는 목

7) 자르는 목: 소리 한구절을 끝낼 때 칼로 무 자르듯 딱 잘라내는 목. 주로 동편제에서 많이 쓴다

8) 드는목: 소리를 살짝 들어주는 음

9) 감는목: 실타래 감듯 소릴르 감아 올리는 목

10) 채는목: 두꺼비가 파리채듯 탁 낚아채듯 내는 성음(괴데적 붙임이라고 함)

11) 휘는목:활이 휘어지듯 내는 목

12) 찌르는 목:송곳으로 콕콕 찌르듯 소리를 찔러내는 목

(7) 기타 상황변화나 판소리 사설에 따라 변화하는 목들

1) 좌웅성: 동물의 암수컷과 같이 한번을 올려(양성)주고 또 한번은 내려(음성)주어 우주 만물의 이치를 조화있게 표현하고 다시 한번 강조하기 위해 같은 내용을 되풀이하여 하는 성음

2) 귀곡성: 귀신 울움소리를 내어 으스스한 분위기를 내는 소리(송홍록이 귀곡성 창시자임)

3) 늑은목: 상성이 없이 하성이나 탁성으로만 내는 성음으로 판소리에 좋지 않다.

4) 짜는목: 빨래짜듯이 소리를 짜서 내는 성음(목구멍을 가늘게 줄여내야 한다)

5) 푸는목: 소리를 스르르 풀어가며 내는 소리

6) 하탁성: 소리를 단전아래로 눌러 내면서 통성을 내는 음

7) 생목: 공력이 없어 쓰지못하는 음(소리를 쉬었다 할 경우도 생목이 나온다)

8) 겉목: 소리 공력이 안들어 있는 그저 쉽게 내는 성음

9) 다는목: 소리를 그치지 않고 달아 붙이는 목

10) 된목: 상성으로만 내는 음. 된목으로 계속 소리를 하면 듣기에 피로감을 준다

11) 파는목: 땅 파듯 소리를 밑으로만 파서내는 음

12) 누르는 목: 소리를 타이어에 바람넣듯 눌러내는 목

13) 너는목: 소리를 빨래널 듯 쭉쭉뻗어 시원스럽게 널어놓는 목. 소리를 배울때는 쭉쭉 뻗어 소리를 내는 것이 좋다(춘향가 중 적성가에서 사면경치를 살펴보는 대목들에서 볼 수 있다.

14) 찍는목: 곡괭이로 내려찍듯이 높고 억세게 나는 소리

15) 을목: 살짝 흔들어 올라 채주는 목

16) 폭각질목: 소리는 긴장과 해이를 조화하여 소리맛을 내기 위해 순간적으로 소리를 딸국질하듯 내는 목(많은 노력을 해야 제대로 되는 목)

17) 타루: 소리를 gms들어 끝을 살짝 올려채는 목

18) 아양목: 여인이 아양떨 듯 여리게 가볍게 내는 목

19) 농현목: 가야금 줄소리 흔들어 내듯 흔들어지는 음

20) 어린양목:어린아이 귀엽게 놀 듯 사랑스럽게 애교있게 내는 목

21) 회음 (廻音): 소리를 내어놓고 다시 한바퀴 제자리로 돌아오게 하는 음

22) 맹성(盲聲): 옛 맹인들이 말할 때 가끔 쓰던 성음으로 무뚝뚝하면서 무서운듯한 성음

예) 심청가중 "(내몸을 팔자 하면) 앞못 보난 (봉사놈을)… 부처님을 속이며는 (앉은 뱅이가 된다는디…)"

《 판소리의 조(調)와 소리제 》

판소리의 조 또는 제는 소리하는 스타일이라고 할 수 있다. 소리꾼은 그 이면에 따라 때로는 씩씩하게 때로는 덤덤하게 때로는 애절하게 소리를 해야 한다. 판소리의 조에 따라 소리꾼의 성음이나 발림은 물론 고수의 장단이나 추임새까지도 달라진다. 판소리의 조에는 크게 평조, 우조, 계면조가 있다. 이에 덧붙여 여러 명창들의 독특한 창법이 가미된 더늠에서 유래한 여러 소리제들도 있다. '더늠' 이라 소리가 구전되는 과정에서 명창들이 자신이 창작해서 첨가한 대목들을 말한다.

1. 평조

평조는 덤덤하게 하는 소리이다. 아무런 감정이 개입되지 않는 나레이터와 같은 소리라고 할 수 있다. 어쩌면 가장 잘하기 어려운 소리조가 평조일 것이다. 대부분의 단가들이 평조로 불려진다.

2. 우조

우조는 꿋꿋하고 곧은 소리이다. 높고 곧은 소리를 쭉쭉 뻗으면서 해나가는 우조 소리를 들으면 시원시원한 느낌을 준다. 춘향가의 적성가 대목이나 심청가의 시비따라 대목등은 대표적인 우조 대목이다.

3. 계면조

계면조는 슬프고 애절한 소리이다. 듣는이의 가슴을 저미듯 목을 좁혀서 부르는 계면소리는 한없는 카타르시스를 제공한다. 춘향가의 옥중가 대목이나 심청가의 곽씨부인 유언 대목은 대표적인 계면소리 대목이다.

4. 호걸제

설렁제 또는 덜렁제라고 하기도 하는 소리이다. 이호걸제는 권삼득이라는 명창이 창안한 소리 조이다. 호걸제는 마치 권마성(대신이 행차하거나 장원급제자가 귀가할 때 외는 소리) 성음으로 하는 소리이다. 가장남성적이고 힘찬 소리이다 소리를 계속 들어서 가져가야한다고 해서 덜렁제라고 하기도 한다. 대표적인 덜렁제 대목은 흥보가 중 제비 후리러 가는 대목, 춘향가중 군로사령 나가는 대목등이다.

5. 경드름

경드름은 이름에서도 알 수 있듯이 서울식 소리 성음이 가미된 소리조를 말한다. 경기민요에서 들을 수 있는 경쾌한 리듬감과 소리 색깔을 갖고 있다. 아마도 경드름은 경기출신 명창들에 의해 가미된 것이 아닐까 추정한다. 춘향가의 이도령이 서울 사람이라 이도령이 말하는 대목의 소리가 주로 경드름으로 불린다. 수궁가에서는 토끼가 욕하는 대목이 경드름으로 불린다.

6. 추천목

춘향이 그네뛰는 대목의 소리에서 유래한 소리조이다. 경기도 사람인 염계달이라는 명창이 창안했다고 한다. 소리목은 얼핏 경드름을 바탕에 깔고 있고 장단 붙임이 마치 그네가 왔다갔다 하는 느낌을 주도록 소리한다. 춘향가에 '니 그런 내력을 들어보아라' 하는 대목에 포함되어있다.

이상과 같이 판소리에 대해 간략히 열거해 보았다.

개중에는 어려운 전문용어도 나오나, 조금만 관심을 가지고 판소리를 감상하게 되면 훨씬 재미와 흥미를 가지게 될 것이다.

옛 궁핍하고 천대시했던 시절에는 특정인들에 의해 판소리가 겨우 맥을 이어왔으나, 보다 풍요로운 오늘날에는 초 · 중 · 고 대학원에까지 전공자가 많아지고, 일반인들도 많은 국악동호단체에서 쉽게 접하고 배울 수 있어 널리 보급되고 있다. 특히 각 방송매체, TV 등에서 자주 접할 수 있고, 각 지역 지방마다 잦은 공연 등의 영향으로 맥을 이어가게 되는 것을 다행으로 생각하며, 머지않아 오늘날 한류 K-POP처럼 세계로까지 유행하리라 본다.

草人木의 만남

이덕봉 ●●

남으로 난 베란다에 5년 전 보성 차밭에서 작은 묘목을 분양해 온 차나무 두 그루가 자라고 있다. 4년이 지나자 10월에 꽃이 피기 시작하였다. 자그마한 녹차 꽃은 하얀 다섯 장의 꽃잎이 넘칠 듯 노란 수술로 가득하다. 꽃 속을 살펴보니 하얀 암술이 두 팔을 V자로 치켜든 채 여왕처럼 미소 짓는다. 수술 200여개에 하나뿐인 암술. 대단한 인기다. 올 해엔 작년에 열린 열매가 달린 상태에서 새 꽃이 피었다. 두 세대의 실화 상봉의 순간이 이루어진 것이다. 열매와 꽃이 한 나무에서 만나게 되는 드문 현상이다. 차나무를 들여다보고 있노라면 이렇게 자그마한 식물이 인간의 삶속 깊숙이 들어와 대표적인 음료가 되고 문화가 되어 깊게 자리 잡고 있는 것이 기특하고 신기하다. 지구상에 있는 수많은 초목 중에 차나무만큼 인간의 삶과 밀착되어 있는 식물도 드물 것이다.

요즘 들어 다양한 차를 맛볼 수 있는 전문 차실을 자주 찾게 된

다. 차는 신라시대 이후 우리 민족과 500년을 함께 지내다가 조선시대 이후 500년을 등 돌린 채 지냈었다. 200년 전부터 다시 불가와 선비들의 방을 기웃거리더니 30여 년 전에 우리 곁으로 바짝 다가온 것이다. 마치 집나간 강아지가 꼬리를 내리붙이고 기어 들어오듯 미안한 기색으로 돌아온 것이다. 엄밀히 말하자면, 조선시대의 억불정책과 임진왜란과 함께 묻어 들어온 고추로 식생활이 바꾸게 되면서 이후 차를 멀리한 것은 우리들의 선택이었기에 차가 눈치를 보아야할 일은 아니다. 우리가 먼저 차를 향해 미안한 마음으로 새롭게 인사를 건네야 옳다.

차나무 하나에서 만들어지는 차의 종류가 너무 많아서 차에 따라 바르게 타서 제대로 맛을 본다는 것이 여간 어려운 일이 아니다. 생활 문화로까지 자리 잡았던 차를 다시 영입하여 제대로 알고 마시기 위해서는 우선 그간 소원했던 차와 통성명을 하고 정중하게 인사를 나눈 뒤 그 내력과 성격에 대한 이해부터 다져야

할 것이다. 제대로 된 차와의 만남을 위해서다.

우리민족의 인사말은 세계에서 유례가 없을 만큼 길다. 통성명에 이어 나이는 몇 살이냐, 결혼은 하였느냐, 언제 할 예정이냐, 정해진 배필은 있느냐, 직업은 무엇이고 부모님은 무얼 하시느냐는 등 다른 문화권에서는 상상조차 할 수 없는 프라이버시를 침해하는 질문을 쏟아낸다. 이러한 질문공세는 본래 혈연사회인 우리민족이 타인을 가족 수준으로 맞아들이고자 할 때 사용하는 친근한 표현으로 처음부터 가깝게 지내기 위한 간이 의식인 것이다. 세계에서 가장 따뜻하고 긴 인사말이 아닐 수 없다. 이제부터 차를 우리의 가족으로 맞아들이기 위한 인사 의식을 치러보자.

• 통성명을 하다

차의 이름은 의외로 단순하다. 혈통이 하나이기 때문이다. 물론 화장술에 따라 별명은 수없이 많다. 중국 남부지방에서 시작된 차는 세계적으로 '차' 라고도 부르고 '티' 라고도 하고, '다' 라고도 발음한다. 이들 명칭은 모두 중국이 고향인데, 광동성의 발음인 '차' 가 북방으로 전달되면서 중국, 한국, 일본에서는 '차, 동남아와 인도 등에서는 '차이' 라 불리게 된다. 한편 복건성 아모이 지방의 민남어에서는 '떼에' 라고 하는데 이곳의 차를 수입하던 네델란드에 의해 유럽에서는 'Tea' 로 정착된다. 한국에서 다방이라는 명칭에 쓰이는 '다' 발음은 불교 용어와 함께 들어 온 오나라 때 발음인 '다' 를 채택한 결과이다. 결국 차를 가리키는 여러 발음이 모두 중국어에 기인한 것이다. 차의 출생지는 중국인 것이다.

차(荼)라는 한자도 본래는 풀초(艸) 아래 쓰다는 의미의 여(余)자를 붙여 '도' 라 하여 맛이 쓴 풀이라는 뜻이었다. 그 후 육우가 '다경' 을 저술하면서 한 획을 빼서 차별화 한 이래 지금과 같이 초인목(艸人木) 3글자의 결합이 되었다고 전한다. 마치 아래는 나무이고 위는 풀이 사람을 에워싸고 있어서 사람에게 친근하고 유익함을 나타내는 형상이다. 지금의 인간과 차의 밀접한 관계를 상징하는 것 같다. 풀과 사람과 나무가 만나서 〈차〉라는 문화를 형성하는 의미를 형상화 한 셈이다. 역시 차에는 만남이라는 키워드가 숨어 있다.

• 가족을 묻다

실례인 줄 알면서 한국식 인사이니 통성명 후엔 당연히 가족에 대해서 물어보아야 한다. 차나무는 자그맣지만 전 세계를 뒤덮을 정도의 넓은 주거 지역과 긴 삶의 여정만큼 가족 이야기를 듣는 데는 시간이 걸릴 것이다.

기원전부터 중국 남부에서 재배되기 시작하던 차는 발효 정도에 따라 백차, 녹차, 황차, 청차, 홍차, 흑차의 6대 집안으로 분류된다. 그 밖에 말차, 꽃차, 가향차, 대용차 등 차에도 여러 소수 민족들이 있다. 6대 집안은 발효의 정도에 따라 차를 분류한 것인데, 녹차는 발효되지 않은 불발효차 이고, 백차, 황차, 청차는 약간 발효시킨 반발효차, 홍차는 깊게 발효시킨 전발효차, 보이차로 대표되는 흑차는 발효가 계속되는 후발효차에 해당한다.

가향차는 향이 사라진 녹차에 향을 가미한 자스민차처럼 다른 향을 가미한 것이고, 보리차나 뽕잎차, 대추차 등은 대용차에 해당된다. 차의 종류도 인간의 성숙과 닮았다. 나이가 들어도 성숙하지 않은 사람이 있고, 조금 성숙한 사람과 많이 성숙한 사람, 끊임없이 성숙해 가는 사람이 있는 것과 닮았다. 가향차가 화장을 한 여인이라면, 대용차는 건강한 스포츠맨일 수 있다.

차의 맛을 결정짓는 가장 큰 차이는 제다법에 있다. 중국의 경우는 덖음 차를 덖는 과정에서 화덕위에서 잎을 눌렀다 뒤집으며 덖는다. 이파리의 원래 모양이 또렷하고 황록색이 투명하며 향이 강하다. 한국의 경우에는 화덕에서 덖은 것을 꺼내어 식혔다가 부비기를 많게는 아홉 차례까지 반복함으로써 가늘게 돌돌 말린 모습이고 색깔이 노랑연두색을 띠고 고소함이 강하다. 일본은 덖는 대신 증기로 살짝 쪄서 부비는 방법을 사용하여 녹색이 선명하고 단 맛이 강하다. 이런 각각의 성격을 살려 우리지 않으면 제대로 된 맛을 경험할 수 없다. 그래서 차와의 만남이 필요한 것이다.

아시아에서 가출하여 유럽을 통해 국제적으로 성공한 4촌 형제 뻘인 홍차 이야기도 들어보자. 1300년 전에 이미 아시아 전역으로 전파된 녹차는 400여 년 전부터는 유럽에 알려지면서 홍차로 개발되어 전 세계로 퍼져간다. 홍차는 유럽, 터키, 아프리카, 아시아, 인도 인도네시아, 중국, 한국, 일본, 미국, 남미, 호주 등 지구 전체에 보급 되고 있다. 성공한 이민사가 아닐 수 없다.

영국에서 차가 판매되던 1657년경만 해도 차는 동양에서 온

만병통치약이었다. 1662년 찰즈2세의 왕비가 된 포르투갈 출신 캐서린이 차를 대량으로 지참하여 궁중에 끽다를 유행시킨 것이 발단이 되어 차는 영국의 귀족사회로 번져갔다. 영국의 산업혁명 이후 중산층을 중심으로 홍차가 일상생활에 정착된다. 19세기에 들면서 영국의 식민지인 인도와 실론에서 차 재배에 성공하게 되어 19세기 말에는 중국의 홍차 생산량을 능가하게 된다. 이렇게 세계화에 성공한 홍차는 지금은 전 세계 차 생산량의 80%를 차지하기에 이르렀다. 이렇게 다문화 국가에 대한 이해처럼 다양한 차를 제대로 알기 위한 노력은 차의 다문화 체험이 될 것이다.

차하고만 통성명을 한다면, 또 하나의 대표 음료인 커피로부터 질투를 살 수 있다. 커피는 차와 더불어 세계적 음료이지만, 에티오피아에서 발원하여 15세기에 이슬람권의 일반인들이 복용하게 되었고, 16세기에는 서양 귀족사회에 전파되면서 19세기에 유럽사회 일반인들도 널리 복용하게 된 것이다. 그 역사가 아직은 짧고 차의 분류에서 보면 열매를 이용한 대용차에 해당된다. 커피의 명성과 젊은 혈기는 만방에 떨치지만 차처럼 인간생활에서 문화화가 되려면 많은 시간이 필요하다. 아직 문화적으로는 설익은 애송이인 셈이다.

• 집안 내력을 묻다

좀 더 사적인 질문을 해보기로 하자. 집안의 내력에 대해서 물어보자.

불발효차인 녹차는 중국 일본 한국이 주된 소비지역이고 발효차인 우롱차와 보이차는 중국, 각종 대용차는 한국에서, 가루차인 말차는 일본이 주된 소비지역이다. 우리 민족은 차 문화 생성의 초기에 차를 접했던 관계로 발효차보다는 발효시키지 않은 녹차 문화가 자리를 잡게 된 것 같다.

차는 본래 녹차를 가리키던 고유명사이었지만, 지금은 각종 음료를 '차' 라고 보통명사로도 쓰이고 있을 만큼 차는 우리 문화 속에 깊게 자리 잡고 있는 것이다. 한중일 삼국에서 공히 사용되고 있는 '다반사' 라는 단어를 보아도 차는 세 끼 식사처럼 일상의 생활임을 의미하는 말이다. 다과와 다식이라는 명칭에서도 차에 곁들여 먹었던 것을 미루어 알 수 있고, 안방 옆에 차실을 두어 식료품을 보관하던 이름에서 알 수 있듯이 차 생활은 일상적이었던 것이다. 갈색을 가리켜 차색(다색)이라고 부르는데 옷감에 찻물이 든 것을 가리킨 것이어서 우리 민족의 생활에 그만큼 차가 밀착되어 있었음을 알 수 있다. 차는 우리 민족과 한 가족처럼 가까웠던 것이다. 차를 마시며 다회를 즐기는가 하면, 다담을 나누고 다화를 주고받고, 차를 알아맞히는 투차 놀이도 즐겼다. 차는 음료와 약의 기능 뿐 아니고, 시의 소재가 되고 다악과 같은 음악이 되고 그림이 되었으며, 헌다와 같은 의식이 되고 다도와 같은 행위 예술이 되었다. 우리 문화가 된 것이다.

차의 문화화는 나라에 따라 특색을 갖는데, 중국은 차와 관련된 도구가 예술의 경지로 발달하여 다예라고 불리고 있고 일본에서는 음차의 퍼포먼스화를 통해 다도를 정립하였다. 한국은 생활 예절과 의식에 결부되어 다례를 중심으로 하는 예(禮)와 경(敬)

의 정신이 주가 된다. '끽다거'라는 말로 대표되듯이 "차나 한 잔 하고 가시오"라는 말로 상대를 초대하고 접빈 다례를 발달시킨다. 만남의 찻자리는 일기일회(一期一會)라는 말에서 알 수 있듯이 일생동안 있을 단 한 번의 만남처럼 상대와의 만남을 '경'의 자세로 '예'를 갖추어 대접한다. 차는 만남을 제공하는 문화인 것이다.

인간생활에 밀착되어 문화로 자리 잡은 식품들에는 발효식품이 많다. 폭 삭을 만큼 오랫동안 인류생활과 가까이 지내온 때문일 것이다. 음료 중에는 술과 차가 그 대표적인 식품이다. 술은 열매를 발효시킨 것이고 차는 잎을 발효시킨 것이다. 조선 500년간 차를 멀리하는 동안 우리는 차라는 발효문화를 갖지 못한 채 술이라는 발효문화와 가까이 지내온 셈이 된다. 차를 마시듯 곡차를 가까이 하다보니 우리 민족의 술 소비량과 음주 문화가 유별난지도 모르겠다.

• 성격을 묻다

차에도 맛으로 느끼는 성격이 있다. 차와 잘 지내기 위해서는 차의 성격을 알아야 할 것이다. 녹차는 좋은 찻잎을 골라 다리는 방법을 알고 마시는 방법을 알면 더욱 그 맛의 오묘함을 즐길 수 있다. 맛이 좋은 찻잎은 건조상태에서도 윤기가 있고 잎이 찢기지 않아야 하고, 차의 향기는 상큼해야 하며, 비린내가 나거나 풋내나 물냄새등이 나는 것은 좋지 않다. 차를 따를 때도 거품이 나지 않아야 하며, 색깔은 엷고 맑아야 한다. 찻잔에 남은 차향은 상큼하고 식은 뒤에도 단내가 나는 것이 좋다. 차가 목을 타고 넘어가는 맛도 부드럽고 달고 진한 것이 좋다.

좋은 차를 만나 그 맛과 취향에 맞게 우려내야만 가장 맛있는 상태가 된다. 차의 맛에는 다구의 선택도 중요한데 백자 다구는 차의 향과 맛을 빼앗아 가지 않는 장점이 있다. 이렇게 차와의 만남에는 궁합 같은 것이 있는 것이다.

• 취향을 묻다

차도 나름대로의 취향이 있어서 좋아하는 장소가 있다. 차를 마시기에 가장 좋은 곳으로는 한옥 차실이 으뜸이다. 굵고 붉은 기둥과 대들보에 서까래까지 소나무로 지어진 한옥의 실내는 잡냄새가 제거되어 항상 상쾌하다. 한지 창 아래 놓인 차탁에 앉아 맛보는 차의 맛은 절로 운치가 있어 각별하다.

초당에서 마시는 차 맛 또한 절묘하다. 강가나 계곡의 경치 좋은 곳에 지어진 흙벽에 싸인 작은 온돌방에서 자그만 봉창문을 열어두고 마시는 차 맛은 더없이 정갈하고 맛깔난다. 비 오는 날이나 달 밝은 밤이면 더욱 환상적이며 눈이 쌓인 날이면 그 정취는 비길 데가 없다.

한국의 자연주의 정원이라고 할 수 있는 정자에서 마시는 차의 맛은 시가 된다. 주변의 맑은 바람에 불려오는 숲 내음과 함께 들차 처럼 마시는 차의 맛에는 자유로움이 가득하다. 더운 여름에는 시원하여 좋고 달밤에는 적막하여 더욱 좋다.

대나무 죽림 속에 지어진 정자에서 마시는 차는 예술이다. 바람에 스치는 대나무 잎새 소리가 바닷가의 파도소리처럼 파도를 친다. 은은한 대나무 향을 느끼면서 파도 소리와 함께 마시는 죽로차는 온 몸을 차로 적시는 비가 되고 음악이 된다.

따뜻한 봄날 소나무 숲에 자리를 깔고 마시는 차는 마시기도 전에 취하게 한다. 쏟아지는 피톤치드향 때문에 차향을 느끼기는 어렵지만 솔 향이 그대로 차향이 되어 차의 맑고 단 맛에 섞여 취하게 한다.

낙엽이 깊게 쌓인 참나무 숲에서 마시는 차도 각별하다. 짙은 낙엽 냄새와 함께 낙엽 밟는 소리를 음악처럼 들으면서 마시는 차의 맛은 대지를 마시는 느낌이 든다.

산사에서 저녁 예불소리를 들으면서 마시는 차 맛은 적막 속에 깊숙이 들려오는 법고 소리와 함께 피안의 느낌으로 다가온다. 차는 이미 신선을 체험하게 한다.

따스한 햇볕이 드는 창가에서 찻잔에 부서지는 햇빛을 느끼면서 마시는 차는 태양을 함께 마시는 것처럼 힘을 준다.

차는 홀로 마시면 맛에 깊이가 있어서 일상을 잊게 하여 좋고, 벗과 함께하면 이야기가 있어 시간을 잊게 한다. 좋은 다구를 만나 다구의 스토리와 함께 마시는 차는 문화와 예술의 향을 느낄 수 있어 좋다.

• 마시는 방법을 묻다

녹차는 대개 3,4차례 우려 마시는 것이 일반적이지만 우리는 시간을 짧게 하면 열 번까지도 우려낼 수 있다. 우려낸 녹차를 마실 때는 세 번에 나누어 마시는 것이 좋다. 첫 모금은 입에 머금고 차향과 맛을 함께 음미하고, 두 번째 모금에서는 차향만을 느껴 보고 세 번째 모금에서는 차의 맛을 느끼는 것이 좋다.

첫 번째로 우리게 되는 차는 좋은 차일수록 짧게 우리는 것이 좋다. 탄생의 순간에 일생을 60으로 나누어 회갑을 설정한 조상의 지혜를 떠 올리면서 다시 돌아 올 시간을 예약하듯 60초 동안 우린다. 갓난아기의 단내 같은 차향과 달착지근함이 오랜만에 만난 임의 입술만큼 달콤하여 황홀하다. 이어서 10대의 조바심처럼 녹차의 달콤함이 기다림에 목마르던 목을 타고 빨려 들듯이 넘어간다.

혈기 왕성하고 달콤한 첫사랑의 맛을 체험하는 약관과 방년의 연령 20대의 삶을 떠올리며 20여초를 우려낸 두 번째 차는 첫사랑처럼 짙은 단맛 속에서도 풋사랑처럼 쌉싸래한 맛이 고개를 든다.

학문의 기초가 확립되어 뜻을 세운다는 이립(而立)의 나이 30

대의 삶을 떠올리며 30여초를 우려낸 세 번째 차에서는 깊은 계곡에서 자란 야생이 우러나는 듯 완숙한 야생의 맛과 향이 절정을 이룬다.

흔들리지 않는 다는 불혹(不惑)의 연령 40대의 삶을 떠올리며 40여초 동안 우려낸 네 번째 차는 골 지어 자란 다원의 풀 향기처럼 달고 떫은맛이 균형 있게 안정적이다.

하늘의 뜻에 관심을 갖게 되어 지천명(知天命)하고 자연을 느끼게 된다는 50대의 삶을 떠올리며 50여초 동안 우린 다섯 번째 차부터는 가슴으로 음미하게 된다. 여전히 맑고 연한 노랑연두색에서 소나무 숲을 지나 다원을 함께 거니는 연인의 미소를 본다. 따스한 향내와 찻잎 깊숙이 숨은 단맛을 끌어내듯 엷은 부드러움에서 사랑을 느낀다.

어떤 말을 들어도 그 객관적인 이치를 알게 된다는 이순(耳順)에 모든 욕망으로부터 자유로워질 60대의 삶을 떠올리며 60여초를 우린 여섯 번째 차에서는 찻잎에 맺힌 맑은 이슬이 하늘을 담듯 맑고 이슬에 담긴 찻잎의 풋풋함에서 존재함의 행복을 느낀다.

마음 가는대로 행동하여도 법도에 어긋나지 않는다는 종심(從心)의 나이 70대의 삶을 떠올리며 70여초를 우린 일곱 번째 차에서는 찻잎에 반사되는 연녹색 아침 햇살을 음미한다. 그 따뜻함

속에 떫은맛이 다시 살아나면서 삶을 되새김 하듯 입안에서 회감이 돌기 시작한다.

기쁨의 희수 77세를 넘기고 생명의 존재를 감사하는 산수(傘壽) 80대의 삶을 떠올리며 80여초를 우린 여덟 번째 차에서는 한 잎 한 잎 정성스레 새순을 따는 아낙의 흥얼대는 노래를 음미한다. 따낸 차 순의 풋내가 여인의 향기처럼 잔잔하다.

88세 미수를 넘기고 맞는 무념무상의 졸수(卒壽) 90대의 삶을 떠올리며 90여초를 우린 아홉 번째 차에서는 수확의 기쁨에 넘치는 아낙의 웃음소리를 먼 꿈결처럼 음미한다. 녹차색은 밝은 아낙의 웃음처럼 맑고 정겹다.

세상이 하얗게 보이는 99세 백수(白壽)에 획 하나를 다시 얹어 100세 시대의 삶을 떠올리며 100여초를 우린 열 번째 차에서 노랑연두색은 찰나의 미소처럼 남는다. 녹차의 맛과 향기는 사라지고 차를 덖고 비비는 제다 문화와 흙을 빚어 굽는 도자 문화를 영상처럼 회상한다. 한 잔의 녹차에서 진한 문화의 향을 맡는다. 차는 풍류를 넘어 선(禪)이 된다. 마시지 않고 놓은 잔에서 다선일미(茶禪一味)를 본다.

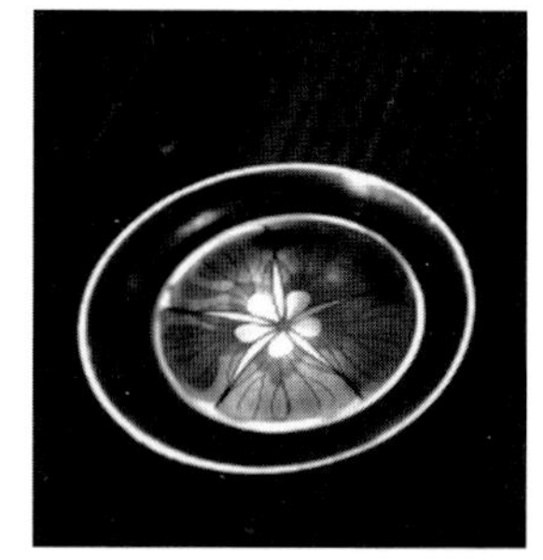

모처럼 상봉한 차와 다시 가족의 연을 맺기 위하여 긴 인사를 나누었으니, 이제부턴 차와 좀 더 가까워질 것 같다. 녹색의 만남 속에서 풋풋하고 싱그러운 자연을 느끼게 될 것이다. 차와 인간이 함께 이루어 놓은 문화의 깊이를 음미하며 마신다면, 앞으로는 차가 더욱 정겹고 감칠맛이 날 것 같다.

차는 만남의 아이콘이다.
“차나 한 잔 하실까요?!”

박희태 · 고구려 사적지 · 백두산 탐방 기행

신근재 · 태산이 어디메냐

권만혁 · 충절과 예절의 고장 논산에서

박무희 · 키타큐슈시에 가다 1

박무희 · 키타큐슈시에 가다 2

이덕봉 · 오키나와에서 본 고려인의 미소

3

가본 이야기

시공을 건너 뛰고 문화를 가로 뛰어

호기심 가득 거닐던 이야기

고구려 사적지 · 백두산 탐방 기행

박희태 ● ●

2005년에 고구려(高句麗)의 사적지(史蹟地)와 백두산(白頭山)을 탐방(探訪)했던 때의 추억을 되살려 여기 그 기행문을 적고자 한다.

2005년은 내 아내가 고희(古稀)를 맞은 해이며, 나도 희수(喜壽)를 지나 78세가 되던 해였다. 마침 [한일사회문화연구회] 회원들이 4박5일(6월28일~7월2일)의 여행을 기획해 고구려 사적지와 백두산을 탐방한다기에 나도 아내와 더불어 따라나섰다.

고구려 사적지 탐방

• 졸본성(卒本城)

중국 선양(瀋陽) 국제공항 도착 후, 4시간여 첩첩 산중을 버스로 달려 환런(桓仁) 인근에 있는 오녀산(五女山)에 다다랐다. 오녀산 정상에 고구려의 시조(始祖)인 주몽(朱蒙)이 나라를 세운 첫 도

• 오녀산 중턱

• 졸본성

읍지 졸본성(卒本城)이 있기 때문이다. 중국은 졸본성에 '오녀산 산성(五女山山城)' 이란 이름을 갖다 붙이어 고구려 유적이 자신들의 유물이라고 주장하고 있다.

구름 속에 덮인 오녀산 중턱에서 버스를 내렸다. 일직선으로 쌓아올린 급경사의 999개 돌계단을 걸어서 올라가야 깎아지른 듯한 천연바위벽에 자리를 잡은 천혜의 요새 졸본성에 다다른다.

가이드는 힘이 드시는 분은 버스에서 기다리면 상세한 설명으로 대신하겠다고 했지만 우리 일행은 아랑곳 하지 않고 계단으로 들어섰다. 가랑비가 촉촉이 내려 땀에 밴 몸을 더욱 끈적끈적하게 했지만 일행 모두 묵묵히 오르고 또 올랐다. 졸본성 정상에서 전원 등반을 확인하고 고구려의 숨결을 느끼며 모두들 일제히 환호의 박수를 쳤다.

해발 800여m 높이에 남북 길이가 600m 너비가 200m에 이르며 둘레가 1km인 정상의 넓은 분지에는 옛 성터, 거대한 성곽, 대규모 주거지 등이 있었다. 졸본성 내에는 왕궁 터 외에도 대형 거주지 2개와 다수의 소형 거주지, 병영 터 등이 있었고 창고, 배수시설 등이 보였다. 그 옛날 어떻게 이 첩첩 산 중에 이러한 시설들을 갖출 수 있었을까 싶다.

산꼭대기인데도 천지(天池)라는 우물이 있었다. 긴 네모꼴 모양(길이 12m, 너비 5m)인데, 해발 800여m나 되는 산 정상에 풍부한 수량의 물이 나오는 샘이 있다는 것이 신기했다.

졸본성 동 · 남쪽 절벽 끝, 평평한 천연 바위에 설치된 장대(將臺 장수가 지휘하는 곳) 위에 올라서니 절벽 아래로 훈강(渾江)이 굽이지어 흐르고, 드넓은 요동반도(遼東半島)와 많은 봉우리 들이 눈 아래로 펼쳐졌다. 수많은 적들의 공격에 노출되어 있던 초기 고구려가 완벽한 천연 요새의 방비 벽을 세우기에 안성맞춤이었을 것이다.

졸본성 서 · 북쪽은 높이 200m에 이르는 절벽이 감싸고 있어 별다른 방비책 없이도 험한 지세(地勢)를 이용했고, 오르막 경사가 비교적 완만한 동 · 남쪽은 성을 쌓아 외세의 침략에 대비했다. 동 · 남쪽 장대 아래서 시작되어 동쪽 방향으로 두 개의 골짜기를 끼고 산마루를 쌓은 이 성벽은 길이가 1km에 이른다고 한다. 멀리서 보면 마치 병풍처럼 산허리를 감싸 안고 있다. 때마침 구름이 스쳐지나가면서 환런 분지가 한눈에 들어왔다.

남문을 통해 오녀산을 내려오며 돌아다본 졸본성은 하늘 위에 우뚝 솟아있다. 졸본성을 뒤로하며 터덜거리는 버스 속에서 고구려가 중국 랴오닝성(遼寧省)의 남동부 황해(黃海)와 발해(渤海) 사이에 돌출한 반도 남쪽 끝자락 산악지대에서 시작되었구나 하는 생각을 하게 되었다.

• 광개토대왕릉(廣開土大王陵)과 비(碑)

호텔에서 아침 7시에 출발하여 3시간여 만에 고구려(高句麗)의 두 번째 수도(首都)였던 지린성(吉林省) 지안현(集安縣) 퉁거우(通溝)에 도착, 고구려 제19대 광개토대왕릉(廣開土大王陵)의 태왕릉과 능비(陵碑) 그리고 장수왕릉(長壽王陵)을 관람하였다.

비는 오지 않았지만 장마철 탓인지 약간은 짜증스럽게 찐득찐득했다. 태왕릉과 능비(陵碑) 주변 일대는 클로버 밭이었고 관광객이 드나드는 길만 콘크리트로 포장되어 있었다.

광개토대왕은 고구려의 19대 왕(재위 AD391~413)으로서 영토를 확장한 군주이다. 태왕릉은 고구려의 기단식 적석총(積石塚 돌무지무덤)으로 만들어졌는데 무덤의 적석(積石)이 무너져 원형을 알아보기 힘든 상태로 잡풀만이 무성하다.

원래는 기단의 한 변의 길이가 60m 남짓 되고 높이는 30m나 되는 웅대한 규모였다고 한다. 기단의 각 변에는 5개의 입석(立

• 광개토대왕비

石)을 세웠는데 입석의 넓이도 1.75m 높이는 약 6m가량이다. 무덤은 횡혈(橫穴)식 석실(石室)이고 현실(玄室)의 서(西)벽 중앙에 달린 널길과 평면이 거의 네모로 되어있다. 무덤을 중심으로 주변에는 자갈을 깔았고 무덤 주변에는 능역(陵域)을 표시하는 흙으로 된 담이 있는데 능역 내에는 여러 구의 무덤과 건물터가 보였다.

능에 설치된 나무계단을 내려와 우리 내외 뒤돌아 손을 모아 대왕에게 고개 숙여 혼을 달랬고 아내는 클로버 오솔길을 걸어오다가 행운을 가져다준다는 네잎 클로버 뿐만 아니라 다섯잎 클로버까지 발견하여 땄다. 아마도 대왕께서 행운을 가져다주신 게 아닌가 생각하니 발걸음이 가벼웠다. 태왕릉에서 가까운 곳에 광개토대왕비석이 있었다. 광개토태왕비는 유리창가림 막의 비각으로 둘러싸여있었는데 중국 관리원이 문을 열어주어 안에 들어가 관람할 수가 있었다. 가림 막이 없었을 때는 비석 앞에 발복(發福)을 비는 잔돈이 수북이 쌓여있었다고 한다.

광개토대왕비(廣開土大王碑)는 AD414년 광개토대왕의 아들 장수왕(長壽王)이 세운 것으로, 우리나라에서는 가장 큰 비석이다. 비신(碑身)의 높이는 약 6.39m로 윗면과 아랫면이 약간 넓고 중간부분이 약간 좁다. 아랫부분의 너비는 제1면이 1.48m, 제2면이 1.35m, 제3면이 2m, 제4면이 1.46m이다. 아래에 화강암의 받침대를 만들었는데 길이 3.35m, 너비 2.7m의 불규칙한 직4각형으로 되어 있고, 두께는 약 20cm이나 고르지 않다.

네 면에 걸쳐 1,775자가 예서로 새겨져 있다. 비문은 고구려의 건국신화(建國神話), 광개토대왕의 업적 등을 기술하였다. 글자의 크기와 간격을 고르게 하기 위해 비면에 가로 · 세로의 선을 긋고 글자를 새겼다. '국강상광개토경평안호태왕'(國岡上廣開土境平安好太王)이라는 광개토왕의 시호(諡號)를 줄여서 호태왕비(好太王碑)라고도 한다.

비각 안에서의 사진촬영은 금지되어 있어서 비각 밖에서나마 일행과 답사 기념사진을 촬영하고 장군총으로 향하였다.

• 장군총(將軍塚)

장군총은 태왕릉에서 버스로 15분 정도의 거리에 있었다. 장수왕릉(長壽王陵)으로 추정되는 무덤이다. 무덤 앞에는 퉁거우(通溝)평야가 펼쳐져있고 그 너머에 압록강이 흐른다. 무덤은 화강암 장대석(長臺石)을 이용하여 단을 7층으로 쌓고 제4층 단 한가운데에 널길과 석실(石室)을 설치했다. 묘실은 서남향으로 무덤의 네모거리가 동서남북에 맞추어져 있다고 한다.

무덤 중심부의 높이는 11.28m이고, 1,100여개의 장대석으로 외형을 축조한 후 내부는 잔 돌로 채웠다. 제1층의 각 면에는 일정한 간격으로 높이 5m가량의 대형석재로 버팀돌을 세워 무덤을 지탱하게 했는데 북쪽의 1개는 없어져 지금은 11개만 남았다. 그런데 버팀목이 없어진 부분 1층은 석축이 눈에 뜨일 만큼 밀려나와 있음을 알 수 있다. 그대로 방치했다가는 언젠가 장군총 자체가 붕괴되지 않을까 걱정된다.

우리는 삐걱거리는 북쪽 계단을 올라 4층 널길을 돌아 조심조심 석실로 갔다. 4층 석실은 장대석을 6단으로 쌓아올려 정방형의 벽을 만들고 그 위에 들보 역할의 석재를 얹었다. 그리고 그 위에 4.5m, 3.8m 크기의 판석을 덮어 축조했다. 석실의 길이와 너비는 각각 5m, 높이 5.5m이다. 석실 안에는 동서로 나란히 2개의 널받침을 설치했다.

우리는 컴컴한 석실을 한 바퀴 돌아 나와 남쪽으로 펼쳐져있는 평야와 멀리 바라다 보이는 광개토대왕릉과 비를 보면서 2천년 전 우리 조상들이 어떤 방법으로 이렇게 큰 돌들을 가져다 장대(壯大)한 돌무덤을 만들었을까 하는 생각으로 옛 사람들의 기개를 한번 다시 가슴에 새겼다.

그러나 안타까운 것은 무덤이 오래 전에 도굴되어 묘실 내에서는 일체 유물이 발견되지 않았고 남쪽 밑의 흙더미 속에서 구리로 만든 장식 조각이 수습되었을 뿐이란다.

• 국내성(國內城)

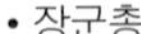

• 장군총

• 국내성 잔존 성벽

고구려가 평양으로 천도하기 이전까지 425년간 동아시아 강국의 기틀을 마련했던 국내성은 통거우평야를 터로 잡고 용산(龍

山)을 배산(背山)으로, 압록강을 임수(臨水)로 한 천연요새이다. 2000년 전에 성곽의 총면적은 13,000평, 성 길이 2686m, 높이 1~5m로 총 6개의 성문과 해자(垓子)가 갖춰져 있을 정도로 방대하였다고 한다.

삼국사기에 의하면 고구려가 졸본에서 이곳으로 천도한 것은 AD3년(유리왕 瑠璃王 22)이며 427년(장수왕 15) 평양천도 전까지 약 400년간 고구려의 도성이었다고 한다.

국내성은 평양천도 후에도 고구려 3경(三京)의 하나로 정치적, 군사적 중심지였으나 연개소문이 죽은 뒤 고구려의 영역에서 떨어져 나가게 되었다.

성은 많이 손상되었지만 거의 완전하게 남아 있는 성벽에 의해 고구려 성곽의 면모를 잘 보여주고 있어 우리나라 성곽축조 양식의 기원을 밝혀주는 중요한 유적이다. 성내(城內)로 보이는 지역에 현대식 아파트와 건물이 빼곡히 들어서서 지금은 성곽 한편만

• 강 건너 북한 만포 제철소

• 북한 만포에 인접한 압록강변

돌담처럼 방치되어 있다.

국내성은 지안(集安)땅 압록강 변에 있다. 압록강을 불과 10m

사이에 두고 북한 땅이 있었다. 건너편은 북한의 공업도시 만포시이다. 배를 타고 압록강을 거슬러 올라가 만포제철소를 먼발치로 바라보았다.

백두산(白頭山) 답사

백두산을 중국에서는 "창바이샨"(長白山)이라고 부른다. 백두산 가는 길은 높고 험할 뿐만 아니라, 일기변화가 심하여 여간해서 천지(天池)를 보기가 어렵다고 가이드가 미리 귀띔을 한다. 그리고 바람이 강하여 자칫 잘못하면 낙상사고도 자주 일어나므로 조심해야 한다고 여러 번 강조를 한다. 어제 지안(集安)의 광개토대왕비(廣開土大王碑)와 장수왕릉(長壽王陵) 탐방 후, 통화(通化)로 가는 도중에 비가 억수같이 쏟아져 버스가 몇 번이나 쉬었다 가곤했기 때문에 백두산 가는 날만은 날씨가 좋기를 빌고 빌었다. 백두산은 한여름에도 날씨에 따라 상황이 급변하므로 방한우의(防寒雨衣)를 꼭 준비해야 한다.

가이드가 아침 6시 30분 출발이라 하였지만 우리 일행은 5시부터 두툼한 옷은 물론이고 비옷까지 입고 호텔로비에서 서성거렸다. 밖에 나가 구름이 잔뜩 낀 하늘을 보며 이슬비가 오락가락하는 중에 버스는 출발하였다.

가이드가 전날 폭우로 인해 백두산 가는 길의 다리가 토사로 막혀 버스가 지나갈 수 없어서 한 시간 반이나 돌아가야만 한다고 하므로 우리들은 아연할 수밖에 없었다. 오늘의 목적지는 백두산이니 어떻게 하든 가야한다.

그런데 버스가 2시간가량 달렸을 즈음부터 하늘의 구름이 걷히고 햇빛이 간간이 보이기 시작했다. 비온 뒤의 자연의 경치가 맑고 아름답기까지 하여 버스의 에어컨을 끄고 창문을 열고 달렸다. 그러는 중에 현지 가이드로부터 어젯밤 무너진 다리가 복구되어 통행이 가능하다는 연락이 왔다. 우리는 날씨도 좋아지고 다리도 복구되었고 하여 마음이 놓였다.

백두산을 오르는 길은 동서남북 네 갈래 길이 있지만 현재 오를 수 있는 길은 중국 쪽의 북파(北坡 백두산북쪽)와 서파(西坡 백두산서쪽)밖에 없다. 파(坡)는 중국말로 비탈이란 뜻이다.

• 백두산 종주(서파–북파, 외륜봉) 개념도

백두산서쪽에서 백두산 오르는 길은 해발 1500m의 서파 산문(山門)이 있는 곳까지 비포장도로인데 고운 흙길이라 느낌이 그리 나쁘지는 않았다. 서파 산문에는 '長白山' 이라는 현판이 있고, 〈2005 '中國吉林長白山野生花奔游節〉이라는 빨간색의 현수막이 걸려있었다. 서파 산문으로 들어서 임도(林道)를 따라 들어가니 산문부터는 도로가 잘 정비되어 우리를 태운 버스가 경쾌하게 달렸다. 야생화를 보기위한 최적의 시기는 7월 10일 부터 8월 10일 사이라고 하는데 6월말 이맘때면 눈 속에 파묻힌 노랑만병초 등이 일제히 꽃을 피워 해발고도 1000~2400m의 고산지대가 온통 들꽃으로 뒤덮였다.

• 고산지대의 야생화(멀리 백두산이 보인다)

청석봉(靑石峰, 중국이름 玉柱峰) 능선까지 초원에 흐드러지게 핀 들꽃의 아름다움을 보며 얼마를 가다가 저 멀리 백두산 정상이 보이기 시작했다. 가이드는 멀리서 백두산 봉우리들이 보이는 것은 그리 흔한 일이 아니라면서 운이 좋은 분들이라고 너스레를

떤다. 우리는 저 멀리 보이는 백두산의 자태에 무어라 형언할 수 없는 감동에 젖어 조용히 백두산 봉우리와 주변의 자연림을 바라볼 뿐이었다. 해발 2662m의 청석봉 기슭까지 이어진 도로를 따라 고산지대(해발 1800m 이상)를 오르니 가운데 움푹한 곳이 천지(天池)란다. 차츰 천지로 가는 능선과 계곡의 계단이 육안으로도 똑똑히 보였다. 날씨도 거의 쾌청이라고 할 수 있을 만큼 바뀌었다. 바람은 세지만 더할 나위없는 날씨다.

우리는 눈길을 지나 계단으로 갔다. 그런데 계단까지 가는 버스길의 눈이 아직도 녹지 않고 쌓여 있어 눈길을 걸어 갈 수밖에 없었다.

일행은 1,236개 계단을 한 계단 한 계단 올라가고 있었으나, 우리 내외는 가마꾼이 있어 서 가마를 타고 올라갔다. 계단 길옆에는 흰 눈이 쌓여 있고 그 옆 양지쪽에는 연분홍 꽃들이 거센 바람에 흐트러지지 않으려는 듯 부르르 떨면서 자태를 바로잡고 있었다. 야생화이겠거니 했더니 가이드는 그것이 진달래라고 한다. 서울의 진달래는 키가 큰데 여기는 마치 들꽃처럼 자그마하다. 아마도 추위와 바람에 시달려서 그런가보다. 위로 올라갈수록 바람은 점점 세차게 불어왔다. 가마타고 오르내리는 데 한국돈 11만원을 지불했다.

우리 일행은 계단을 다 올라 중국과 북한의 경계지점에 도착했다. 국경표시라고 해봐야 녹슨 짧은 철조망이 쳐있을 뿐이었다.

정상에 서있으니 바람이 너무 세어서 몸 가누기도 힘들 정도다. 날씨는 맑은 편이어서 천지 구석구석은 물론 주변 산봉우리들도 선명하게 보였다.

• 청석봉 정상에서 바라본 천지의 비경

천지를 둘러싸고 있는 백두산의 주봉(主峰), 장군봉(將軍峰, 중국 이름 白頭峰)을 비롯한 여러 산봉우리들의 전경(全景)과 천지의 비경(秘境)을 나 혼자 아닌 내 사랑하는 아내와 함께 청석봉정상에서 바라보는 감격은 이루 말할 수 없었다. 천지신명(天地神明)께 빌었다. 불현듯 애국가 가사 〈동해물과 백두산이 마르고 닳도록 하느님이 보우하사 우리나라 만세〉 한 구절이 떠올랐다.

바람은 세지만 그다지 춥지는 않았다. 한기가 스며들기는 하나 참을 수 있을 만했다. 거센 바람은 옷깃을 더 여미게 하고 모자를 움켜쥐게 한다. 천지 주변에도 흰 눈이 덮여 있었다.

꼭대기는 1년 중 8개월 이상 눈에 덮여서 희게 보이기 때문에 백두산이라 부른다.

해발 2190m에 위치한 천지는 1962년에 결정된 국경선에 따르면 전체 면적 중 1/3은 중국이, 2/3는 북한이 관리하고 있다고 한다.

수면 면적은 9.82㎢, 둘레는 14.4km이며, 남북 길이가 4.55km, 동서 너비 3.35km, 평균 수심 213m이나 되는데 11월에는 얼었다가 6월이 되면 녹는다고 한다.

천지는 원형화구(圓形火口)이며 안쪽을 내륜(內輪), 바깥쪽을 외륜(外輪)이라고 한다. 천지수면으로부터 500~600m 높이로 천지를 둥그렇게 둘러싸고 있는 16개 봉우리(높이 2,500m 이상) 들을 외륜봉 또는 외륜산이라고 부른다. 16개 봉우리 가운데 7개 봉우리는 중국에, 6개 봉우리는 북한에 속하고 나머지 3개 봉우리는 공동소유라고 하니, 중국인 들은 백두산을 창바이샨(長白山)이라고 하지 않는가.

산악사진가 안승일 님은 1994년부터 백두산 근처에 터를 잡고 살다시피 하며 백두산만 수 만 컷 찍어왔다고 한다. 백두산은 우리 민족의 정기가 서린 곳이다.

내일부터는 7월이다. 그러나 천지 아래 백두산은 '춘삼월' 이다. 백화난만(百花爛漫)의 봄 풍경이 백두산이라고 다를까. 누가 심은 것도, 누가 뿌린 것도 아닌데 산은 온통 꽃 대궐이다. 모두가 산이 심고 산이 키운 자연들이다.

우리 일행은 30여분간 천지와 산봉우리의 아름다움을 눈에 익히기 위해서 보고 또 보다가 내려왔다. 우리는 백두산 자락 야생화가 피어 있는 꽃밭 한가운데서 준비해간 도시락으로 점심을 먹은 다음 금강대협곡(錦江大峽谷)을 돌아보았다.

해발 1464m에 위치한 금강대협곡은 백두산이 화산폭발을 일으켰을 때 용암이 흘러내리던 자리가 오랜 세월을 거치면서 풍화작용을 통해 이루어진 협곡이다. 4년 전에 산불 진화 중 우연히 발견되었다고 하는데 금강대협곡은 폭 100～200m, 깊이 평균 80m, 길이 70㎞로 미국의 '그랜드캐년' 을 방불케 한다.

금강대협곡 주위에는 원시림이 장관을 이루고 있으며 협곡 바닥에는 맑은 물이 흐르고 있다. 과연 동양의 '그랜드캐년' 이라고 할 만 하나 일반인들에게 개방된 것은 1.5km뿐이란다.

그 밖의 관광

• 본계수동굴(本溪水洞窟)

우리 일행은 라오닝성 최대의 동굴인 본계수동굴(本溪水洞窟) 속을 약 25분간 보트를 타고 둘러보았다. 약 45만년 전에 형성된 대형 석회암 동굴이다.

• 동굴 입구에서

• 동굴 안

동굴 속에 강물이 5km정도나 흐르는데 유람선으로 들어갈 수 있는 곳은 3km정도이다.

한여름에도 추위를 느껴 겨울용 파카를 입고 배를 타고 관람했다.

• 호산장성(虎山長城)

마지막 날에는 천리장성(千里長城)의 시발점이라는 호산장성에 올라 지척에 있는 북 · 중 국경 초소를 바라보면서 그 무어라 말할 수 없는 감회에 젖었다.

가이드 말에 의하면 호산장성은 돌과 흙으로 쌓은 아주 소박한 돌담이었는데 1469년 명나라 때 수축(修築)되었으며 1990년대 초, 또다시 벽돌로 길이 1200미터나 되는 성벽을 웅장하게 쌓았다고 한다. 그리고 중국 최대의 변방도시 단둥(丹東)의 호산장성이 만리장성(萬里長城)의 동쪽 끝이라고 주장하고 있다. 호산장성에서 내려와 단둥시내를 둘러보았다.

• 단둥 시내와 압록강 강변

단둥은 1965년 이전에는 안둥(安東)이라고 불리었다. 1992년에 단둥에 왔었던 일행 중 한 분에 의하면 압록강을 사이에 둔 단둥이나 신의주가 별반 차이가 없었는데 지금은 중국의 개혁개방의 물결이 단둥에까지 미쳐 강변공원을 조성하는 등 단둥시내가 화려해졌다고 한다. 단둥시내를 관광한 후, 강 건너편 북한을 바라보았다. 10여년 전이나 지금이나 별반 달라진 것이 거의 없다는 신의주는 개발된 중국 단둥에 비해 초라해 보였다.

• 강 건너편 북한

단둥과 신의주를 이었던 압록강철교는 6 · 25동란 때 미 공군 B-29 폭격기 편대의 폭격으로 끊어져 현재 북한쪽에는 교각만 남아있는 '압록강단교(鴨綠江斷橋)' 가 되었다. 이 압록강 단교를 중국은 항미원조전(抗美援朝戰)의 상징으로 설명하고 있다. 중국은 6 · 25동란을 조선(북한)을 지원하며 침략해오는 미국에 맞서 미국군을 압록강에서 철저히 막아낸 구국항쟁(救國抗爭)의 상징으로 여기고 있기 때문이다. 단둥에는 이를 기리는 항미원조 기념탑과 기념관도 있다.

배를 타고 신의주의 강변을 가까이 가보니 어디선가 실어온 쌀을 하역하고 있었다. 사람은 많은데 일하는 사람은 몇 사람 안 되었다.

탐방을 마치며

불과 4박5일의 짧은 여행이었지만 2500여km의 버스 이동이 있어서인지 아주 먼 길을 다녀 온 기분이다.

고구려 사적지를 돌아보고 중국이 소위 동북공정이라는 프로젝트에 의해, 고구려사를 중국의 역사로 편입 시키려는 의도 하에 고구려 유적들이 정비되어 관광지화 되고 있음을 알 수 있었다.

그리고 민족의 영산인 백두산에 올라 천지의 신비로움과 끝없이 펼쳐진 원시림의 바다를 보았다. 백두산 천지자체가 진한 감동을 주었으며 백두대간의 최고봉에 올랐다는 것 외에도 마르지 않는 신비의 샘 천지로부터 자자손손 끊이지 않는 민족의 혼이 어리어 있음을 확인하였다.

태산이 어디메냐

신근재 ●●

태산이 높다 하되 하늘 아래 뫼이로다
오르고 또 오르면 못 오를 리 없건마는
사람이 제 아니 오르고 뫼만 높다 하더라.

태산을 노래했던 조선시대 문신이며 명필 양사언(楊士彦, 1517~1584)의 글이 태산을 오르기도 전에 나를 휘감고 있었다.

아시다시피 태산은 중국의 5대 명산 가운데서도 단연 으뜸으로 손꼽힐 뿐 아니라, 동아시아권에서도 천하 제일로 알려진 명산이다. 5대 명산이란 섬서성의 화산(華山)을 서악, 호남성의 형산(衡山)을 남악, 산서성의 항산(恒山)을 북악, 하남성의 숭산(嵩山)을 중악이라 이르고, 여기에 태산(동악)을 덧붙인다.

태산이 자리한 산동성은 중국문화가 꽃피던 춘추 전국시대에는 노나라, 제나라가 위치했던 곳이다. 공자의 고향인 곡부(曲阜)가 거기에 있으며, 세계 4대 문명 발상지의 하나인 황하(黃河)가이 지역을 도도히 흐른다.

옛 글에 "제(齊)의 문화가 한 번 변하면 노(魯)에 가깝고, 노의 문화가 한 번 변하면 도(道)에 이른다" 고 할 정도로 중국문화의 산실이었다. 그러한 산동 지역에는 산이 그리 흔하지 않고, 더구나 높은 산이 별로 없으니 태산이 유명해질 수밖에 없다.

한자문화권에 속하는 한국이나 일본은, 한자를 통하여 세계를 알게 되고 천하를 의식하게 되었으니, 한국인이나 일본인에게도 태산은 천하 제일의 산으로 익숙해져 있다.

태산에는 그 옛날 3개의 묘가 있었다고 하나, 지금 남아 있는 것은 산기슭에 있는 하묘(下廟)와 대묘 뿐이다. 태산의 들머리에 있는 '대묘'(岱廟)는 도교사원으로, 일명 '동악묘'(東嶽廟) 또는 '태산행궁'(泰山行宮)이라고도 하며, 산악신앙의 대표적인 유적이다.

대묘는 남북 406m, 동서 237m의 광대한 부지에 정양문을 비롯하여 배천문, 인안문, 천황전 등의 건물이 늘어서 있고, '한장천비'(漢張遷碑) 등 150여 개의 옛 비석이 즐비하다.

그 중에서도 주전 '천황전'(天貺殿)은 1009년 송나라 진종이 창건한 것으로, 몇 차례나 화재의 고비를 넘기면서 1668년 청나라 강희제 때 재건된 매우 귀중하고 오래된 건물이다. 이 천황전은 북경의 태화전, 곡부의 대성전과 더불어 중국의 3대 건축물의 하나로서 장려함과 신성스러움을 자랑한다.

황제만 사용할 수 있는 황금색 유리기와로 장식된 이 건물에는, 인간의 생사를 주관하고 이 세상을 안정시키는 권능이 있다고 믿는, 태산의 신 '동악대제'(東嶽大帝)의 면류관을 쓴 소상을 모셔놓았다.

천황전 벽면에 태산의 신을 묘사한 62m의 거대한 벽화 '동악대제 계필회란도'(東嶽大帝啓蹕回鑾圖)가 남아 있다. 보존상태가 그리 좋지는 않으나 태산의 신이 순시를 떠났다가 돌아올 때까지의 도정을 그린 것이라고 한다.

경내에 한나라 무제가 심었다는 다섯 그루의 측백나무가 있으며, 한쪽 구석 동어좌(東御座)에는 생애를 비극적으로 마친 진나라 승상(丞相) 이사(李斯)가 썼다는 석각이 보인다. 2,200여 년의 세월을 견딘 소전(小篆)의 전형이라고 일컫는 '태산각석'(泰山刻石)과 '진이세 태산석각'(秦二世泰山石刻)의 글씨가 오랜동안 인상에 남을 것 같다.

우리는 대묘가 자리한 산록의 고을 태안에서 산 중간까지 버스로 이동하기로 하였다. 대묘의 북쪽 '대종방'(岱宗坊)에서 시작하여 '옥황정'(玉皇頂)에 이르는, 이름 있는 유적이나 널리 알려진 풍경지가 점재하는 넓은 돌계단으로 이루어진, 중앙의 참배길이야말로 태산의 하이라이트일 것이다.

급사면의 산길, 7,400여의 돌계단과 9km의 가파른 도정을 참배하러 찾아오는 신앙심 깊은 중국인에게는 정상에서 바라보는 일출이, 도교의 발상지 성산(聖山) 태산에 오르는 목적일 것 같다.

• 태산, 봉선의식(封禪儀式)으로 더 유명해지다

태산으로 오르기 위해 산 중턱에 있는 중천문에서 로프웨이로 남천문 서쪽 '월관봉'(月觀峰)을 향하면서도 어떻게 이 도교신앙의 중심에 불교가 들어올 수 있었을까 하는 의문이 줄곧 풀리지 않았다. 태산은 중국 고대의 역대 황제가 제후(諸侯)를 여기에 모아놓고 봉선의식을 행한 땅으로도 유명하다.

진시황을 비롯하여 진 2세, 한나라의 무제, 후한의 광무제와 장제, 당나라의 고종과 측천무후, 현종, 송나라의 진종, 청나라의 강희제에 이르기까지 72인의 황제가 봉선 의식을 거행한 곳이다. 봉선이란 황제가 즉위하였을 때, 하늘의 명을 받아서 천하를 통치한다는 황제의 정당성을 나타내기 위해 하늘과 땅에 제사를 지내는 의식으로, 태안 시가에 있는 대묘에서 태산 정상까지의 사이에서 이루어진다.

이 봉선의식은 훌륭한 정치를 한 덕망 있는 명군만이 행할 수 있다고 여겨졌기 때문에, 실제로 봉선을 거행한 군주는 상당한 자신감을 갖는 사람들이었다. 그 수는 의외로 적었다. 청나라 건륭제는 여섯 번이나 태산에 올랐으나 봉선의식을 거행하지는 않았다. 황제들이 어떤 의식을 태산에서 거행하였는지에 대해서는 상세히 전해지는 바가 없다.[1)] 무엇보다 산 정상에서 갖는 의식에 대하여 신비스럽고 비의(秘儀)시 되기 때문일 것이다.

천상으로 들어가는 관문이라는 '남천문'(南天門)에서 따스한 겨울 햇살을 받으며, 도교의 색채가 물씬 풍기게 조각하여 세운,

화강암으로 된 일주문 '천가'(天街)를 거쳐, 넓고 가파른 돌계단을 올라서니 중문에 태극문양과 8괘를 그려놓은, 민간신앙을 대표하는 신을 모신 '벽하사'(碧霞祠)에 다다른다.

출산 곧 번영을 관장한다고 하는 태산의 최고 여신을 모신 사원이다. 기와와 망새 등을 모두 청동으로 주조해 만들어 지은, 산악 사원으로는 어마어마하게 큰 건축군이 갖추어져 있다. 정전에는 '벽화원군'(碧霞元君)의 동상을 안치해 놓아, 향을 든 참배객이 줄을 잇는다.

산지는 화강 편마암으로 된 커다란 단층바위로 이루어져 있고, 암봉들은 암회색이 아니라 불그스레한 '젊은 기운'이 감돌아, 그 사이에 소나무와 노송나무가 무성하여 영산(靈山)의 정취를 느끼게 한다. 소음과 오염으로 곤두섰던 신경을 청정하고, 포근한 태산의 공기가 부드럽게 어루만져 주는 것 같다.

이 벽하사에서 왼쪽으로 정상을 향하여 오르는 도중, 오른편에 당마애(唐磨崖)라는 화강암 주상절리로 이루어진 벽이 시야에 들어온다. 많은 글이 새겨져 있어 사람들의 눈길을 끈다.

이 속에 726년에 새긴 '기태산명'(紀泰山銘) 비가 있다. 이 비는 양귀비와의 로맨스로 유명한 당나라 현종이 봉선 의식을 행하였을 때 새긴 것으로 알려져 있다.

대관봉의 암벽을 깎아 새긴 이 기태산명비는 높이 13.3m, 폭 5.3m로 한 글자의 크기가 15cm, 총 996자로 되어 있다. 서체가 준일하고 웅장하여 힘이 있어 보인다. 천연적으로 이루어진 광장을 바라보고 늠름하게 서 있는 이 비는 정녕 당마애 비석군의 얼굴이다. 중화인민공화국 건국 이래 이 비문 위에 금을 입혀 보호하고 있어 장관을 이룬다.

1,200여 년 전 장안(長安)의 동쪽 화청궁(華淸宮)에서, 당 현종의 총애와 부귀영화를 독차지하다가 역사를 시끄럽게 한, 경국의 미인 양귀비(楊貴妃)의 모습이 오버랩된 채 아스라이 떠오른다.

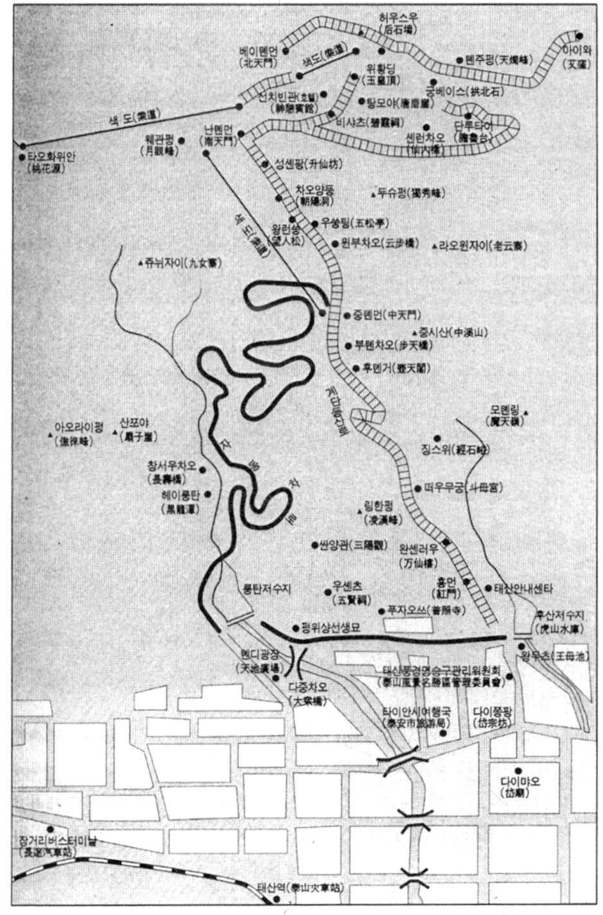

• 태산(泰山) 등산로

태산을 노래한 비석군을 띄엄띄엄 훑어보고 다시 한 동안 돌계단을 숨 가쁘게 오르니 태산의 정상 '옥황정'(玉皇頂)에 이른다. 일명, '천주봉'(天柱峰)이라고도 불리는 이곳이 바로 그 이름도 거창한 오악독존(五嶽獨尊) 태산 1,545m의 정상이다.

맑게 갠 하늘은 겨울날씨 같지 않게 쾌적하기 그지없다. 금방이라도 쏟아질 것 같은 눈이 시리게 파란 바다빛이다. 이곳에는 태산에서 추앙되고 있는 여러 신들 가운데 가장 높은 주신인, 하늘을 지배하여 모든 생명이 그로부터 나온다는 '옥황대제'(玉皇大帝)를 모셔 놓은 '옥황사'(玉皇祠)가 자리하고 있다.

웅장하지는 않으나 근엄해 보이는 사당 중앙에 면류관을 쓴 옥황대제의 동상이 모셔져 있어, 나그네도 잠시나마 황제가 된 기분으로 옥황대제를 참배하고 눈을 지그시 감았다. 진시황을 비롯하여 중국을 호령하던 역대의 황제들. 그들은 이곳 태산의 정상에서 흙으로 단을 만들어 대를 쌓고, 제후와 문무 백관을 거느리고 하늘에 고하는 장중한 의식을 거행하였으리라.

아련한 상상에 잠기다가 불현듯 현실로 돌아온다. 여행자가 역사적 명승지에서 누릴 수 있는 즐거움이란 이런 것인지도 모른다. 얼마나 지났을까.

옥황정 북서쪽에 '고등봉대'(古登封臺) 비가 있다. 옥황정을 중심으로 동쪽에 우뚝 솟은 봉우리가 험한 산길을 올라 온 사람만이 갈 수 있다는 '일관봉'(日觀峰)이다.

이곳에서 태산의 상징인 신산(神山)의 영기가 솟아 나와, 여명의 첫 빛줄기로 어둠을 시원하게 갈라, 어둠의 장막이 서서히 걷히면서 상서로운 구름이 피어올라, 주변을 금빛으로 물들이는 장엄하고 경이로운 해돋이를 볼 수 있다. 행운이 따른다면, 운해(雲海)의 장관속에 신선이 된 것 같은 기분을 느낄 수도 있다는 것이다.

장엄함 속에 숙연함과 신비로움이 느껴지는 바위봉우리와 바위능선을 바라볼 수 있는 정상 동쪽에서, 시선을 돌리면 서쪽에 '망하정'(望河亭)이 있다. 해질녘에는 금색으로 눈부시게 빛나는 황하가 멀리 보인다고 하는데, 일출 못지 않게 황홀하고 아름답기로 유명한 낙조의 절경을 만끽하지 못하고 돌아서는 아쉬움을 달래야만 했다.

- **무자비(無字碑)의 야릇한 매력에 빠져들다**

옥황사를 나오면 모자를 쓴 것 같이 서 있는 '무자비'(無字碑)가 있다. 표면에 아무 것도 적혀 있지 않아서 더욱 유명하다. 고구려 광개토대왕비를 연상케 하는 6m의 장대한 비는 2,100여 년 전 한나라 무제 때 세워졌다. 이 비석에 글자를 새기지 않는 이유는, 이곳에서 바라보는 전망이 더없이 빼어나서 감히 필설로 형용할 수 없기 때문이라고 한다.

무자비 양쪽에, 불교사원 큰 법당 본존불의 협시보살처럼 고즈넉이 서 있는, 아담한 왼쪽 비석에 새겨진 곽말약(郭沫若)의 글이 길손의 시선을 끌게 한다. 이곳은 많은 문인과 묵객들의 발길이 끊이지 않는 곳이다. 공자는 "태산에 오르니 천하는 어찌도 그리 작은가" 라고 하였고, 두보는 "태산의 정상에서 바라보니, 주위의 산은 작은 것이다" 라고 하였으며, 모택동은 "동쪽은 붉다" 라는 글귀를 여기서 남겼다.

유교문화의 발원지인 태산에는 유교사상과 관련된 유적이 곳곳에 적지 않게 남아 있다. 특히 공자가 "태산에 올라 천하를 작게 여겼다" 는 언급이 있은 이후, 후인들은 태산 정상 부근 '벽하사' 의 서쪽에 '공자묘' (孔子廟)를 건립하였다. 공자를 비롯하여 안회(顔回), 증자(曾子), 자사(子思) 및 맹자(孟子)를 함께 봉안해 놓았다.

공자묘 뒤의 암벽에 "공자는 성인 중의 태산이고, 태산은 산중의 공자이다" 라고 새겼다. 성현의 발자취를 따라서 태산에 올라 공자에 대한 흠모의 정을 펼쳤다. 자연 경관과 어우러진 풍광은 찾는 이로 하여금 옷깃을 여미게 한다. 저마다 나름대로 평천하의 뜻을 세우고 호연지기(浩然之氣)를 길렀을 것이다.

도가에서는 태산의 산신 태산부군이 사람의 수명과 복록을 다스린다고 믿고 있으며, 이 태산부군의 딸 벽하원군을 모신 벽하사에는, 3월에만 전국에서 수십만의 참배객들이 모여든다고 한다. 불멸의 존재가 깃들어 있다고 믿는 도교의 성지(聖地)이다.

험준한 바위산에 영기가 서려 있어 숭앙의 대상인 태산의 정상에 오르면, 100세까지 살 수 있다는 신선사상의 깊은 믿음으로 수많은 이들이 가파른 산길을 오른다. 떨어진 잎은 뿌리로 돌아간다는 중국의 속담은 모든 혼백이 사후에 태산으로 돌아올 것이라는 의미를 간직하고 있다는 것이다.

그런데 불교에서는, 도교와는 달리 태산을 죽은 사람이 모이는 산으로 여기고 있다. 이에 따르면, 지옥에 대한 것을 태산이라고 부를 때도 있으며, 태산의 산신 태산부군을 인간의 선악 행위를 기록하는 염라대왕의 서기, 또는 지옥의 한 왕이라고도 한다는 것이다. 종산(宗山)으로서의 태산이 새삼 각인되는 느낌이다.

태산을 '중국문화의 부분적인 축소판' 이라고 일컫게 되는 까닭이 비로소 피부에 와 닿는 것 같다. 태산을 내려오다 보면 '오대부송' (五大夫松)을 만나게 된다. 진시황이 봉선행차(BC 219) 때 이 나무 아래에서 갑자기 내린 소나기를 피하였다고 하여 오대부라는 작위를 부여받았다는 것이다.

운보교 북쪽에 있던 원래의 소나무는 수령이 다하여 없어지고 현존하는 세 그루는 1730년 청대 때 심은 것이라고 전해진다. 소나무 옆에는 오송정(五松亭)이 세워져 있어 그 옛날의 면목을 떠올리게 한다.

정중동의 경지를 절묘하게 갖추어, 태산 명승지의 하나로 꼽히는 '두모궁 천산방' (斗母宮泉山房)에서, 동북쪽으로 한참 떨어진 곳에 있는 골짜기를 '경석욕' 이라고 이른다. 이곳에는 넓고 경사진 계류의 반석면에 한 글자의 크기가 50cm나 되는 '금강반야바라밀경'(金剛般若波羅密經) 2,500여 자가 장려한 예서체로 음각되어 있다. 중국에 있는 수많은 글자조각 가운데 이만큼 거대한 마애조각은 찾아볼 수 없다.

1,400여 년 전 북제(北齊, 550~577) 때에 새겨진 것이다. 오랜 세월이 흐르면서 풍화 · 마모되어 남아 있는 것은 1,000여 자에 지나지 않는다고 하나, 태산 불교의 상징적인 흔적임에 분명하다. '태산석각-경석욕'(泰山石刻-經石峪)은 중국의 진귀한 역사적 유적으로 보존되고 있다.

뿐만 아니라, 1987년 유네스코는 "장엄하고 신성한 태산은 2,000여 년 동안 제왕들의 참배의 대상이었으며, 태산의 예술과 걸작들은 자연경관들과 완벽하게 하나로 융합되어 있다. 태산은 줄곧 중국 예술가들과 학자들의 영감의 원천이었으며, 고대 중국문명과 신앙을 상징하고 있다"고 평가하여 태산을 복합유산, 즉 세계문화유산과 세계자연유산으로 동시에 지정하여 등재했다.

태산을 내려오는 동안 내내 세계문화유산과 세계자연유산에서 흘러나오는 정기가 내 몸으로 스며들어오는 듯한 감흥이 전해지고 있음을 잊을 수 없었다.

◆ **주해(註解)**

1) 태산의 정상에 오르기 전에, 산기슭에 땅을 청정하게 하여 토단을 만들고, 축사의 문장을 길이 약 30cm, 폭 약 3cm 정도의 단책장 '옥첩서'(玉牒書)를 그 단 안에 넣어 매장하는 것만은 확실하다. '개원(開元)의 치(治)'를 이룩했다고 평가되는 당나라 현종(재위, 712~756)의 '옥첩서'[15매 1조의 석책(石册)]가 타이완의 고궁박물관에 소장되어 있다(尾形勇『中國歷史紀行』角川選書).

忠節과 禮鄕의 고장 논산에서

권만혁 ●●

1. 논산(論山) 초입에서 느끼는 감회
2. 돈암서원(遯巖書院)과 사계 김장생(沙溪 金長生) 선생
3. 황산벌[1]과 백제(百濟)의 충신 계백(階伯) 장군
4. 강경포(江景浦)와 옥녀봉
5. 논산 역사문화 기행을 마치면서

1. 논산 초입에서 느끼는 감회

복잡다단한 서울 도심을 빠져 나와 5월의 푸름을 맘껏 느끼며 도착한 논산 초입, 그 곳에서 느끼는 감회는 새로웠다. 2003년 이준익 감독의 영화 황산벌의 실제 무대인 논산은 충절과 예학의 고장으로 더 잘 알려져 있다.

논산은 아름다운 금강과 수려한 대둔산의 자연경관이 조화를 이루고 있으며, 백제의 명장 계백장군의 충절이 어려 있는 황산

벌, 후삼국을 통일한 왕건이 창건한 개태사, 국태민안을 빌어주던 관촉사의 은진미륵, 조선시대 기호유학의 산실 돈암서원 등 수 많은 문화유적이 산재하고 있는 고장이다.

삼국시대 백제가 신라에게 패하여 멸망당하는 그 현장에서 후삼국시대 고려와 후백제가 다시 마지막 전투를 하였다. 왕건은 견훤의 아들 신검으로부터 항복을 받은 논산의 연산지역에 개태사를 창건하고 친히 발원문(發願文)을 지었다. 조선시대 논산지역은 유교문화, 선비문화의 중심지였다. 특히 기호유학 그 중에서도 조선 후기 기호예학이 이곳에서 꽃 피웠다. 연산의 사계 김장생(沙溪 金長生)이 그 선구자이며, 김집(金集), 송시열(宋時烈), 송준길(宋浚吉), 등 많은 학자들이 이곳에서 배출되었다. 근대기의 논산은 더욱 역동적이었다. 논산의 강경은 금강과 논산천이 합류하는 가항(可航)포구로서 용안평야, 논산평야 등 국내 굴지의 미곡 생산지를 배후에 끼고 있었기 때문에 조선 후기 이래 전국적인 상업중심지로 성장하여 한 때 전국 3대 시장의 하나가 되었다. 또한 개항 이후 근대화 정책이 추진됨에 따라 논산지역에도 각종 근대적인 교통, 운수, 통신시설 등이 들어서기 시작하였다.[2)]

논산은 대한민국의 남자라면 대부분 군 생활의 추억이 있는 특별한 곳이다. 6 · 25전쟁이 한창이던 1951년 이곳에 육군훈련소(연무대)가 창설되어 수많은 신병을 양성하였기 때문이다. 현재는 국가균형발전위원회가 2007년 결의하여 서울에 있는 국방대학교가 논산시 양촌면 일대로 이전을 준비하고 있다. 또한 논산은 노성면에 육군 항공학교가 있고 인근의 계룡시(鷄龍市)에는 육 ·

해 · 공군본부인 계룡대가 위치하고 있어서 가히 국방의 메카라고 할 수도 있다.

현대에 들어와서 논산은 새로운 모습으로 변화되고 있는 것이다.

2. 돈암서원과 사계 김장생 선생

가. 돈암서원(遯巖書院)

논산의 초입에 들어서니 바로 앞에 개태사(開泰寺)의 입간판이 보였다. 고려 태조 왕건이 후백제 견훤의 아들 신검의 주력 군대를 격파하고 항복을 받은 그 자리에 창건했다는 사찰이다. 한때는 승려들이 1천 명이나 되었다는 대단히 큰 규모의 사찰이다. 그러나 우리 일행이 방문한 날이 사월 초파일(석가탄신일)이다 보니 법회에 참석해서 불공을 드리려는 신도들이 입구부터 인산인해라서 들어갈 엄두를 못 내고 근처에 위치한 돈암서원으로 바로 직행하였다.

돈암서원은 논산시 연산면 임리에 있다. 서원에 들어서니 문화해설사가 우리 일행을 반갑게 맞아주었다. 자신이 논산 대건고등학교에서 역사교사로 있다가 최근에 정년퇴임했다고 밝히면서 경내를 비교적 소상하게 설명해주었다.

돈암서원은 1634년(인조 12년)에 창건하였다. 1659년(효종 10년) 사액(賜額)되어 사계 김장생(沙溪 金長生)을 주향으로 하고 신독재 김집(愼獨齋 金集), 동춘당 송준길(同春堂 宋浚吉), 우암 송시열(尤庵 宋時烈) 선생 등 네 분을 추배하였다. 매년 음력 3월과 8월에 문묘 석존의례에 따라 제향하고 있다.[3)]

돈암서원은 김장생 문인들이 스승을 추모하여 사우를 건립한 뒤 위패를 봉안하고 제사를 지내오다가 사당 앞에 큰 강당을 건립하면서 서원으로 발전하게 되었다. 당시 서원의 서북쪽에 돈암이라는 큰 바위가 있어서 서원의 이름을 돈암이라고 하였다.

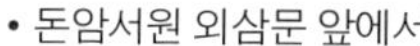
• 돈암서원 외삼문 앞에서

• 돈암서원 원정비

고종 8년(1871년) 전국적인 서원 철폐 시에도 안동 도산서원(安東 陶山書院) 등과 함께 보존된 유서 깊은 서원이다. 고종 18년(1881년) 대홍수 때 서원의 지대가 낮은 관계로 뜰 앞에까지 물이 차므로 원래 위치보다 지대가 조금 높은 현재의 위치로 이전하였다.

돈암서원 원정비(院庭碑)는 돈암서원이 건립되면서 김장생, 김집 부자의 학문을 칭송하고 서원 건립의 과정과 각 건물의 구조와 의의를 적은 비석이다. 옥개형 이수를 올린 형태로 비신은 대리석이고 비좌와 이수는 화강암으로 제작되었다. 비석 몸체의

• 응도당(凝道堂)

머리 부분에 돌려 가면서 쓴 글자는 '연산돈암서원의 비'라 되어 있고 비문의 제목은 '연산현돈암서원비기'이다. 비신의 높이는 173.8㎝이다.

응도당(凝道堂)은 강당의 기능을 하는 건물로써 조선시대 서원에 있던 강당으로서는 최대 규모이다.

유경사(惟敬祠)는 김장생, 김집, 송시열, 송준길 선생 등 네 분의 위패를 모셔 제향하는 곳이다. 정면 3칸, 측면 3칸으로 정면에 퇴칸을 두는 전형적인 양식으로 지었다.

그리고 장판각(藏板閣)은 돈암서원에 보존되어 있는 책판의 창고로 쓰이는 곳이다. 김장생의 문집인 『사계전서』, 김장생의 부친 김계휘 당시의 사실을 기록한 『황강실기』, 김집의 문집인 『신독재전서』 등이 보관되어 있다. 원래는 모두 4,168개의 책판이 있었으나 전란의 피해와 분실로 인하여 현재는 2,103판만이 전해지고 있다.

그 외에 양성당(養成堂), 정의당(正義堂)이 연못을 사이에 두고 어우러져서 강학공간으로 구성이 되어 있고 이 강학공간의 동측에 수직사 공간을 두어 사마재가 위치하고 있다.

돈암서원이 주향으로 하고 있는 김장생은 기호사림(畿湖士林)의 적통이자 당대 최고의 사림으로 존숭(尊崇)받았으므로 자연스럽게 돈암서원은 기호사림 전체의 구심체 역할을 하게 되었던 것이다.

나. 사계 김장생(沙溪 金長生)

돈암서원이 제향하고 있는 김장생(1548~1631)은 조선 중기의 대학자이며, 문신으로 본관은 광산(光山), 자는 희원(希元), 호는 사계(沙溪)이다. 대사헌을 지냈던 김계희의 아들로 구봉 송익필(龜峰 宋翼弼), 율곡 이이(栗谷 李珥)의 문하에서 수학하여 그 학통을 이어 받았다.

송익필에게서 사서와 근사록과 함께 예학을 배웠으며, 그 후 이이로부터 유학의 전반적인 체계를 배웠다. 특히 예학에 정통하여 조선조 예론의 큰 줄기를 이루었다. 늦은 나이에 벼슬을 시작하였고 과거를 거치지 않아 요직의 경력은 많지는 않았지만 인조반정 이후에 서인의 영수로 정치적 영향력이 매우 컸다.

향리인 연산에서 주로 학문과 교육으로 많은 생활을 했기 때문에 그의 문하에서 송시열, 송준길 등 당대의 유력한 명사들이 많이 배출되었다.

김장생이 살았던 16세기 중엽에서 17세기 중엽은 국내외에 다

사다난한 사건이 많았던 시기로써 사화를 겪고 나서 당쟁이 시작되었으며, 임진왜란과 정묘호란, 병자호란 등 전쟁으로 전 국토가 황폐화되면서 사회질서와 국가체계가 거의 붕괴되었다.

이와 같은 현실 속에서 김장생은 가정, 사회, 국가의 질서와 기초를 잡기 위한 인간성 교육에 눈을 돌려 국가의 백년대계를 살폈다. 당시의 사회적 혼란 가운데서 질서를 회복시키고 안정을 추구하기 위해서는 조정책이며, 시대정신으로서 인간 본래의 보습을 구현할 수 있는 예(禮)를 강조했던 것이다.[4)]

돈암서원에서 듣는 400년 전 김장생 선생의 훈계가 오늘 날을 사는 우리에게도 똑같이 귀한 교훈이 되는 이유는 시대가 아무리 변해도 인간의 본질은 변하지 않는다는 사실 때문이다.

3. 황산벌과 백제의 충신 계백(階伯)장군

돈암서원에서 나와 황산벌로 향했다. 신라 김유신 장군의 5만 대군과 계백 장군의 5천 결사대가 최후의 전투를 했다는 황산벌이 바로 논산의 연산지역 일대이다. 지금은 이곳에 논산 8경의

• 백제 군사 박물관

• 계백 장군 묘

하나인 탑정호가 국내 최대의 인공호수로 조성되어 있고 호수 인근에 백제 군사박물관과 계백 장군 묘 그리고 계백 장군의 사당 제를 봉행하는 충장사(忠壯祠) 등이 건립되어 있다.

백제 군사박물관에 들어서니 젊은 여성 문화해설사가 반갑게 안내 해주었다. 군사박물관 안에는 백제사를 한눈에 볼 수 있도록 당시의 정치, 군사, 사회상을 상세하게 재현해 놓은 것이 매우 인상적 이었다. 특히 백제사상 최대의 격전이자 국운을 걸고 싸웠던 황산벌 전투에 대하여 고증을 통해 실제처럼 구성하였고 문화해설사의 설명도 전문적 수준이었다.[5)]

황산벌 전투는 서기 660년 나당연합군이 백제를 공격하는 과정에서 발생한 중요한 전투였다. 당 고종의 명을 받은 소정방과 13만 명의 대군이 바닷길로 덕물도(인천 앞바다 덕적도)에 도착하였을 때 신라의 태종무열왕과 김유신은 5만 명의 군사를 거느리고 남천정(경기도 이천)에서 당군을 기다리고 있었다. 덕물도에서 나당연합군의 지휘관들은 회합을 하여 7월 10일에 백제의 사비성 남쪽에서 만나 사비성을 공략하는 수륙양면작전을 펼치기로 하였다.

백제 조정은 당군을 먼저 막아야 하는지, 아니면 신라군과 먼저 전투를 치러야 하는지 의견이 분분하여 적극적인 방어책을 내지 못하였다. 이때 충신 흥수(興秀)가 기벌포(금강 하류, 군산일대)와 탄현(옥천-대전 경계의 마도령)에서 적을 막아야 한다고 진언하였으나 신하들의 반대로 채택되지 못하였다.

이러한 상황에서 나당연합군의 진격은 빠르게 진행되었다. 당군은 덕물도에서 뱃길로 기벌포에 도착하여 상륙작전을 감행하였고 신라군은 남천정(경기도 이천)에서 신속히 남하하여 탄현을 넘어 황산벌로 진출하였다.

사태가 위중해지자 의자왕은 달솔계급의 장군 계백에게 5천 명을 주어 신라군을 우선 막게 하였다. 계백은 출병에 앞서 나라의 패망을 짐작하고 '살아 노비가 되기보다 죽는 것이 낫다' 고 하며 처자를 모두 죽이고 최후의 전장으로 향했다. 신라군이 7월 9일 황산벌에 도착했을 때는 계백이 5천 명의 결사대를 세 군데에 진영을 설치하고 기다리고 있었다. 김유신은 계백이 배치한 3군영에 대하여 모두 네 번의 공격을 했으나 모두 실패하였다. 장병들의 사기가 급격히 떨어지고 있을 때 장군 흠순의 아들 반굴과 좌장군 품일의 아들 화랑 관창이 여러 차례 적진을 돌파하다가 장렬하게 전사하였다. 두 젊은이의 희생에 기세를 올린 신라군이 마침내 백제군을 물리치고 기일보다 하루가 늦은 7월 11일 사비성 앞에서 당군과 합류함으로써 백제의 국운도 다하게 되었다.[6)]

군사박물관 뒤편에 황산벌 전투에서 전사한 계백 장군의 묘가 있고 그 옆에는 충장사(忠壯祠)가 건립되어 있다. 이전에는 인근에 있는 충곡서원(忠谷書院)[7)]에서 향사를 지내 왔으나 현재는 이곳에서 매년 사당제가 봉행되고 있다. 계백장군의 충의 · 호국정신을 기리기 위하여 논산 유림협의회가 후원하여 제향을 지내고 있다. 백제 멸망사와 그 과정에서 백제의 정신과 혼을 지키다 산화한 많은 이들의 충절을 생각하며, 다시 강경으로 향했다.

4. 강경포(江景浦)와 옥녀봉

가. 강경포구와 근대화

논산의 강경은 황산벌의 백제 군사박물관에서 차로 20여 분 거리에 있다. 5월의 싱그러운 바람을 느끼며, 여유 있게 강경으로 향했다. 점심식사 장소를 강경에서 제일 유명하다는 황산횟집으로 정하고 갔더니 빌딩 전체가 횟집으로 되어 있는 큰 식당이었다. 잘 생긴 청년이 우리 일행을 반갑게 맞아주면서 금강이 내려다보이는 테이블로 안내해주었다. 강경이라고 하면 회자되는 우어회를 우선 시키고 매운탕과 함께 맛있게 식사를 했는데 우어회는 약간 맵게 회무침으로 나와서 많이 먹지는 못했다.

강경에 왔으니 강경젓갈을 사자고 해서 식당 사장님 동생이 한다는 황산젓갈상회로 가서 젓갈 구경도 하고 몇 가지 젓갈을 구입하였다. 강경젓갈 시장을 출발하여 옥녀봉으로 가는 길에 강경시내를 둘러보았다.

강경은 논산천, 강경천이 논산평야를 가로질러 금강으로 유입되는 곳으로 고려시대부터 큰 포구로 번성하였던 곳이다. 조선시대에는 동해안의 원산항과 더불어 '조선 2대 포구' 로 불렸던 항구로 약 100여 척의 배가 드나들 정도였다.

쌀을 비롯한 해산물 등의 집산이 활발하여 금강 유역에서 생산되는 농 · 수산물을 전국적으로 유통시키는 중심지였기 때문에 강경포에는 시장이 크게 발달하였다. 19세기 말에 들어와서 강경천 주변에 있던 하시장(下市場)에 더하여 옥녀봉 동쪽에 상시장(上市場)이 추가로 설시(設市)되면서 더욱 큰 시장으로 발전하였다.

강경포에 형성된 시장은 대구, 평양의 시장과 함께 '조선 3대 시장' 으로 불리며, '1평양, 2강경, 3대구' 라는 표현을 만들어 내기도 하였다.

1900년대에 들어서면서 강경은 근대화의 수혜를 가장 먼저 받은 곳이 되었다. 시장에 각종 상점과 한일은행 등 금융건물이 세워졌고 전성기에는 인구가 3만 명에 달하고 유동인구는 10만 명에 달했다고 한다. 1920년대에 강경은 충청남도에서 전기가 처음으로 들어온 도시였다. 근처에 세워진 소규모 수력발전소에서 전기를 공급하였다.

그러나 1914년 호남선 철도가 개통되고 육상교통이 발달하면서 공주와 청주가 강경의 상권에서 이탈한 이후 강경시장은 쇠퇴하였다. 군산항의 기능이 상실된 이후에는 바다와 내륙의 교량지로서의 역할도 잃었다. 지금은 옛 강경포 지역에 포구의 흔적만 남아있다.[8)]

나. 옥녀봉(玉女峰)

옥녀봉 앞에 도착해보니 차로 거의 정상까지 올라갈 수 있어서 다행이었다. 해발고도가 44미터지만 강경읍내와 강경포구를 한눈에 내려다 볼 수 있는 곳이다.

전설에 의하면 옥황상제의 딸인 옥녀는 이곳에 내려와 목욕을 하며 놀았는데 절경에 심취하여 하늘에 올라 갈 시간을 잊었다. 하늘에서 올라오라는 나팔소리를 듣고 옥녀가 서두르다가 옷을 반쯤 걸친 채 올라갔고 그 모습을 본 옥황상제가 노발대발하여 옥녀를 내 쫓았다. 다시 지상으로 내려온 옥녀는 하늘에 오르기

• 옥녀봉에서 바라 본 강경포구

• 옥녀봉 봉수대

위하여 기도하다가 죽었는데 옥녀가 죽은 자리가 옥녀봉이 되었다는 것이다.

옥녀봉에는 1897년 미국 선교사 폴링이 강경침례교회를 설립한 터가 남아있다. 이곳이 바로 기독교 한국 침례회의 최초 교회가 들어선 곳이다.

옥녀봉 정상에는 봉수대(烽燧臺)가 설치되어 있다. 밤에는 봉(횃불), 낮에는 수(연기)를 피워 위험한 사태를 전했다. 옥녀봉 봉수대는 익산시 용안면 광두원산의 봉수를 받아서 황하산성과 노성으로 연락을 취하였다. 오늘날과 같은 전기통신망이 부재하였던 시절에 효율적인 국가통신망으로 활용했던 봉수대를 보면서 선조들의 지혜에 탄복해 본다.

옥녀봉에서 내려다보는 금강의 물결과 넓은 평야지대는 무척이나 아름답고 평화롭게 느껴졌다.

5. 논산 역사문화 기행을 마치면서

아침 일찍 길을 떠나서 논산의 역사와 문화재를 둘러보고 금강이 내려다보이는 훌륭한 식당에서 식사도 할 수 있었다. 시간이 충분하다면 충절과 예향의 고장이라고 자랑하는 논산을 더 보고 싶었다.

사실 논산에는 오늘 방문한 곳 말고도 볼만한 문화유산이 많이 있다. 특히 관촉사의 은진미륵, 쌍계사와 불명산 계곡이 유명하다고 한다. 조선 예학의 고장답게 서원과 향교가 산재해 있는데 오늘 가 봤던 돈암서원 외에도 노강서원과 연산향교, 은진향교 등이 있고 유명한 고택으로는 윤증(尹拯) 고택과 이삼(李森) 장군의 고택이 있다고 한다.

문화유적을 방문하면서 항상 궁금했던 것은 그 곳에서 숨 쉬고 살아갔던 사람들의 이야기이다. 그 이야기가 단지 과거의 것이 아니고 오늘을 살아가는 우리들의 이야기가 되기 때문이다.

오늘 방문했던 돈암서원에서는 사계 김장생 선생의 예학과 충절을 느낄 수 있었고 백제 군사박물관에서는 황산벌에서 울려 퍼졌던 계백 장군의 충의와 호국의 정신을 다시 새겨볼 수 있었다.

그리고 강경포구와 옥녀봉에서는 인간이 만들어 가는 역사와 자연의 합치 그리고 선조들의 지혜에 탄복해 보기도 하였다.

역사문화유산의 향내가 흠씬 묻어나는 논산에서 보낸 무척이나 소중한 하루였다.

◆ 주해(註解)

1) 황산벌은 서기 660년 백제와 나당연합군에 대항하여 벌인 최초의 전투이자 도성인 사비성을 방어하기 위한 최후의 전선이었다. 이 전투에서 백제의 계백장군은 5천 명의 결사대로 신라의 김유신 장군의 5만 명의 대군에 맞섰다. 백제는 황산벌 전투에서 패배함으로써 국가가 멸망되는 비운을 맞이한다. 황산벌 전투가 벌어졌던 곳이 현재의 논산시 연산면 일대이다.
2) 논산시지 편집위원회, 『논산시지(論山市誌) 제2권 역사와 문화유적』, (논산: 국제인쇄사, 2005), pp.26-28.
3) 이철성, 김형곤,『문화유산으로 보는 논산의 발자취』, (논산: 논산시, 2003)
4) 이재석, '사계 김장생의 정치사상',『사계 사상연구 돈암학술연구총서(Ⅰ)』(사계-신독재 양선생 기념사업회, 1991), pp.353-355.
5) 황산벌 전투에서 전사한 계백을 백제 유민들이 가매장(假埋葬)한 것으로 전해오고 있다.
6) 육군 군사연구소, 『한국 군사사, 고대(Ⅱ)』 (군사연구소, 경인문화사, 2012), pp.83-89.
7) 계백 장군의 묘를 만든 후 백제의 유민들과 묘소 인근마을 주민들을 중심으로 묘제를 지내오던 관행이 이어져 오다가 1680년(조선 숙종 6년)에 계백의 위패를 주향으로 모신 충곡서원이 건립되어 향사를 지내왔던 것이다.
8) 이철성,『논산 탄생 100년 기념사업 연구』, (논산: 바른디자인, 2013), pp.25-35.

◆ 참고문헌

- 논산시지 편집위원회, 『논산시지(論山市誌) 제2권 역사와 문화유적』, 논산: 국제인쇄사, 2005.
- 육군 군사연구소, 『한국 군사사, 고대(Ⅱ)』, 서울 : 경인문화사, 2012.
- 이재석, 『사계 김장생의 정치사상』,『사계 사상연구 돈암학술연구총서(Ⅰ)』, 사계-신독재 양 선생 기념사업회, 1991.
- 이철성, 김형곤, 『문화유산으로 보는 논산의 발자취』, 논산: 논산시, 2003.
- 이철성, 『논산 탄생 100년 기념사업 연구』, 논산: 바른디자인, 2013.

키타큐슈시에 가다 1

박무희 ● ●

2011년 6월의 어느 날 안산에 있는 차남이 집에 찾아와 여름 휴가 계획이 있는가 묻더니 별다른 계획이 없으면 자기가 우리 내외를 모시고 아버지가 어린 시절을 보낸 곳을 돌아보지 않겠는가 하고 제의 해와, 우리는 생각할 것도 없이 기쁜 마음으로 쾌히 승낙했다.

우리는 2011년 7월 28일에 광명역 주차장에 차를 세우고 오후 2시 40분발 부산행 KTX를 탔다. 4인용 좌석에 둘러앉아서 맥주를 한 병씩 마셨다. 아들 덕분에 즐거운 여행을 할 수 있을 것 같다는 느낌이 들었다.

부산역에 도착 후 오랜만에 온 부산이어서 구경할 겸 해서 남포동에 가서 저녁식사를 하고, 부산항에서 일본 하카타항으로 가는 야간페리 카멜리아호에 승선했다. 카멜리아호는 오후 7시에 출발하여 다음 날 아침 8시 40분 하카타항(博多港) 국제터미널에 도착했다.

숙소에 가기 위해 하카타항에서 버스를 타고 오호리공원(大濠

公園)이 있는 오테마치(大手町)의 선라인 호텔(Sun Line Hotel)에 여장을 풀었다.

차남이 빙그레 웃으면서 우리가 이제부터 해야 할 일은 먼저 아버지가 다녔던 소학교에 가보는 것 이라며 하카타역(博多驛)에 가서 아침식사를 한 후 10시 38분발 고쿠라(小倉) 특급 키라메키 열차를 타고 키타큐슈(北九州)시 야하타역(八幡驛)의 다음 역인 스페이스월드역에 하차했다. 하카타라는 지명은 옛날 후쿠오카(福岡)지방을 '하카타' 라고 불렀는데 후쿠오카시의 중심이 되는 역과 항구는 옛 지명 그대로 살려 사용하고 있다.

택시로 15분 정도 갔을까, 드디어 그 학교를 졸업한지 56년 만에 가는 오쿠라(大藏) 소학교에 도착했다. 정말 감개무량했다. 이 학교 교장 사토마사히로(佐藤政弘)씨가 반가이 맞아 주었다. 그에게 나는 이 학교 43회 졸업생(1955년 3월)이라 소개했다.

1954년 당시 창립40주년 만에 야하타 시 소학교 씨름대회에서 영광스럽게 우승했으며, 또 나는 개인전에서 준우승을 했다. 당시의 교장선생님이 우리학교 창립 40년 만에 처음 있는 쾌거라며 눈물을 글썽이던 것이 아직도 생생하다고 현 교장선생님에게 이야기 했더니 56년 전의 졸업앨범을 찾기 시작했다. 그 때 그 학교는 학교를 해체공사 중에 있어서 더운 여름에 냉방장치도 없는 교장실에서 졸업앨범을 직원들에게 시키지 않고 땀을 뻘뻘 흘리면서 직접 찾고 있었다. 시간이 한 30여분 흘렀을까, 드디어 내가 졸업하던 해의 앨범을 찾아 내 사진과 표지를 복사해 주시면서 본인의 임기가 올해까지이고, 내년부터는 새 교장선생님이 오신다고 하면서, 내년이 창립 100주년이 되는데 혹시 다시 우리학교를 방문할 수 있으면 다음 교장에게 말씀을 전해 드리겠다고 하면서 둘이서 사진을 찍고 작별했다. 정말 소박하고 친절한 분이라 생각했다.

1954년 11월 16일 소학교 씨름대회에서 준우승을 했을 때, 당시 교육위원회에 계셨던 분이 내게 중학교 진학하면 유도를 하면 좋을 것 같다는 말씀을 하신 것이 생각났다. 그 때는 씨름부원의 실력이 모두 비슷해서 내가 개인전에 나갈 것이라 생각하지도 못했었다. 씨름코치가 2명을 지명했었는데 이번엔 나와 또 다른 한 명이 출전하라고 지명한 것이었다. 당시 나는 단체우승만으로도 가슴이 벅차오르고 있었는데 개인전까지 출전하게 되어 정말 기뻤다. 곧 내가 개인전에 나가게 된 이유를 알게 되었는데, 늘 직장 일로 바쁘셨던 아버지가 응원하러 오셨던 것이었다. 아버지가 응원하러 오시리라고는 꿈에도 생각을 안했었는데 오신 것이었다. 나는 기뻐서 어쩔 줄을 몰랐다. 그 개인전을 내가 어떻게 싸웠는지 정신없이 시합에 열중했더니 결승까지 와 있었다.

잠시 어린 시절을 회상을 하며 학교를 둘러 본 후, 다시 기차역으로 왔다. 기차역에서 사라쿠라야마(皿倉山)의 웅장한 모습을 보면서 내가 어린 시절을 보낸 야하타에 온 것을 실감하게 되었다. 정말 감개무량한 심정이었다.

첫 번째 목표인 소학교 방문을 마치고, 두 번째 목표인 벳푸(別府)관광을 하기 위해 고쿠라역으로 갔다. 고쿠라역은 상당히 큰 규모를 가지고 있다. 지상 14층, 지하 3층 규모의 파란색 창이

타일을 붙여놓은 것 같은 느낌을 주며, 역 2층에 있는 모노레일도 마치 장난감처럼 보인다. 에키벤(역에서 파는 도시락)을 3인분 사서 오후 1시 39분에 Sonic특급을 타고 벳푸에 갔다.

• 바다지옥

우리 내외는 벳푸는 몇 번 다녀간 일이 있어 별로 생소하지 않았지만 아들이 못 가봤다 하여 다시 와 보았다. 큐슈(九州) 굴지의 온천지로 알려져 있는 벳푸온천, 벳푸관광의 기본 코스는 단연 '벳푸지옥순례' 이다. 바다처럼 파랗게 보인다고 해서 '바다지옥', 피처럼 붉은 온천수가 끓어오르는 '붉은 피의 지옥', 끓어오르는 온천수의 모습이 마치 스님 머리를 닮았다하여 '스님지옥' 등 모두 9곳의 지옥으로 구성되어 있는데, 우리는 '바다지옥' 입구까지만 가고 지옥순례는 하지 않고 다시 벳푸 역으로 해서 하카타역으로 돌아왔다.

역에서 내려 다시 지하철로 텐진쬬(天神町)에 가서 초밥을 먹고 호텔로 돌아왔다. 7월 30일(토) 오늘은 3차 목표인 나가사키(長崎)관광을 하기 위해 JR하카타역 10시 15분발 나가사키행 특급 카모메를 탔다. 차내에는 넓은 테이블이 있는 안락한 분위기였으며 차창 밖에는 아리아케해(有明海)가 시원하게 보였다. 나가사키 역에는 12시 30분경에 도착했다.

• 차이나타

• 평화공원

우리는 나가사키 역에서 노면전차를 타고 나가사키 신지중화가(新地中華街)에 가서 그 유명한 나가사키 짬뽕을 먹고, 1945년 8월 9일 미군에 의해 투하된 원폭낙하 중심지에는 화강암 탑이 세워져 있었다. 원폭자료관에는 당시 300세대 즉, 1680명이 살았던 마츠야마쵸(松山町)는 순식간에 파괴 되었다. 살아남은 사람은 그때 우연히 방공호에 있었던 9세 소녀 한명 뿐이었으며, 나가사키 전체에서 15만명 이상이 희생 되었다고 한다. 우리는 숙연한 마음으로 평화공원을 나왔다.

오후 3시 30분경 JR보통열차로 하우스텐보스(HUIS TEN BOSCH)에 갔다. 하우스텐보스는 진주양식 뗏목이 떠 있는 평온한 오무라만(大村灣)의 북단에 조성한 신도시, 운하의 흐름에 따라 몇 개의 지역으로 나눠지고, 그 사이를 고풍스런 택시와 버스가 한가롭게 달린다. 벽돌이 깔린 길, 꽃으로 채색된 광장, 교회의 첨탑, 그리고 16, 17세기의 분위기를 자아내는 석조의 집들은 유럽의 도시를 훌륭하게 재현하고 있으며, 이곳은 며칠씩이라도 묵어갈 수 있는 해변 리조트 지역이다.

우리는 하우스텐보스 입장권만 구입하고 5시 30분경에 입국

• 하우스텐보스

• 노코노시마 해수욕장

동을 지나 가장 먼저 보이는 것이 '나이안 롤데 성' 이었다. 다음은 유람선으로 도시의 중심부에 가기 위해 '커널 크루즈' 를 탔다. 배는 운하를 천천히 운항하여 다음 선착장이 있는 '위트레흐트' 로 향했다.

배에서 내려서 '팰리스 하우스텐보스' 를 관람하고, 해변의 도시인 '스파켄뷔르흐' 로 갔다. 그곳에는 각종 선박이 셀 수 없을 만큼 많이 정박하고 있었다. 우리 일행은 '하우스텐보스' 를 수박 겉핥기식으로 보고 출국동을 통해 밖으로 나왔다. 그때가 오후 7시 30분경이었다. 우리는 역순으로 열차를 타고 JR하카타역에 오후 10시에 도착, 숙소로 갔다. 여행이란 즐거움과 아울러 피곤한 것임을 실감한 날 이기도 했다.

오늘은 귀국 하루 전날인 7월 31일이다. 지하철 공항선을 타고 10분 정도 가면 '메이노하마역(姪浜驛)' 이다. 도보로 도선장까지 걸어가서 12시 20분발 노코노시마(能古島)행 페리를 탔다. 노코노시마는 도심에 인접한 리조트 섬이다. 주위 약12km인 작은 섬이며, 섬에는 각종 레저시설이 준비되어 있는 곳이다. 12시 30분에 노코노시마 선착장에 도착, 관광안내소 겸 특산물직매장 옆에 있는 식당에서 점심식사를 하고, 오후 1시 35분발 버스를 타고 10분 정도 가니까, 캠프장과 해수욕장이 나타났다. 캠프장에서는 점심때라 그런지 불고기를 굽는 냄새가 코를 찔렀다. 우리도 수영복으로 갈아입고, 바다에 들어가서 수영을 즐겼다. 섬에서 하카타만 일대가 잘 보였다.

나는 일본까지 와서 해수욕을 하게 될 줄은 생각지도 않던 일이라 아주 만족스러웠다. 우리는 5시에 돌아가는 페리를 탔다. 기억에 오래 남을 노코노시마의 하루였다. 오후 6시경, 숙소 근처에 있는 '오호리(大濠)' 공원에 갔다. 이곳은 후쿠오카성(福岡城) 바깥쪽의 연못을 이용 하여 만든, 면적 40만 평방미터의 공원. 연못에 떠 있는 작은 섬과 호숫가가 다리로 이어져 있는데, 이러한 구조는 중국의 시후(西湖)를 모방한 것이며, 이곳 오호리공원은 후쿠오카 시민의 유일한 휴식처이기도 하다. 우리는 여기저기 돌아보고 숙소로 갔다.

8월 1일, 오전 10시경에 '하카타항국제터미널' 에 가서 출국수속을 하고 12시경에 '카메리아(Camallia)' 호에 승선했다. 승무원에게서 들은 이야기인데 카메리아는 동백꽃이란 뜻으로 카메리아호란 이름은 부산시와 후쿠오카시의 시화(市花)가 모두 동백이어서 여기에서 비롯되었다고 알려 주었다.

우리는 오후 7시경에 부산항에 도착, 자갈치에 있는 대어(大漁)라는 일식집에 가서 저녁식사를 하고, 오후 6시 35분발 서울행 KTX를 타고 광명역에서 내려, 주차해 놓았던 차를 타고 집으로 갔다. 이번 4박 5일의 키타큐슈 여행은 정말로 즐겁고 유익한 가족여행이었다.

키타큐슈시에 가다 2

박무희 ●●

2012년 11월 3일에 집으로 한통의 편지가 일본에서 왔다. 내가 초. 중. 고등학교 시절을 보냈던, 일본국 후쿠오카현(福岡) 키타큐슈시(北九州市)에 있는 키타큐슈 시립오쿠라(大藏)소학교의 창립 100주년 기념행사에 초대한다는 내용의 편지였다.

나는 참석하겠다는 답장을 보냈다. 내가 오쿠라소학교 6학년 때가, 서기 1954년이었고, 일본연대로는 쇼와(昭和) 29년이었다. 그해가 오쿠라소학교 창립 40주년이 되는 해이기도 했다.

나는 일본 키타큐슈시(北九州市)에 가기 전에 아시아나항공권 왕복과 키타큐슈레일 패스 5일권을 구입했다. 키타큐슈레일 패스는 큐슈신칸센(九州新幹線)중 JR하카타역에서 JR쿠마모토(熊本)구간과 후쿠오카(福岡), 나가사키(長崎), 쿠마모토(熊本), 오이타(大分), 사가(佐賀)구간의 JR특급, 보통열차를 기간 내에 무제한으로 사용할 수 있는 패스이다.

나는 2012년 11월 30일에 인천국제공항에 가서 출국수속을 마치고, 아시아나항공(OZ132편)에 탑승, 9시 30분에 인천국제공항을 출발하여, 후쿠오카국제공항에 10시 50분에 도착했다. JR하카타역에 가기위해 셔틀버스로 국제선터미널에서 국내선터미널까지 이동, 그곳에서 지하철공항선을 타고 JR하카타역을 향했다. 하카타(博多)는 큐슈(九州)제일의 상업도시로 약 140만명이 거주하는 후쿠오카현의 현청(縣廳)소재지로서 큐슈지역 최대의 도시이며, 일본에서는 5위의 규모를 가진 대도시이다. 후쿠오카시의 중심은 '하카타역' 인데, 하카타라는 지명은 옛날 후쿠오카지방을 '하카타' 라고 불렀었는데, 후쿠오카시의 중심이 되는 '역' 과 '항구' 는 옛 지명을 그대로 살려 사용하고 있다.

나는 하카타역 16시 19분발 JR특급 소닉(sonic)39를 타고 키타큐슈시의 토바타(戸畑)역을 향했다. 키타큐슈시는 1963년 큐슈북동부에 위치한 5개의 도시인 야하타시(八幡市), 토바타시(戸畑市), 와카마츠시(若松市), 코쿠라시(小倉市), 모지시(門司市)의 합병으로 만들어진 시이다. 일본 본섬인 혼슈(本州)의 시모노세키(下關)와 칸몽(關門)대교로 연결되는 교통의 요지이며, 시(市)의 중심역은 대형쇼핑몰과 모노레일까지 오가는 현대식 건물을 자랑하는 코쿠라(小倉)역이다.

나는 키타큐슈시에 있는 특급역인 토바타역(戸畑驛)에 17시에 도착하여, 다시 야하타역에 가기위해 JR보통열차로 환승, 역순으로 에다미츠역(枝光驛), 스페이스와르도역, 그리고 야하타역에서 열차를 내려, 야하타역 뒤쪽에 있는 카메노이(龜井)호텔에 여장을 풀었다.

홀가분한 마음으로 여행을 해본 것은 오랜만에 있는 일이며,

고향에 돌아온 기분 이었다. 나는 키타큐슈시에서 초, 중, 고를 다녔기 때문에 남다른 느낌이 드는 것이 당연한 일이라고 생각했다. 내일은 모교의 창립 100주년 기념행사가 있기 때문에 외출은 하지 않았다.

다음날인 12월 1일 나의 모교인 오쿠라소학교를 향했다. 모교가 보이기 시작하자 학교 담에 '축 키타큐슈시 오쿠라소학교 창립 100주년' 이라고 쓰인 현수막이 보였다.

학교 정문에는 '축 창립 100주년 신교사 낙성기념식전' 이라는 입간판이 세워져 있었다. 오전 10시 30분부터 학교 체육관에서 100주년 기념식이 시작되어, 국가 제창, 학교장 인사, 교육위원회 교육위원장의 축사와 오쿠라소학교 4, 5, 6학년 재학생의 교가제창으로 기념식은 끝나고, 축하회장소인 야하타로얄 호텔로 자리를 옮겼다. 2층 축하회장 앞 로비에서는 축하회에 참석하는 분들의 회비를 받고 있었다. 시간이 돼서 축하회장으로 들어가자 안내원이 지정좌석으로 안내해 줬다.

식순에 따라 개회인사말, 기념사업위원회 회장인사, 학교장인사, 이어서 내빈축사 순서에서 한국에서 간 나에게도 순서가 돌

• 10 창립100주년 현수막

• 행사

아와 축사를 하게 되었다. 축하회는 화기애애한 분위기 속에서 오후 3시경에 끝났다. JR하카타역에 오후 8시경에 도착, 치쿠시출구(筑紫口)에 있는 '선 라이프' 호텔에 방을 잡고, JR하카타 시티에 있는 하카타 일번가에서 저녁식사를 하고 호텔로 돌아갔다.

12월 2일(일) JR특급 '유후인노모리(由布院の森)' 승강장으로 갔다. 유후인은 전에도 가본 적은 있었지만 갈 때마다 버스로 가게 되어 이번에는 반드시 유후인노모리를 타기 위해 미리 유후인노모리를 예약해뒀었다. JR특급 유후인노모리 그 이름은 '유후인의 숲' 이라는 의미로, 열차의 색깔도 초록색이고 인테리어에도 나무를 주로 사용하여 마치 숲속 별장에 온 것 같은 공간을 연출 하고 있는 특급열차이다. JR하카타역 9시 20분발 JR특급 유후인노모리를 타고, 유후인을 향했다.

가는 도중 히타(日田)역을 경유 하는데, 히타는 예전에 에도막부(江戸幕府)의 직할지가 되어, 큐슈의 경제의 중심으로 번영한 곳이다. 히타역에서 유후인으로 가는 도중 오른쪽 산기슭에 2중 3중으로 포개져서 낙수하는 지온노타키(慈恩瀑布)가 매우 인상적이었다. 전원의 경치를 차창을 통해서 감상하다보니 어느새 유후인이 가까워졌다.

11시 28분에 JR유후인역에 도착했다. 유후인은 온천지로 유명한 곳이다. JR유후인의 역사(驛舍)는 오이타현 출신의 세계적 건축가 '이소자키 아라타' 가 설계한 모던한 목조건물로 유명하다. 건물은 크지 않지만 안으로 들어가면 높이 12미터의 로비가 시원함을 느끼게 한다.

• 유후인역

• JR하카타시티

유후인의 심볼인 킨린코(金鱗湖)는 유후인의 대표적인 볼거리로 둘레가 약 400미터 정도 되는 작은 호수 이름이다. 호수의 잉어가 수면 위로 뛰어오를 때 석양을 받아 금빛으로 반짝인다 해서 킨린코라는 이름이 붙여졌다. 특히 하게도 킨린코는 호수의 밑바닥에서 차가운 물과 온천수가 동시에 솟아나온다. 그래서 새벽녘이나 일교차가 큰 날에는 수면위로 물안개가 자욱하게 피어오르면서 환상적인 분위기를 연출 한다고도 한다.

JR유후인역에서 킨린코까지 이어지는 도로인 유노츠보카이도(湯之坪街道)를 따라가면 좌우에 음식점과 선물가게가 모여 있는데, 유후인관광의 중심이 되는 곳이다.

유후인역에서 얼마 머지 않는 류안(龍庵)이라는 음식점에 들어가서 점심을 먹었다. JR유후인역 14시 41분발 JR특급 유후3호 열차로 JR오이타역에 가서, JR하카타역 직행특급열차인 소닉44호에 갈아 타고, 벳푸(別府), 나카츠(中津), 유쿠하시(行橋), 코쿠라(小倉)를 경유 JR하카타역에 19시 30분경에 도착, 내일의 준비도 있고해서 일찍 호텔로 돌아갔다.

• 신칸센

• 쿠마모토역

12월 3일(화) JR하카타 9시 15분발 신칸센 사쿠라 541호를 타고 쿠마모토로 향했다. JR쿠마모토역에 9시 50분에 도착했다. 쿠마모토현(熊本縣)은 큐슈의 중앙에 위치해 있어 모든 현과 맞닿아 있고, 동쪽으로는 벳푸(別府), 서쪽으로는 나가사키(長崎)로 갈 수 있는 큐슈 횡단 고속도로가 지나는 큐슈의 동서남북을 잇는 교통의 중요 거점이다.

또한 쿠마모토현의 중심도시인 쿠마모토시는 큐슈에서 3번째로 큰 도시로서 후쿠오카에 이어 정치, 경제, 문화의 중심지로 발달되어 왔고, 쿠마모토성과 스이젠지공원(水前寺公園) 등 많은 역사적인 유물들을 간직한 현대와 전통이 잘 조화된 도시이다. 또한 이곳 쿠마모토현에는 세계제일의 칼데라 화산인 아소산(阿蘇山)이 위치하고 있어 화산활동을 간접적으로 체험 할 수 있는 곳이다.

JR쿠마모토역사도 새로이 멋지게 세워진 건물이며, 역사 앞을 노면전차가 지나가는 것이 보이는데, 쿠마모토시가 운영 하는 전차이며, 2개의 노선이 운영되고 있다. 옛날 전차의 모습부터 최신 전차의 모습까지 다양한 종류의 전차를 보는 재미도 여행을 즐겁게 한다.

다시 큐슈신칸센 사쿠라 552호를 타고 12시 2분에 JR하카타시티에 도착, 12시 19분발 코쿠라행 JR특급 소닉23호를 타고, 코쿠라역에 13시 6분에 도착, JR보통열차로 환승하고 모지항(門司港)역에 13시 46분에 도착했다. 모지항은 1889년 개항 이후 혼슈와 큐슈를 잇는 교통의 요지이자 키타큐슈의 공업력을 배경에 둔 해외무역항으로서 번성했다.

지금은 항구로서의 기능보다 근대 건물들을 잘살려낸 재개발로 다시 태워난 모지코 레트로가 인기 관광지로 각광을 받고 있다.

또한 일본에서 가장 큰 섬인 혼슈와 큐슈 사이에는 칸몽해협(關門海峽)이 있는데, 해협 위로는 길이 1068미터의 칸몬대교가 있고, 바다 아래로는 일본 최초의 해저터널(길이 780미터)이 지나가는데 모지코에서는 하루 500엔에 전기자전거를 빌려 주는데, 이 자전거를 타고 해저터널을 건너 시모노세키(下關)에 가볼 수 있는데, 사람은 통행료가 없지만 자전거는 20엔의 통행료를 내야한다. JR모자항에서 도보로 4~5분 걸어가면, 칸몬페리의 승선장이 나온다. 14시 20분에 페리를 타고 관문해협을 건너, 시모노세키에 있는 카라토(唐戸)선창에 14시 27분에 도착했다.

일단 카라토시장에 가 보았는데, 철시한 뒤였다. 시장에서 나와서, '후쿠노세키' 라는 식당에 들어가 칸몽해협을 바라보면서 복어회와 생선튀김을 먹었다. 식당 주인에게 카라토 시장에 대해 물었더니 주인이 말하기를 카라토시장에서 여유 있게 물건을 사려거든 오전 9시 정도에 오면되고, 카라토시장에서는 금, 토,

• 카와토리시장

• 후쿠노세키

일과 경축일에 '이끼이끼바칸가이(싱싱한馬關街)' 라는 이벤트를 하는데, 생선초밥과 해물덮밥을 중심으로 복어회, 튀김을 파는 포장마차가 늘어서는데, 그때를 이용하면 좋을 것이라고 가르쳐 줬다.

그리고 카라토시장은 1933년에 개장한 수산시장으로 2001년에 현대적인 시설로 재 개장 한 후 더 많은 인기를 얻고 있다고 했다. 그리고 이 지역은 복어유통량이 가장 많는 곳이라서 복어를 정식명칭인 후구라고 부르지 않고, 복이 온다는 뜻으로 일부로 '후쿠(福)' 라고 부른다고 가르쳐 줬다. 16시에 역순으로 가다 보니 JR하카타역에 17시 20분경에 도착하여 JR하카타시티안 마인드에 있는 요카타이라는 다치노미집에서 요기를 하고 호텔로 갔다.

12월 4일(화)오늘은 하카타근교인 요시즈카(吉塚)에 사는 이모 집에서 형제자매가 한자리에 모이기로 한 날이다. 요시즈카에 가니까, 여섯 명이 모여 있었다. 맏형이 나보다 네 살 위인데 보통은 형님으로 호칭하고, 형님은 내게 다께짱이라고 부른다. 생선초밥 특을 7인분 주문하니까 직경 45센치 정도의 둥근 나무

쟁반 두 개에 생선초밥이 가득 들어 있었다.

우리는 환담을 하면서, 즐거운 시간을 보냈다. 둘째형의 출가한 딸이 나에게 여기서 얼마 멀지않은 좋은 온천이 있는데 가보겠냐고 해서 가기로 했다.

온천 이름이 '만요노유(萬葉の湯)' 이다. 만요노유는 하카타에 있는 온천마을인데, 큐슈를 대표하는 온천마을인 유후인과 다케오 온천의 천연온천수를 이용해 운용하는 초대형 온천시설이며, 관내에는 대형 온천시설을 비롯해 레스토랑, 에스테틱, 휴게실, PC방 등의 시설이 있고, 호텔도 갖추고 있는 곳이다. 만요노유를 알게 된 것이 내게는 행운이라 생각되었다. 다음에 하카타에 오게 되면 만요노유에 꼭 와야겠다고 마음속으로 다짐했다. 오늘은 일본에 사는 친척과 만나 함께 즐거운 식사를 하였고 내 마음에 꼭 드는 새로운 온천도 알게 되어 행복했다.

우리 일행은 만요노유에서 2시간정도 온천을 하고 둘째 형수

• 가족사진

와 다마미 양과 작별인사를 하고, 사또 내외가 승용차로 호텔까지 바래다 줬다.

12월 5일(수) 오늘은 한국으로 돌아가는 날이어서 짐정리를 하고, 후론트에 여행가방을 맡기고, JR 하카타 시티의 하카타 출구에 있는 버스터미널에서 오전 9시 50분에 출발하는 「후쿠오카타워」경유 버스를 타고 후쿠오카 타워 앞에서 내렸다. 후쿠오카타워 입장료는 800엔인데 경로우대로 500엔을 내고 입장했다. 후쿠오카타워는 총 높이 234미터의 해변타어로서는 일본 최고, 지금은 후쿠오카의 심벌로서 자리잡고 있다. 지상 123미터에 있는 최상층의 전망실에서는 후쿠오카의 시가지, 하카타만, 세후리산 등 360도의 파노라마를 즐길 수 있어서 참 좋았다.

도시고속버스 306번을 타고 JR 하카타시티를 갔다. 9층에 있는 「T죠이 하카타」영화관에서 오후 2시에 상영하는 「키타노카나리아타치(북녘의 카나리아)」를 보기 위해 표를 살까 하니까, 경로우대로 1000엔이라 해서 2~3백원 싸게 해줬다. 요시나가 사유리(吉永小百合) 주연 영화였다. 오후 4시 10분에 영화가 끝났다.

다시 썬라이프 호텔의 후론트에 가서 맡겨 두었던 여행가방을 찾고, 오후 5시 10분에 후쿠오카 국제공항에 도착, 출국수속을 마치고 출국시간을 기다리고 있었는데, 공항방송에서 한국의 인천국제공항이 폭설로 인하여 공항이 마비되어 2~3시간 지연될 것이라는 내용이었다.

원래대로 같으면 후쿠오카 국제공항을 19시 10분에 출발해서 20시 40분에 인천국제공항에 도착할 OZ135 아시아나 항공인데, 인천에 폭설이 내렸다 해서 처음에는 설마 그럴 리가 하고 의

아하게 생각했으나 방송에서 그렇다고 하니 믿을 수밖에 없었다. 아시아나항공 측에서는 1000엔에 해당하는 쿠폰을 발행하여 구내에 있는 매점에서 저녁식사를 할 수 있도록 조치를 해줬다. 나도 매점에 가서 먹을 것과 음료수를 사 먹었다.

22시 20분에 아시아나 항공에 탑승하여 인천국제공항에 오는 도중 스튜어디스가 다가와서 음료수를 드시겠는가 물어왔다. 나는 뭐가 있느냐고 물었더니, 맥주와 막걸리가 있다고 해서 막걸리를 부탁했더니 막걸리와 메밀묵을 가져다 줘서 그것을 먹고 나니 답답했던 기분도 풀렸다.

인천국제공항에는 23시 50분에 도착했다. 공항에서 밖에 나와 보니 천지가 온통 눈으로 덮혀 있었다. 참으로 기막힌 일이었다. 항공회사 측에서 버스를 수배해줘서 부천가는 버스에 편승하고 도중인 인천시청 앞에서 세 사람이 내려 택시를 잡고, 가까운 사람 집부터 가기로 하고 마지막으로 우리 집으로 갔다. 시계는 새벽 2시를 지나고 있었다. 생각해 보니 이것이 인생인가 했다.

오키나와에서 본 고려인의 미소

이덕봉 ●●

인천공항에서 비행기로 두 시간 남짓 날아가면 상하의 섬 오키나와에 닿는다. 구름 사이로 기다란 섬이 신기루처럼 드러난다. 13세기 무렵 삼별초 무인들이 진도에서 이곳으로 옮겨왔다는 증거들이 속출하고 있는 터라 섬의 생김새마저 풀지 못한 한이 서린 칼날이 느껴진다.

한 겨울에 20도가 넘는 따뜻함에 관광객들은 패션쇼에서 다음 워킹을 준비하는 모델처럼 옷을 갈아입느라 분주하다.

주민들은 구운 듯 검고 길쭉한 얼굴에 눈이 크고 표정이 강하다. 삶이 그렇게 호락호락하지 않는 모양이다. 어쩌면 포악한 몽골군에게 쫓기던 삼별초의 한과 태평양전쟁에서 당한 역사가 각인되어 지워지지 않는 것인지도 모른다.

모든 해안이 해수욕장이라 할 만큼 희고 깨끗한 모래밭과 연푸른 해안이 그림 같다. 눈앞에 펼쳐지는 앞바다에서 파도가 일직선으로 하얀 이를 쉬지 않고 드러내지만, 해변에 다다르면 발아래 숨어들어 찰싹인다. 한겨울의 화원은 형형색색의 열대 꽃으로 현란하고, 꽃이 흔한 만큼 생화로 꾸민 장식물이 곳곳에 놓여 있다. 밝은 회색 벽이 태양을 반사하고 흰 색 시멘트로 틈새를 메운 붉은 기와지붕이 짙은 녹색 자연과 어울려 천혜의 휴양지를 연출한다. 홍길동이 찾아갔다는 이상향 율도가 오키나와라는 전설이 어울리는 풍광이다.

낮으면 20도 높으면 60도에 달하는 '아와모리' 라는 독주를 술잔을 돌려가며 마시고, 음주 가무를 즐기는 오키나와 사람들의 성품이 우리네 모습과 닮았다. '에이사' 라는 우렁찬 북춤에선 용맹함이 넘쳐나고, 같은 쪽 손과 발을 치켜드는 춤사위, 북을 치며 둥글게 돌며 뛰는 동작들이 우리의 농악과 흡사하다. 역사적으로 전쟁 경험이 적었을 외딴 섬의 민속춤에 가득한 호전성이 특이하다. 태권도와 유사한 '가라테' 의 발상지가 오키나와라는 것에서도 오키나와의 민속 깊숙이 녹아있는 무인의 기상을 느끼게 한다. 여인들의 춤도 두 손을 어깨 높이로 들고 눕힌 8자를 그리듯 반복하는 모습에서 우리네 할머니들의 춤사위를 보는 듯하다. 지연 사회인 일본 본토와는 달리 3대가 함께 사는 혈연사회이고, 문중이라는 집안 조직이 있고 장남이 부모를 모시는 풍습이 친숙하다. 매달 음력 보름에는 '모아이' 라는 친족간의 계모임으로 섬 전체가 술렁이고, 결혼식은 일가친척들로 붐빈다. 민속씨름도 우리와 비슷하고 '오오츠나히키' 라는 줄다리기는 경남 의령의 '큰줄땡기기' 를 옮겨 놓은 것 같다. 주고받는 진한 농담이 이웃처럼 친근하다.

15세기에 성립된 '류큐왕국' 의 '수리성' 은 전체적으로 붉은 색깔이 이국적이다. 기왓장에는 고려 장인의 이름이 새겨져 있고, 기왓장의 문양은 진도의 용장산성에서 출토 된 것과 똑같다. 막새의 한 가운데에 둥근 씨방이 있고 주위에는 아홉 장의 연꽃잎을 돋을새김하고 그 바깥쪽에 연속 점무늬를 새긴 고려의 기와가 출토 된 것이다. 수리성의 성문과 진입로는 한참 뒤인 임진왜란 무렵에 정립된 일본식 성곽 구조를 닮았고 실내에도 몇 세기 뒤에 형성된 다다미를 깔아 차실을 만드는 등 일본 본토의 성곽구조를 덮어씌운 모습이 역력하다. 출토된 유물들이 말하듯 삼별초가 류큐왕국의 성립에 관련이 있었다면, 진짜 류큐왕궁의 모습은 지금과는 전혀 다를 것임에 틀림없다.

오키나와는 집집마다 입구에 수호신인 '시-사-' 한 쌍이 놓여 있다. 이 동물상은 본토 신사 입구에 놓인 '고마이누' 와 닮았다. '고마이누' 란 '고려 개' 라는 의미이다. 고려의 삽사리는 귀신과 액운을 쫓는 영물로서 신라시대부터 길러 오던 개이다. 그런 고려개가 오키나와에선 시-사-라는 이름으로 가정을 지키고 있는 것이다. 시-사-라는 명칭은 삽사리와 /s/와 /a/음이 연속되는 공통점에서 삽살개와 음운적 연결 고리를 갖는다. 현지에서는 사자라고 해석하지만 암수의 갈기 모양이 같은 점이 사자와는 다르고, 개의 입과 꼬리 모습이 사자일 수 없으니 어린아이도 알아볼 만큼 삽사리의 형상에 가깝다.

집안에는 제주의 허벅을 닮은 불그레한 옹기가 놓여있고, 변소에 연결된 돼지우리에서 기른 흑돼지를 식용으로 하는 등 제주의 생활 모습도 낯익다.

오키나와현의 현목은 소나무이다. '류큐송' 은 가지가 비껴 위로 벌린 팔처럼 힘이 솟는다. 고래로 류큐왕국은 일본이 아닌 중국 고려와 교류하였고, 임진왜란 때에도 일본의 협력 요청을 거부하였으며, 지금도 한일전에서는 한국을 응원하고, 놀기 좋아하는 정서까지 닮았다.

여행자의 눈에 이런 모습들이 보이는 것은 피의 끌림 때문일까, 풀어야 할 수수께끼가 아닐 수 없다.

비오스의 언덕을 비롯한 여러 식물원에는 열대에서 아열대에 걸친 식물들이 다채롭다. 쪽빛 바다 속에는 갖가지 산호초가 가득하고 형형색색의 열대어들이 평화롭다. 온 섬이 천연색 그림이다.

돌담장 모퉁이를 돌면 일본인의 가면을 벗고 고려인이 생긋 웃으며 반길 것만 같다. 떠나오는 발길이 아쉽고 자꾸만 뒤를 돌아보게 되는 건 왜일까.

곽영철 · 정년 이후 내가 걸어온 길

4

일궈온 이야기

청운의 꿈을 좇아 세월을 크게 묶어

황무지를 일궈온 이야기

정년 이후 내가 걸어온 길

곽영철 ●●

1

오랜동안 교직생활을 해 온 나에게는 3월이라는 달은 특별한 의미로 다가오고 또 맞이하곤 하였다. 신학기부터 진행할 강의, 연구 계획 등에 대한 문제도 있긴 하지만 무엇보다도 가슴 설레이게 하는 것은 새로 들어오는 입학생들에 대한 희망과 기대이다.

세상에 어느 만남이나 다 소중하지 않은 것이 없겠지만 사제지간의 만남은 정말 특별한 인연이라 생각한다. 어떻게 나는 이 학교에 근무하게 되었고 또 학생들은 이 학교 이 학과에 입학한 것일까. 운명적으로 특별한 인연이 아닐 수 없다.

입학생들은 장래에 대한 희망과 설계를 가지고 들어오기 때문에 그 기쁨은 각별할 것에 틀림없다. 이들은 혹 뜻하고 있는 대학이 따로 있는데 자신이 없어 포기하고 이 대학을 지원한 경우도 있을 수 있고, 애초부터 이 대학을 목표로 입학한 학생들도 있을 수 있다. 그 모두가 입학의 기쁨은 큰 것이지만 대학 4년간 무엇을 어떻게 배우고 무엇을 익혀서 어떠한 인격체가 형성되어 나오느냐가 가장 큰 문제인 것이다.

나는 언제나 이들에게 강조한 것이 입학의 기쁨은 큰 것이지만 졸업에 대한 기대와 기쁨이 당연히 더 커야하고 그보다 긴 인생을 살아가면서 이 대학, 이 학과를 나오기를 참 잘했다는 내 삶에 정말 큰 도움이 되었다는 그런 자부심과 긍지를 가지고 생활 할 수 있다면 그 기쁨이 정말 진정한 기쁨이고 그래서 학창생활을 열심히 해야 된다는 것을 강조하곤 했다. 그러한 생활을 예비하기 위한 대학 생활이 되어야 한다는 신념이다. 그런 생활인을 양성해야 하는 대학 교수들의 책임 또한 막중한 것이라 생각된다.

대학이란 무엇이고 대학생이란 무엇인가? 시험 잘 보는 기술자로 교육받은 이제까지와는 달라야 한다. 이제부터 대학생은 여러 사회 현상에 대하여 주체적으로 생각해야 되고 자기의 견해와 의견에 의해서 행동하여야 하고 그 행동에 결과에 대하여 한 인간으로서 책임을 지는 그러한 용기와 태도를 대학에서 확립해야 된다고 생각한다.

이러한 입장에서 보면 그간 미성숙의 시간이었던 신분에서 하나의 주체적인 인간으로서의 비약의 시기이고 비약하고자 하는 시기라고 생각된다. 물론 전문적인 교육도 받는 시기이지만 무엇보다도 책임지는 인간으로서의 비약되어야하는 시기이다. 자기 자신의 머리로 현실을 인식하고 현실적인 문제를 주체적으로 생각하고 처신하는 다시 말하자면 시험제일주의의 현재까지의 교육에서 벗어나 자신의 머리로 주체적으로 생각하고 자발적으로 여러 문제에 대한 자기 의견을 갖는 자기 책임 하에 행동하여야 한다. 그러한 교육을 하고 싶고 그런 제자를 배출하고 싶었다.

타인의 이론을 빌려 생각하고 기존의 지식이나 이론을 익히는 것을 가볍게 보는 것이 아니라 현재의 우리나라의 상황은 타인의 머리, 타인의 생각의 소산의 침투력이 현저하게 강한 반면 개인적인 것은 정말 빈약한 존재인 것이 현재의 상황이라 생각한다. 현재 한국사회가 잃어가고 있는 자아적인 것, 개성적인 것의 그 불가침의 존엄과 자기 머리로 생각해야 된다는 것의 중요성을 되돌렸으면 하는 것이 나의 교육 신념이었다.

각자의 전문적인 입장에서 사회를 적확하게 보는 눈과 냉정히 비판할 줄 아는 눈, 그래서 사회의 모순을 적출하는 이론과 안목을 키워야 된다고 생각한다. 나는 이것이 대학의 본래의 임무이고 연구와 비판의 자유, 이를 필사적으로 지켜야하는 것이 대학 존재의 이유라 믿고 있다.

이런 신념으로 우리나라의 정치적, 사회적, 격동기에 나는 학생들과 생활했고, 강의했고, 수많은 학생을 입학시키고 많은 인재들을 사회에 배출했다고 자부하고 있다. 이렇게 자부와 긍지, 희망과 기대에 넘치던 내 생활의 3월이 2000년 3월은 그것이 아니었다.

모든 설계와 계획의 시작으로 인식되던 3월이 또 그렇게 돌아가고 있는 내 주변과 달리 2000년 3월은 나만이 모든 것을 정리하고, 마감하고 끝내야 하는 3월이었다.

정년이라는 것은 단지 지금까지의 강의, 학교를 접고 마감한다는 직장, 직업을 그만둔다는 것 이상의 인생 자체에까지도 회의가 느껴지는 말할 수 없는 실의와 허탈에 빠지게 하는 이제까지 느껴보지 못한 새로운 현실이었다.

물론 새로운 인생의 시작이니 새로운 인생을 설계해야 된다고들 하지만 그게 그렇게 말 같이 되는 쉬운 일인가. 그런데 다행스럽게도 나는 학교의 배려로 자매 결연을 맺은 일본의 동해 대학에 4월 신학기부터 1년간 특임 교수로 근무하게 되어 그 준비 등으로 바쁜 일정을 보내게 되어 리듬이 깨진 3월을 그런대로 견뎌내고 또 새로운 일본에서의 신학기를 기대하며 한 없이 약해졌던 당시의 마음을 추스릴 수 있었다. 총장님도 정년을 1년 연장된 것이라며 축하를 해 주셨고 그래서 또 다른 희망을 가지고 4월 초에 동해 대학에 부임하게 되었다.

학교에서는 숙사도 준비해 주었고 해서 좋은 환경속에서 가족과 같이 동경 생활이 시작되었다. 옛날 어려웠던 동경 유학 생활을 생각하면 미꾸라지 용 된 신분과 기분으로 생활에 불편 없이 1년을 지내게 되었다. 강의 맡은 학생들이 학부생들이었지만 소수인 클래스에 자기가 선택한 과목이어서인지 꽤 열심히 듣고 따라 주었다. 수업 시간도 많지 않아 주말에는 학교에서 그리 멀지 않은 곳에 있는 온천지대인 하코네에 자주 들러 주말을 보냈다.

특히 여름 방학과 겨울 방학에는 내가 한국에 가는 것이 아니라 외손녀 희정과 연정이 저들의 부모와 함께 일본에 와서 이들을 데리고 여기 저기 여행하고 구경도 하며 재미있게 1년이라는 세월을 보냈다.

2

1995년 한국 일본 학회가 부산 동서 대학에서 개최되었다. 나는 "언어를 통해 본 일본" 이라는 제목으로 강연을 했는데 종래의 서울에서 개최되었던 대회 때와는 매우 다른 모습을 발견하고 느끼게 되었다.

우선 학회 참가자 전원에게 동서 대학에서 점심 식사를 제공해 주셨다. 기왕에는 학회를 열어도 해당 대학에서 장소 제공에 끝났지 학회 참가 전원에게 식사 대접까지 해주는 대학은 거의 예가 없었다. 교수 식당에서 꽤 정성이 깃든 음식을 대접 받았고 강연이 끝나고 나니 내가 강의한 내용을 녹음한 테이프를 전달 받았는데 전혀 예상하지 못한 일이었고 이런 저런 준비가 완벽에 가까워 학회를 성공적으로 마칠 수 있었다. 이 준비가 모두 일문과 소속 김대식 교수의 활약임을 알게 된 나는 그 친절성과 성실함이 단연 돋보여 김 교수에 남다른 관심을 갖게 되었다. 듣자하니 그는 학교에서 학생처장, 총장 비서실장 등의 요직을 거쳤고 부임이래 오전 7시 이후에 출근해본 적이 없을 정도로 부지런하고 성실한 교수였다고한다. 김 교수의 그간의 학교에 대한 노력과 신용이 있기에 우리 학회에 그런 대접을 해주었을 것이라고 짐작할 수 있는 일이었다.

그 후 이런 저런 관계로 김 교수와 나는 자주 만나게 되었다. 사람과 사람과의 교제가 한두 번 만나고마는 그런 매력이 없는 사람들도 허다한데 우리는 만날수록 서로 이해가 깊어지는 좋은 관계가 지속되었다. 사람을 평가하는 눈은 대개 같은 모양이다.

이명박 대통령이 입후보 전에 부산에 강연을 왔다가 김 교수를 만났는데 대통령 입후보를 하면서 그의 능력을 믿고 김 교수에게 꼭 와서 도와달라는 요청이 있었다. 그러나 대학교수가 마음대로 움직일 수 있는 것인가. 결국은 총장이 가서 도와드리라는 말을 들은 뒤에야 선거 캠프에 합류하였다. 총장님도 여당의 유력한 후보가 사람을 보내달라는데 그리 싫지 않았으리라 믿어진다. 조직의 명수라는 말을 들을 정도로 열심히 뛰어 전국을 몇 바퀴 돌정도로 활동하여 결국 대통령에 당선되었다.

당선 후 대통령 인수위원회가 조직됨에 따라 김 교수는 장관급 인수위원으로 활동하게 된다. 김 교수가 괄목상대할 정도의 활약을 하게 되어 내 주변에도 김 교수와의 관계를 아는 사람들이 이런 저런 부탁 좀 해주었으면 하는 말들이 많았지만 그의 정치 행보에 지장이 초래될까 나는 일체를 차단, 거절하였다.

신문에는 장관 물망에도 여러 번 오르고 하더니 결국은 평통자문회의 사무처장에 취임했다. 취임 후 얼마 되지 않아 김 차관을 중심으로 주변 인사들이 노블레스 오블리주 정신을 발휘하고 거시적인 안목으로 통일 한국을 준비해야 된다는 명분으로 재단 법인 코리아 미래재단을 설립하게 되었다. 나는 그 초대 이사장에 취임하게 되었는데 이미 오래 전에 정년을 하여 나이도 들었고 또 이 방면을 연구해본 적도 없어 사양했지만 결국은 일은 젊은 자기들이 하겠으니 그저 상징적으로 맡아달라고 해서 다른 것은 몰라도 운영만은 공정하게 하겠다는 명분으로 취임하게 되었다.

2차 세계대전 이후 아시아, 아프리카, 중남미에 걸쳐 130여개의 신생국가가 우후죽순처럼 탄생했지만 그런 국가 중에서 지난 60여 년간 산업화, 민주화를 거치면서 빛나는 정치, 경제적 성공의 역사를 쓴 나라는 우리 대한민국 밖에 없다.

그러나 우리의 현실은 어떤가. 전 세계 유일한 분단국으로 현재 핵의 위협과 국론분열이라는 심각한 우려를 낳고 있는 상황이다. 독일의 통일 사례에서 한반도의 상황을 대입시켜 보더라도 준비되지 않은 통일은 오히려 국가 운명에 치명적인 악재가 될 수 있다는 것을 예측할 수 있다.

이러한 상황 속에서 우리는 언제 통일이라는 역사적 쓰나미를 대면하게 될지 예단할 수 없다. 이런 때 일수록 거시적 안목을 견지하여 통일 한국을 준비해 나가야 한다고 우리들은 생각했다. 코리아 미래재단은 준비된 통일이라는 시대적 과제를 미션으로 삼아 그 중심체 역할을 하려고 하며 통일을 위한 다방면의 학술적 연구와 지원, 시의적 상황에 맞는 인도적 대북지원 사업, 교육사업, 사회봉사 캠페인 등을 주도적으로 이끌어 통일 여론을 조성하며 또 750만 해외동포 사회와의 활발한 교류협력을 통해 국제적으로 통일에 대한 긍정적인 여론 형성에 앞장서려고 한다는 취지와 아울러 통일의 선결조건인 대한민국의 화합을 위한 사업들을 기획해 우리의 만연된 갈등요소들을 대한민국이라는 용광로에 하나로 녹여내는 국민운동의 실체로서 역할을 하려는 포부로 출범하게 되었던 것이다.

급변하는 정세는 우리의 종합적이고 거시적인 전략을 필요로 하고 있다. 우물 안 개구리처럼 협소한 한반도 수준에서 통일과 세계질서의 변화를 바라보거나 또는 냉전적, 이분법적인 이론으로 한반도 문제에 접근한다면 우리는 결코 통일을 이룰 수 없고 글로벌 선진국가라는 목표에 도달할 수 없다고 생각한다.

시의 적절한 전략이 없이는 한민족의 공동번영은 요원할 뿐이다. 요즘과 같은 전환기에는 국제정세를 보는 새로운 관점과 문제의식이 필요하고 이러한 문제의식은 실천적 프로그램으로 구체화되게 설계 되어야 한다고 믿는다. 우리 재단은 다양한 학술 활동을 통해 한반도를 둘러싼 정세변화를 올바르게 이해하고 우리 사회를 견인할 수 있는 새로운 관점을 제기하려고 한다. 또한 수사에 그치지 않고 활발한 남북 교류 밑 각종 지원 사업을 통해 현재 우리나라의 이념이 아닌 실천을 위한 제언을 한다는 것이 우리 재단의 설립 취지이며 이러한 취지 하에 코리아 미래재단은 설립되었다.

3

우리 재단이 수행하고 있는 중요한 분야 중 하나가 학술세미나인데 그 첫 번째 세미나를 하이원 리조트에서 2박 3일 일정으로 남북관계 전문 학자 30명을 초청, 끝장 토론회를 개최하였다. 다양한 견해를 지닌 남북관계 전문가들이 넥타이를 풀어 놓고 토론을 벌인 것이다.

대개 그 이론과 실천면에서 크게 보수와 진보로 갈리는 이 분야는 보수는 보수대로 진보는 진보대로 많은 토론회가 열려 각각의 의미 있는 결론을 내고 있지만 진보와 보수가 한 자리에 모여 이렇게 끝장 토론을 갖는 다는 것은 그리 흔한 일이 아니다. 남북관계의 탁월한 통찰력을 갖고 있는 쟁쟁한 이론가들이 각자의 입장에서 의미 있는 목소리를 내고 있는 학자들이지만 통일 정책만큼은 견해의 차이로 치열하게 대립하더라도 결국 실행 단계에는 국익을 위해 한 목소리를 내야 한다고 나는 생각한다.

국익 앞에 여야가 따로 없어야 하는 것이 아닌가. 세계 선진국들이 다 그렇다고 생각한다. 나는 이런 자리가 백가쟁명식의 논의만 무성해서 결론을 내지 못하더라도 괜찮다고 생각하며 이런 자리 자체를 마련해주는 것이, 그래서 함께 논쟁을 할 수 있다는 것이 우리 사회의 적절한 갈등과 분열의 수습을 할 수 있는 의미 있는 일이라 믿고있다.

이 날은 사회의 관심도 커서 각 언론사에서 취재를 나와 우리

대학 사회의 학술 토론회에서는 볼 수 없는 기자석까지 따로 마련했고 토론 내용은 시시각각으로 전 세계로 타전되어 방금 전의 토론 내용이 기사화되어 나오는 것을 목격하게 되었는데 무엇보다도 통일문제와 남북관계에 대한 관심을 끌고 비중 있는 학자들이 참석했기 때문이라 여겨진다.

정통하고 해박한 지식을 갖춘 이 방면의 전문가들이 함께 다양한 의견을 교환하고 결과를 통일국정에 반영하는 계기를 갖게 되어 큰 보람으로 느껴졌다. 이날의 세미나의 결과는 정책입안 당국에도 보고되었다.

또 하나 국회 외교통상 통일위원회 박진 위원장과 공동주최로 국회에서 '한반도 정세 변화와 남북관계' 라는 주제로 정책세미나를 가졌던 것은 여간 뜻 깊은 일이 아닐 수 없었다. 발족한지 얼마 되지 않은 우리 재단이 이런 큰 모임을 갖게 되어 기쁘거니와 특히 이날 세미나에서는 평통자문위원님들을 위시하여 300여명이 넘는 청중이 모였다. 또한 바쁜 정기 국회 일정임에도 불구하고 이 세미나를 축하해주기 위하여 많은 국회위원들이 참석해 주었고 김형오 국회의장님, 정몽준 한나라당 대표님, 통일부장관님까지 참석하시어 안보전략연구소 남성욱 박사의 사회로 진행되는 세미나를 경청해 주시었다.

대학 교수인 나는 이런 류의 세미나를 처음 개최해보았고 더구나 주체자로서 인사말을 하게 되어 여간 가슴 벅참을 느끼었다. 특히 국회의장, 한나라당 대표께서는 축사까지 해주시어 여간 고맙게 생각했다. 이 세미나를 기획해준 김 차관과 박진 의원,

참석 학자들과 식사자리에서 매년 한 번씩 공동개최를 하자는 약속을 하였는데 이런저런 이유로 아직 이루어지지 않고 있다.

4

우리는 남북의 정세가 좀 호전되기까지는 우선 학술강연과 세미나 그리고 장학 사업에 치중키로 하고 있는데 조찬모임에 특히 힘을 기울이고 있다. 거의 매 월 정부의 장관들을 초청, 현안문제 내지는 그들이 주도하고 있는 시책 내용의 설명을 들었다. 연사로 나온 장관들도 그 바쁜 공무 중에 시간을 쪼개어 참가하고 있는 것인데도 비교적 좋아하시고 또 아직 강연을 하지 않은 장관들은 이 조찬회가 재미있다는 말을 듣고 내 차례는 언제냐는 농담까지 나올 정도로 인기 있는 조찬회였다. 또 우리 회원들도 그들과 만나고 시책 내용을 듣는 것은 비교적 관심이 컸고 또 국정의 이해를 깊게 하였고 국론통일에도 크게 이바지하고 있다고 믿고 있다.

모임에는 대개 150여명 전후였는데 4,50대가 거의 전부였고 더러 흰머리가 보이는 60대 몇몇 분이 계셨지만 정년이 10여년이나 넘은 머리가 하얀 나이든 사람은 나 혼자 뿐이었다.

참가자들의 직업은 다양했지만 모두 이 나라의 지도자들이었다. 교수, 정치인, 사업가, 공공기관장, 은행장 등과 각 기관의 감사, 감사분들이 비교적 많은 것은 이들이 새 정부 들어 임명된 새로운 주류들이란 특징일 것이다.

그런데 문제는 좌석 배치였다. 교수 사회에서는 느껴보지 못한 전혀 다른 현실이었다. 앞자리에 8, 9명이 앉을 수 있는 곳이 소위 이야기하는 헤드테이블인데 여기에 앉을 분의 배치를 잘못하면 문제가 커질 수 있어 사회적인 신분을 의식하지 않을 수 없었다. "아무개가 저기에 앉아 있는데 내가 여기에 앉아?" 이런 광경이 발생하게 되면 큰 낭패가 아닐 수 없다.

그래서 헤드테이블에는 명패를 놓고 다른 자리는 오시는 순서대로 자유롭게 앉을 수 있게 하였는데 헤드테이블에 앉을 분을 선정한다는 것이 우리로서는 가장 큰 고역이었다. 나는 목근회 회원님들을 한 번 초청하고 싶어도 아침 일찍 나오는 것도 문제지만 이 노교수들이 참석하면 이들의 자리마련에 자신이 없어서 아직 실행에 옮기지 못하고 있다.

그런데 나로서는 아침 7시부터 시작하는 조찬회가 너무 일러서 시간을 맞추는 일이 가장 어려운 일이었다. 일생동안 내 편리한대로 강의 시간을 짜고 아침 느즈막히 출근하던 것이 몸에 베여서 아침 일찍 일어난다는 것은 나로서는 정말 힘든 일이 아닐 수 없었다. 조찬회가 있는 전날 밤은 밤 3시 4시 경에 눈을 떠도 다시 자지 못하고 아침을 기다렸다. 잠들었다간 그 시간에 일어나지 못할 까봐 뜬 눈으로 잠을 설치곤 하였다. 이렇게 조심을 했는데도 딱 한 번 실수를 했다. 지식경제부 장관을 초청한 날인데 플라자 호텔 22층에 도착하니 이미 강연이 끝나 기념촬영까지 마친 상태였다. 마지막에 있는 기념품 증정을 내가 해야 하는 것이었지만 미안한 마음에 다른 분에게 대신 증정해달라고 부탁한 적도 있다.

우리는 기본적으로 조찬 강연인데 연사의 사정으로 딱 한 번 만찬을 가진 것이 있다. UN재단 티모시 워스 전 연방 상원위원께서 한국을 방문하였을 때였다. 티모시 총재의 초청 강연은 우리 재단에게는 뜻 깊은 의미와 내용을 갖고 있다. 우선 세계적 명성을 갖고 있는 UN재단은 UN과 협력관계를 구축하고 다양한 활동을 전개하고 있는 재단인데 CNN방송 창립자인 테드 터너 회장이 10억 달러를 기부하여 설립한 재단이다.

이 재단의 효과적이고 광범위한 활동에 감동을 받은 많은 기업들과 정부 투자기관들의 기금 출연이 있어서 지금까지 20억 달러의 구호기금으로 아동 보건, 세계유산보존, 에너지, 기후변화, 양성평등과 권익신장 등 UN지원 사업을 집중적으로 수행해온 세계적 기관이다. 그리고 UN 재단은 여러 조직들과도 협조 관계를 구축하고 있다. 마드리드 클럽, 국제 로터리클럽, 국제 농업발전기금, 세계 무역기구인 WTO가 대표적이고 이외의 수많은 기업들의 협조와 지원을 받고 있는 재단이다.

반기문 UN사무총장 산하에 있는 UN재단과 우리 재단의 협력 관계를 통해 활동의 폭을 넓히기 위하여 협력관계에 대한 MOU를 체결하게 되었다. 그래서 이 날 업무협약식을 갖고 서명식 뒤에 그의 강연을 듣고 만찬을 갖게 되었다. 설립한지 얼마 안 되는 우리 재단이 세계적인 UN재단과의 MOU는 우리나라에서는 유일하고 우리가 비교되지 않은 정도로 빈약하지만 앞으로의 활동에 기대하는 뜻이 담겨져 있다고 믿는다. 그리고 이화여자대학교 통일연구원과도 MOU를 맺고 최대석 원장과의 학술교류 등의 활동을 이어나가고 있다.

또 한번 이색적인 외국인 초청자가 있었는데 미국 코리아 소사이어티의 이사장 토마스 허버드 전 주한 미국대사님이었다. 코리아 소사이어티는 지난 반세기 동안 한국과 미국 두 나라 국민들의 유대를 강화하는데 커다란 공헌을 해온 기관이다. 또한 국제사회에서 한미 양국에 관한 올바른 여론을 형성하는데 열성적인 노력을 기울여준 기관이다.

그동안 이루어온 업적과 성과가 매우 컸던 것으로 생각되며 한미 두 나라는 자유민주주의 시장경제의 가치를 공유하고 있는 나라이고 한미 동맹관계가 더욱 튼튼해지고 있는 것은 반세기 동안 쌓고 다져온 이런 기관들의 업적이 아닐 수 없다. 우리 재단도 세계 속의 기관으로 거듭나기 위해서는 이들의 적절한 조언과 협력이 매우 중요한 것으로 생각된다. 이 날 하버드 이사장으로부터 한미 관계의 전망에 대한 깊이 있는 이야기를 들을 수 있었다.

이 날 행사 일정은 갑자기 잡힌 일정이었는데 만찬은 청와대에서 준비하니 우리 재단이 조찬을 준비하라고 해서 갑자기 마련된 모임이었다. 평소보다 많은 170여분의 귀빈들이 참석, 성황을 이루었다.

우리 조찬 모임은 참석한 귀빈 한 사람 한 사람을 전부 인사 소개하는 것이 특징인데 이 날은 플라자 호텔 다이아몬드 홀이 만석이 되어 이들 소개 시간이 길어져 평소 끝나는 시간보다 꽤 지연되었다. 이 때문에 혼잡해진 교통상황으로 출근시간이 늦어진 분도 많았으리라 생각된다.

이 밖에 외국에 나가서 개최한 국제 세미나로는 일본 오사카에서 한 번, 중국 연변 대학에서 두 번에 걸쳐 개최하였다. 북한, 러시아와 국경을 접하고 있는 두만강 지역의 중국 훈춘 국제 합작사업이 본격적으로 준비되고 있는 상황을 고려, 우리는 '훈춘시의 경제거점 전략과 한국의 진출방안' 이라는 주제로 훈춘을 중심으로 중국의 동북아 거점화 전략을 살펴보고 한국의 진출 방안을 모색하고자 우리나라의 북한경제 연구자를 초청, 그리고 중국 훈춘정부의 고위급이 참가하는 세미나를 연변대학 대회의실에서 개최하였다.

급부상하고 있는 중국과 선진국 대열에 편입한 한국이 손을 잡고 다양한 영역에서 심도 있는 협력을 전개해 나가 북중경협 나아가 동북아 협력을 충분히 이끌어 내야한다고 생각한다.

이렇게 급변하고 있는 정세 속에서 한중일은 영토분쟁, 과거사 문제 등으로 서로 얼굴을 붉히고 있어 동아시아의 협력의 발걸음은 힘겨워지고 있다. 우리가 그간 북중경협의 확대가능성에 대해 회의적 시각으로 바라보고 있는 동안 북한과 중국은 여러 면의 상호이해관계의 일치로 계속 진전되고 있다는 체감을 느꼈다. 이러한 북중경협의 확대로 인한 북한 경제의 대 중국의존도의 심화 등을 남의 일처럼 바라보고만 있는 실정 등 다방면의 논점들이 전문가들에 의해 문제제기가 되었음을 보람으로 느꼈다.

중국과 한국은 자부심과 책임 의식을 가지고 동아시아 새로운 역사의 장을 열어갈 만큼 성숙됐다고 생각한다. 그간 쌓아 올린 양국관계를 기반으로 이제부터는 신뢰와 협력을 통해서 이 지역의 진정한 평화와 번영을 위해 기여하기를 이런 세미나를 통하여 다져지기를 기원했다.

한국의 미래 모습은 선진인류 국가와 세계로부터 존경받는 성숙한 세계국가이다. 자유와 평등이라는 인류의 보편적 가치 아래 남과 북이 평화적 통일을 이루고 전 세계 팔천만 한민족의 공동번영을 하는 것이 바로 통일 코리아의 지향점이다.

이제는 통일과 한반도 문제를 바라보는 우리의 시각도 달라져야한다고 생각한다. 그러기 위해서는 우선 우리의 사고를 남북한만이 아닌 전 세계로 옮겨야 하리라 믿는다. 선진인류국가와 성숙한 세계국가건설을 남북한만이 아니라 한민족 전체의 목표가 되어야한다. 전 세계 팔천만 우리민족이 주체이자 수혜자가 되어야 하기 때문이다.

우리 재단은 통일 코리아를 향해 기존의 낡은 선언의 시대를 넘어서 희망찬 실천의 시대로 한 걸음 한 걸음 나아갈 수 있도록 한 알의 썩은 밀알이 되어야 할 것이다.

5

알아본 이야기

야생의 뜰에서 찾아낸 진리의 꽃들이 모인

문명의 꽃밭에서 부나비를 좇던 이야기

일본인의 국민성에 대한 생각

김태정 ●●

나는 정년퇴임 이후 70이 될 때까지 5년간, 한국외국어대학교의 국제지역대학원 일본학과에서 「일본인론」 강의를 했다. 대학교수가 된 이후 정년을 맞이할 때까지 일본학을 전공이라 생각하고 관련 과목을 강의해 왔기 때문에, 「일본인론」이 나에게 결코 생소한 과목은 아니었다. 주로 일본의 역사와 사회에 대해서 강의를 해 왔던 나로서는, 「일본인론」이 마지막으로 도달해야 할 종착점처럼 느껴졌다. 일본의 역사와 사회를 만드는 주체가 일본인이기 때문이다.

일본학이 일본론 · 일본문화론 · 일본사회론 · 일본인론으로 구성된다고 볼 때, 일본인론은 결코 가볍게 다루어질 수 있는 분야는 아니다. 일본학을 구성하고 떠받치는 하나의 축이라는 의미이다. 일본학을 넓게는 일본에 관한 모든 학문을 총칭하는 의미로도 쓸 수 있겠으나, 여기서는 일본사회와 문화의 특성이나, 일본사회와 문화를 통해 본 일본인의 특성을 규명하는 학문분야로 한정짓고자 한다.

「일본인론」을 일본사회와 문화를 통해 본 일본인의 특성을 밝히는 학문이라고 볼 때, 구체적으로는 일본사회와 문화에서 나타나는 일본인의 사고방식과 행동양식을 규명하는 학문이라 할 수 있다. 즉 일본인은 무엇을 어떻게 생각하며 행동하는지, 거기에 나타난 특성은 무엇인지를 규명해야 한다. 결국은 일본인론이란 흔히 말하는 일본인의 민족성이나 국민성에 대한 연구라고 볼 수 있다.

민족성이라고 하면 일본민족이 형성된 이래로 또는 일본역사가 시작된 이래로 바뀌지 않는 일관된 일본인의 성격이라는 강한 뉘앙스가 있다. 그에 반해 국민성이란 좀 융통성이 있고 가변성이 있다. 국민성이란 이처럼 역사의 산물로서 얼마든지 바뀔 수도 있고, 이제까지도 역사 단계에 따라 국민성은 달라져 왔다고 보는 것이다. 그래서 나는 일본인론을 이야기할 때, 민족성이라는 용어는 가급적 피하고 국민성이라는 용어를 사용한다.

우리나라에서는 일본인을 부정적으로 이야기할 때, 섬나라 근성(島國根性)이라는 말을 잘 쓴다. 이는 자질구레하고 편협하다는 의미일 것이다. 우리가 일본인을 섬나라 근성이라고 말할 때는 국민성이라는 뉘앙스 보다는 민족성이라는 뉘앙스가 더 강하게 풍긴다. 즉 일본인은 일본역사가 시작된 이래로 섬나라 근성을 가지고 있으며, 이는 앞으로도 바뀌기 힘든 속성이라는 의미이다.

섬나라 근성이라고 하는 것이 섬이라고 하는 지리적 조건에 의해서 형성된 것이라고 보면 쉽게 바뀔 수 없는 것도 사실이다. 한 나라의 국민성이 그 나라의 지리적 조건과 역사적 조건에 의해서 형성된다고 볼 때, 지리적 조건은 결코 쉽게 달라질 수 있는 것이 아니고, 역사라고 하는 것 자체도 지리적 조건의 제약을 크게 받을 수밖에 없는 것이기 때문이다.

전전(1935년)에 일본인 철학자 와쓰지 테쓰로 교수는 『풍토-인간적 고찰』이라는 책을 통해 풍토와 국민성과의 관련을 고찰한 바 있다. 와쓰지 교수는 지구상의 풍토를 몬순 · 사막 · 목장의 세 유형으로 나누어 고찰했는데, 이에 따르면 한국, 중국, 일본을 포함하는 동아시아 연안제국과 인도가 모두 몬순 지대에 속한다.(와쓰지는 한국에 대해서는 언급하지 않았다) 몬순이란 원래 계절풍이란 뜻으로, 겨울과 여름으로 나뉘어 반년마다 풍향이 바뀌는데, 특히 여름은 인도양에서 불어오는 덥고 습한 계절풍으로 견디기가 몹시 힘들다.

와쓰지 교수는 이 같은 몬순형 풍토에 사는 사람들은 사막형 풍토에 사는 사람들처럼 자연 풍토에 대해 적개심을 가지지 않고 오히려 이에 순응하고 따르는 성격을 가진다고 했다. 이 같은 성격을 와쓰지 교수는 수용성(受容性) 인종성(忍從性)이라 했는데, 이는 몬순(계절풍)이 초래하는 태풍이나 홍수 가뭄의 위력이 너무 강해서 인간의 대항심을 위축시키기 때문인데, 또 한편으로는 계절풍이 가져다주는 자연의 혜택이 큰 때문이기도 하다.

같은 몬순형 풍토라 하더라도 나라에 따라 구체적으로는 차이가 많다. 아시아의 서쪽 끝에 위치하는 인도와 동쪽 끝에 위치하는 일본과는 큰 차이가 있으며, 한국, 중국, 일본 사이에도 세부적으로는 차이가 있다. 일본의 경우 몬순 작용에 의해, 여름에는 태평양 쪽에 태풍과 함께 많은 비가 내리고, 겨울에는 일본해(우리나라에서 보면 동해) 쪽에 많은 눈이 내린다. 여름에는 고온다습한 열대적 기후이며 겨울에는 한대적 기후이다.

와쓰지 교수는 계절풍에 의한 이 같은 일본의 풍토적인 이중현상이 일본인의 심성의 이중성을 낳았다고 보았다. 쉽게 격해지고 쉽게 변하는가 하면 또 한편으론 꾹 참고 견디는 일본인의 이중적인 심성의 원인을 기후 풍토에서 찾으려 했던 것이다. 와쓰지 교수는 이 같은 풍토의 이중적 현상 이외에 특히 태풍에 주목했다. 일본인들은 돌발적인 폭위(爆威)에 대응해서 순간적으로 격해지고 맹렬하게 싸우지만, 어느 순간 확 바뀌어 깨끗이 체념하고 참고 따르는 심성을 가지고 있는데, 이는 태풍과 같은 기후 풍토의 영향이라는 것이다.

이 같은 일본인의 성격을 와쓰지 교수는 「태풍적 인종성(忍從性)」이라고 했는데, 좀 더 자세히 언급하면 「일본인은 활발하고 민감하지만 곧 지쳐버리고 오래가지 못한다. 일본인은 전투적이고 적극적인 태도를 보이지만 쉽게 자포자기한다. 일본인은 태풍처럼 돌발적으로 타오르지만 집요한 데가 없고 깨끗이 체념해버리는 경향이 있다」고 했다.

일본인 중에는 일본인의 국민성을 담백하다고 생각하는 사람이 많다. 집요하게 집착하지 않고 쉽게 체념하며 말끔히 잊어버린다는 것이다. 러 · 일전쟁에서 승리한 이후, 1907년에 하가 야이치(芳賀矢一) 교수는 일본 국민성의 좋은 점을 열거하면서, 한 항목으로 담백소쇄(淡泊瀟洒)를 들고 있다.(『국민성10론』) 담백하고 산뜻하다는 뜻인데, 이 책이 널리 읽힌 점을 생각하면 이 책의 영향도 크리라고 생각한다.

담백하고 산뜻한 심성이 일본인의 국민성이라면 이는 결코 나쁜 것이 아니지만, 이 같은 심성이 그대로 역사의식에도 이어지는 것이라면 문제가 될 수 있다. 한・일 관계에서 가장 문제가 되고 있는 것이 과거사에 대한 인식의 차이인데, 일본인 중에는 한국인들이 지나치게 과거사에 집착하고 집요하다고 생각하는 사람이 많은 것 같다.

일본어에 「水に流す(미즈니 나가스)」라는 말이 있다. 「물에 흘려버린다. 물에 떠내려 보낸다」라는 말인데, 지나간 일을 이러쿵저러쿵 따지지 말고 모두 없었던 것으로 한다는 뜻으로 쓰인다. 또 禊(미소기)라는 말도 있다. 이 말은 목욕재계라고 번역할 수 있는데, 목욕재계란 본래 죄나 부정(不淨)함을 떨구어 버리기 위해 강물이나 바닷물로 몸을 청결하게 씻는 종교의례를 말한다.

「水に流す」라는 말이 지난날의 모든 것을 없었던 것으로 한다는 뜻으로 쓰이게 된 것은, 아마도 본래 신성한 종교의례였던 禊(미소기)가 세속화되면서 물에 흘려버리는(水に流す) 단순한 행위만이 형식화되어 전화(轉化)한 것이 아닌가 생각된다.

일본인의 국민성이 담백하고 소쇄하다면 개인의 심성으로서는 좋은 일이나, 이것이 지난날의 과오도 모두 까맣게 잊어버리고 없었던 것으로 하자는 역사의식에 통하는 것이라면 지극히 곤란하다. 모든 것을 물에 흘려보내기에는 한・일간 역사의 상처가 너무 깊고 무겁기 때문이다.

이야기를 다시 돌려서 일본인의 국민성이 가지는 양면성, 이중적 성격을 생각해 보고자 한다.

일본인의 이중적 성격이라고 하면, 일본 패전 직후에 출판되어 널리 읽혀진 미국의 여류 인류학자 루스 · 베네딕트의 『국화와 칼』이 생각난다. 책 제목부터가 서로 모순되고 이질적인 국화와 칼을 가져 온 것이 흥미롭다. 베네딕트는 서론에서 「일본인은 싸움을 좋아하는 동시에 얌전하고, 군국주의적인 동시에 탐미적이고,…완고하면서 순응성이 있고,…보수적이면서도 새로운 것을 기꺼이 받아들인다」고 말하고 있다.

일본국민의 양면성은 1982년에 이어령 교수가 『「축소」지향의 일본인』을 써서 베스트셀러가 되자, 같은 대학의 박준희 교수가 『「확대지향」의 일본인』을 내 놓았을 때도 느꼈다. 서로 모순되거나 반대되는 두 개의 성향 중 어느 쪽이 일본인의 참된 얼굴인지 헷갈리게 된다. 서로 다른 두 개의 얼굴 중에서 어느 한 쪽을 일본인의 얼굴이라고 선택해서는 안되고, 베네딕트가 지적했듯이 양면성을 다 가지고 있는 것으로 보아야 할 것이다.

이제까지 일본인의 이중적 성격이 일본 풍토의 이중적 성격에 기인한다는 와쓰지 교수의 풍토론에 대해서 알아보았다.

한 나라의 국민성을 풍토로만 설명하는 것은 설득력이 약하고 상당한 무리와 한계가 있다. 와쓰지 교수는 주로 기후의 특성, 기후의 변화에 초점을 맞추어 설명을 하고 있으나, 와쓰지 교수도 논리로서는 단순한 풍토가 아니라 역사와 관련된 풍토를 주장했다. 그래서 그는 역사는 풍토적 역사이고, 풍토는 역사적 풍토라고 표현하고 있다.

내가 일본인의 국민성을 논하면서 와쓰지 교수의 풍토론을 거론하는 것은 국민성 형성에 지리적 조건이 그만큼 중요하다는 것을 강조하기 위해서이다. 와쓰지 교수는 그의 『풍토』론에서 풍토를 그 토지의 기후 기상 지질 지미(地味) 지형 경관 등의 총칭이라고 정의했다. 와쓰지 교수는 풍토 중에서 풍(風)에 해당하는 기후 기상에 초점을 맞추었다. 그러면 토(土)는 어떠한가? 토(土)까지 포함해야 지리적 조건이 된다.

토(土)라고 하면 와쓰지 교수의 정의로는 지질 지미 지형 경관 등이 이에 해당한다. 나는 와쓰지 교수의 정의에 바탕을 두면서 일본열도의 지형과 위치를 생각해 보고자 한다. 간단히 말해서 일본이 섬나라 즉 해양국가라고 하는 것이 국민성 형성에 어떤 영향을 미칠까 하는 점이다.

앞에서 나는 잠시 일본인의 섬나라 근성에 대해서 언급했다. 일본인들은 사면이 바다로 둘러 싸여 있는 섬나라에 살고 있기 때문에, 다른 나라와의 교섭이 적어 시야가 좁고 폐쇄적이며 사소한 일에 사로잡혀 대범하지 못하다는 것이 일반화된 생각이다.

우리나라 사람들이 일본인을 이렇게 바라볼 때는 스스로를 대륙적이라고 생각해서 일 것이다. 중국은 분명히 대륙국가이지만 우리나라는 삼면이 바다로 둘러싸여 있는 반도국가이다. 반도(半島)란 반이 섬이라는 뜻이지만, 삼면이 바다라는 점을 생각하면 섬나라적 요소가 오히려 클 수도 있다.

우선 섬나라 근성에 대해서 생각해 보자. 단어 자체의 의미만을 생각하면, 섬나라이기 때문에 어쩔 수 없이 가지는 성격이나 기질이라는 뜻이 되겠다. 일본에서 섬나라 근성을 현재는 「도국근성(島國根性)」라고 부르지만, 이 말이 처음 쓰여 졌던 명치시대에는 섬사람 근성이라는 의미로 「도인근성(島人根性)」이라고 했다.

이 말을 처음 쓴 사람은 역사학자로 「신도(神道)는 제천(祭天)의 고속(古俗)」이라고 발표한 것이 문제가 되어 동경대학 교수를 사직해야만 했던 구메 구니타케(久米邦武) 교수이다. 구메 교수가 메이지(明治) 5년(1872)에 이와쿠라(岩倉) 사절단의 일원으로 영국에 갔을 무렵이다. 구메 교수는 일본인들이 프랑스 · 독일에 영국을 포함하여 유럽이라고 인식하는 것과는 달리, 영국인들이 프랑스 · 독일을 영국과 구분하여 대륙이라고 부르는 것을 보고 놀랐다. 영국은 프랑스 · 독일 등 유럽 대륙과는 해협을 사이에 두고 있는 섬나라라는 것이다. 너무나 당연한 일이지만 영국인이 이런 섬나라 의식을 가지고 있는 데 대해서 구메 교수는 약간 충격을 받았다. 아마도 당시는 영국이 대영제국으로 세계를 제패하고 있을 때였기 때문이었을 것이다.

구메 교수가 당시 영국인에게서 발견한 섬나라 근성은 결코 부정적인 것이 아니었다. 그는 오히려 영국이 섬나라이기 때문에 눈부신 역사를 전개해 온 점에 착안하여 「영국은 섬나라이다. 그래서 섬나라 근성이 있어 대륙에 대해 저항심이 강하고 배를 다루는 기술에 능하고 해상 무역을 활발히 해서 세계 곳곳에 깃발을 날렸다. 일본도 역시 섬나라이다. 섬나라 근성을 발휘한다면 앞날은 기대할 만하다」고 생각했다.

당시 구메 교수에게는 섬나라 근성이 결코 현재 쓰여지는 것처럼 부정적인 것이 아니라, 세계 웅비를 위해 일본이 시급히 진흥시켜야 할 긍정적인 가치요 목표였다. 그러나 그 후 귀국해서 그가 본 일본의 모습은 영국의 섬나라 근성과는 너무나 달리 퇴영적이었다. 즉 역사적으로 일본은 무기력하고 독선적이고 무지하고 배외사상에 젖어 있었다. 특히 국제관계에 있어서 일본인의 시각이 얼마나 협소했는지를 실감했다. 아마도 그는 메이지(明治) 바로 이전인 에도(江戸)시대 특히 쇄국 기간의 일본의 역사를 검토하면서 그런 생각을 했던 것 같다.

일본인의 섬나라 근성에 대해서는 구메 교수와 같은 시대 인물인 우치무라 칸조(内村鑑三)씨도 깊은 관심을 보였다. 우치무라 씨는 무교회주의자로 유명한 사상가로, 1891년에는 교육칙어의 봉독식에서 천황의 서명에 대해 예배(禮拜)를 하지 않았다는 이유로 소위 우치무라 칸조 불경(不敬)사건을 일으켜 교사직을 박탈당했다.

우치무라 씨는 정교사(正教社)라는 단체가 발행하던『일본인』이라는 잡지에, 1901년에「소위 섬나라적 근성에 대해」, 1902년에「섬나라 근성과 해국(海國) 사상」, 1903년에「일본인의 성질」이라는 논문을 연속으로 발표했다.

우선「소위 섬나라적 근성에 대해」에서는,「일본은 섬나라로 섬나라적 근성을 가지는 것은 자연스럽다. 섬나라이기에 동서남북으로 마음대로 항행할 수 있고, 지구를 하나로 보아 나라와 나라 사이의 장벽을 모른다」「섬나라적 근성과 쇄항적(鎖港的) 사상을 동일시하여 폐쇄적 국민성이라고 비난하는 것은 잘못된 추측이다」라고 주장했다.「섬나라적 근성」과「쇄항적 사상」을 구별해야 한다는 것이다.

두 번째 논문인「섬나라 근성과 해국 사상」에서는 섬나라 근성의 적극적인 측면을 강조하고 있다.「진정으로 해국이려면 섬나라임을 요하며, 진정한 섬나라 근성은 해국 사상을 일으키는 원천이다. 섬나라 근성이 있기에 일본인은 그야말로 해국의 남아(男兒)에 적합하다. 메이지(明治) 이후 해운(海運)이 급속히 발전하고, 서구의 해군 제도를 채용한 이후 짧은 기간에 선진국 못지않은 해군이 창설된 것도 해국으로서 소양이 있었기 때문이다」 여기에서 해국이란 해양국가의 뜻으로 섬나라 일본의 가능성을 이야기하고 있다.

1903년의「일본인의 성질」에서는 일본인의 성질을 섬나라적 근성이라고 표현하는 것은 사람을 깔보는 것이고 스스로를 경시하는 것이라고 했다.

구메 교수와 우치무라 씨가 일본 근대 내셔널리즘의 흥륭기인 메이지 20년대 후반에서 30년대 초반에 걸쳐「섬나라 근성」을 논단의 화제로 삼았던 것은 흥미로운 일이다. 두 사람이 일본인의 섬나라 근성을 논할 때, 비교 대상으로 머릿속에 떠올렸던 나라는 영국이었다. 당시 세계 최강의 제국이었던 영국은 선망의 대상으로, 같은 섬나라인 일본의 가능성을 거기에서 찾아보고 싶었을 것이다. 당시 일본을「동양의 영국」이라고 자칭했던 것도 그런 의미에서였을 것이다.

서양사가 마스다 요시오(增田義郎) 교수에 의하면, 영국인들은 원래 편협하고 음험하고 집념이 강하며, 복잡한 심리적 콤플렉스를 가지고 있다고 한다. 대륙문화에 대한 잠재적 열등의식이 강한 점 등, 상당 부분 일본인의 섬나라 근성과 공통되는 것이 많은 것 같다.

같은 섬나라로서 공통된 기질이 있는 것은 조금도 이상할 것이 없으나, 영국과 일본은 지리적 조건과 역사적 조건이 상당히 다른 것도 사실이다.

한일 양국의 거리와 비교하면 영국과 대륙 간의 거리는 5분의 1 밖에 되지 않는다. 이처럼 대륙과 짧은 거리에 있었기 때문에, 영국은 역사적으로도 일찍부터 외국의 침략과 정복에 시달려야 했고, 중세 전기에는 바이킹에게 철저하게 유린당해 북방문화에 흡수될 위기에 놓이기도 했다. 거꾸로 일본의 입장에서 보면, 대륙과 멀리 격리되어 있었기 때문에 외국의 침략과 정복에 시달리지 않고 상당 기간 폐쇄적인 고립 상태를 유지할 수 있었다.

일본인과 영국인의 기질(섬나라 근성)을 비교하려고 할 때는 이 같은 차이에 충분히 유의해야 할 것이다.

일본인의 국민성을 폐쇄적인 섬나라 근성이라고 보는 견해에 대해 민속학자인 와카모리 타로(和歌森太郎) 교수는 이를 부정하고 있다.

와카모리 교수는 일본이 도쿠가와(德川) 시대에 쇄국정책을 펴기 전에는 결코 독선적이고 배타적이 아니었다고 말한다. 말하자면 일본인이 독선적이고 배타적인 국민성을 가지게 된 것은 쇄국정책의 산물이라는 것이다. 쇄국 이전의 일본인은 적극적으로 해외를 지향했고 활동도 외향적이어서 섬나라 근성과는 거리가 멀었다는 주장이다.

사실 와카모리 교수가 주장하듯이 일본사 전체를 통해 본다면 일본은 대외 관계에서 늘 쇄국정책을 펴 온 것은 아니다. 일본역사상 근대 이전에는 고대의 헤이안(平安) 시대와 근세의 도쿠가와 시대를 제외하면 나머지 시대는 모두 개방정책을 폈다. 근대 이후에는 1931년 만주사변에서 1945년 8월에 일본이 패전하기까지의 15년 전쟁 기간이 쇄국 상태였다.

일본역사를 전체적으로 본다면 대외관계는 쇄국과 개국이 번갈아 있었다. 그 중 헤이안 시대 4백 여 년 중 3백 년 정도, 도쿠가와 시대 265년 중 220년 정도가 쇄국 상태였다. 합치면 5백여 년으로 결코 짧은 기간은 아니지만, 나머지 기간이 모두 개국기간이라고 본다면 역시 쇄국 상태는 예외적이라고 볼 수 있겠다.

894년에 스가와라 미치자네(菅原道眞)의 건의에 의해 견당사(遣唐使) 파견이 중지됨으로서 중국과 국교가 단절되었지만, 그 이전에는 나라(奈良) 시대(607년)의 견수사(遣隋使) 파견을 시작으로 헤이안 시대 초기에 이르기까지 견당사를 파견하여 적극적으로 중국의 선진 문화를 받아들였다. 당시엔 조선술과 항해술의 수준이 높지 않았기 때문에 견수사와 견당사의 파견에는 많은 위험부담이 따랐다.

와카모리 교수는 나라 시대의 이 같은 적극성은 헤이안 시대의 쇄국이 끝난 이후 가마쿠라 시대에도 이어져, 상인들은 해외진출에 의욕적이었고 심지어는 미나모토 사네토모(源實朝)쇼군(將軍) 자신이 직접 송나라에 가려고까지 했다고 말한다. 와카모리 교수는 특히 서일본의 진취성을 강조하기 위해 왜구까지 예로 들었다. 일본의 해외진출 에너지가 증대하여 넘쳐난 것이 왜구라는 것이다.

왜구는 13세기 무렵부터 16세기에 걸쳐 우리나라와 중국의 연안에 출몰하여 곡식 등 물자와 사람까지 약탈해 가는 잔악한 해적 집단이었다. 왜구의 피해는 극심하여 14세기 중반에는 우리나라의 전 해안을 석권하여 해안 일대가 무인 상태일 지경이었다고 한다.

왜구야 일본 국가의 통치력이 충분히 미치지 못해 방치된 것이라고 볼 수 있겠지만, 일본이 해외로 뻗어나가려고 하는 활력은 공무역에서도 볼 수 있다. 도요토미 히데요시(豊臣秀吉) 때의 주인선(朱印船) 무역이 바로 그것이다.

서일본의 유력한 무사나 대상인들은 주인이 찍힌 선적(船籍) 증명서를 가지고 아시아 특히 동남아시아에 진출하여 적극적으로 무역활동을 했다. 지금의 베트남, 태국, 말레이 반도, 필리핀 등이 그 활동무대로, 그 당시 이들 나라에는 일본인 마을까지 생겨 일본인 연인원이 10만 이상에 달했다고 한다.

그 중에도 특히 베트남과 태국이 두드러졌다. 베트남의 호이안이라는 곳에는 지금도 당시 일본인의 묘가 있고, 일본인이 지었다는 건물이 남아 있으며, 스스로 일본인의 후예라고 칭하는 사람들도 있다고 한다. 당시 샴으로 불렸던 태국에는 밀항으로 건너간 야마다 나가마사(山田長政)라고 하는 인물이 일본인 마을의 수령이 되어, 샴 국왕에게 중용되고 왕위 계승 문제에까지 얽혀 마침내는 독살 당했다고 전해진다. 1630년의 일이다.

주인선 무역은 중국과의 공무역이 명나라의 왜구 대책의 일환으로 1547년에 단절되자, 바로 그 이듬해부터 시작되었다. 중국과의 공무역이 1401년부터 1547년까지 146년 사이에 88척이 출항한 데 반해, 주인선 무역은 1548년에 시작하여 도쿠가와 시대인 1635년에 쇄국정책으로 중단되기까지 87년 동안 무려 350 내지 360척의 무역선이 활약했다.

중국과의 공무역은 명나라의 통제 하에 제한적으로 이루어졌지만, 주인선 무역은 일본정부의 통제 하에 있었다고는 해도 엄격히 제한된 것은 아니었다. 역사학자 핫토리 시소(服部之總) 씨는 주인선 무역의 이 같은 융성은 「해적무역」의 활약에 의해 뒷받침되었다고 했다. 공식적으로는 정부의 허가를 받아 무역을 하는 것이 주인선 무역인데, 실제로는 정부의 허가를 받지 않은 사무역(「해적무역」)이 많았다는 이야기이다.

일본의 이 같은 활발한 해상활동과 해외로 뻗어가려는 팽창의지는 무역활동에서만 나타나는 것은 아니다. 고대 사서인 『일본서기』에 등장하는 신공황후(神功皇后)의 신라 정벌 운운하는 기사는 설화적인 것으로 역사적인 사실은 아니지만 일본인들의 팽창의지를 반영하고 있는 것으로 볼 수 있다. 실제로 이 설화는 오랫동안 일본인의 의식 속에 각인되어, 한국에 대한 우월감을 키우고 근대 일본의 한국 침략을 정당화하는 이데올로기로 작용해 왔다.

일본인의 대외 팽창의지는 도요토미 히데요시(豊臣秀吉)의 한국 침략에서도 잘 나타난다. 임진왜란의 명분은 대명(大明) 정복이었다. 대명 정복은 거의 망상에 가깝게 보이지만, 그러나 후대의 청일전쟁에서 일본이 승리하는 것을 보면 그것이 그저 망상만은 아니었다는 것을 알 수 있다. 일본인의 대외 팽창의지는 제 2차 세계대전에서 대동아(大東亞) 전쟁이라는 이름으로 소위 대동아 공영권을 꿈꾸었던 데서 더욱 잘 나타난다.

이 같이 해외로 뻗어가려고 하는 대외진출욕은 영국에서도 볼 수 있었던 것으로 해양국가의 특성이라고 볼 수 있다. 바다로 둘러싸여 있는 해양국가 즉 섬나라 국민은 무의식 속에 폐소(閉所) 공포증이 잠재되어 있다고 한다. 좁은 공간에 갇혀 있는 답답함과 불안감 같은 것이다.

바다 밖에 넓은 세계가 있다는 사실을 알게 되었을 때 고립감과 대륙에 대한 동경심이 커지는 것은 자연스러운 일이다. 대륙국가 국민보다 해양국가의 국민이 더 변화를 추구하고 진취적 기상이 강한 것은 그 때문이다.

위에서 본 바로는 일본 국민은 결코 우리들이 흔히 말하는 섬나라 근성과는 거리가 멀다. 섬나라 근성이라는 말의 개념이 명확하지는 않으나, 일반적으로는 부정적인 의미로 많이 쓰인다. 대범하지 못하고 자질구레하며 편협하고 폐쇄적이며 소리(小利) 소아(小我)를 추구하는 지나친 이기주의와 배타적인 자국 중심주의 등을 생각할 수 있다.

얼핏 보기에 서로 모순되는 폐쇄적이고 배타적인 섬나라 근성과, 변화를 추구하고 해외로 뻗어가려는 진취적 기상을 일본인들은 다 가지고 있다고 보아야 할 것이다. 일본의 대외관계를 보면 쇄국과 개국(=개방)이 상호 교차되었다. 철학자 우에야마 쓘페이(上山春平) 교수는 고대에서 메이지(明治)시대에 이르기까지 일본은 6백 년 주기로 개국과 쇄국이 반복되었다고 주장했다. 6백 년 주기설의 정확성은 알 수 없으나 개국과 쇄국이 반복되어 온 것만은 사실이다.

개국 기간에는 적극적으로 눈을 밖으로 돌려 선진 문화를 받아들였다. 이때는 부정적인 의미의 섬나라 근성 보다는 개방적이고 확대지향적이었다. 그러나 반대로 쇄국 기간에는 개국기간에 외국으로부터 받아들인 이질 문화를 자국 문화의 필터로 걸러내어 일본화하는 데 힘썼다. 이때는 폐쇄적, 배타적 경향이 강했고 축소지향적이었다.

외국 문물을 받아들일 때는 거의 무절조하리만큼 적극적이고 개방적이어서, 일본인들은 그야말로 개성도 없고 주체성도 없는 국민으로 보인다. 그러나 개국기간이 지나고 쇄국기를 맞이하면 이 같은 외래문화는 축소되고 정제되어 일본문화로 정착한다.

일본인은 섬나라 근성이라고 불리는 폐쇄성, 배타성이 강한 국민인지, 아니면 해양국가의 특성인 강한 호기심과 진취적 기상이 강한 국민인지, 좀처럼 판단하기 힘들다.

결론적으로는 와쓰지 테쓰로 교수나 루스 · 베네딕트가 주장하듯이 일본인은 이중적인 국민성을 가지고 있다고 밖에는 말할 수 없을 것 같다. 어떤 역사적 조건과 결합하느냐에 따라, 폐쇄적일 수도 개방적일 수도 있고, 축소지향적일 수도 확대지향적일 수도 있다는 이야기이다.

막말 · 명초 일본의 번역시대와 번역어의 문제

김태정 ● ●

일본은 메이지明治유신에 성공하고 1871년부터는 부국강병을 목표로 적극적인 문명개화 정책을 펴나갔다. 문명개화란 서구 국가를 모델로 한 사회 전반에 걸친 개혁운동으로, 정부주도형 문명개화는 일단 1875년경으로 끝이 났다.

이 기간 중 특히 메이지 6년에 창립된 명륙사明六社(메이로쿠샤)를 중심으로 구미에서 귀국한 유학 경험자를 포함한 양학자들의 계몽활동이 활발했다. 명륙사는 1875년 11월에 『명륙잡지』가 폐간되는 것을 계기로 자진 해체되었으나 그들의 저서나 번역물이 남긴 영향은 지대했다.

그들의 사상적인 영향은 특히 자유민권운동에서 두드러진다. 그런 의미에서는 서구 사회를 모델로 한 사회개혁운동인 문명개화는 10년 가까이 계속된 자유민권운동 기간 내내 계속되었다고 보아야 할 것이다. 자유민권운동이 최고조에 달하는 1880년을 전후해서는 유교주의가 다시 부활하여 강화되기 시작했다.

메이지유신을 전후한 3,40년 기간에 방대한 번역물이 쏟아져 나와 번역 홍수의 시대를 이루었는데 이 시기는 대개 문명개화기와도 겹친다. 번역의 시대는 또 양학의 시대와도 겹치는데 이 시대에는 어떤 책이 많이 읽히고 번역되었는지 궁금하다. 이 번역 시대를 전제하지 않고 근대일본의 사회와 문화를 이야기할 수는 없을 것이다.

양학의 목적은 물론 서양의 문헌을 통해 서양에 관한 정보를 얻는 것이다. 그러기 위해서 실용적인 것에서부터 학술적인 것에 이르기까지 다방면에 걸친 저작과 번역 활동이 이루어졌다. 특히 유럽 대륙법을 모델로 한 국내법의 초안을 준비하기 위해 서양 각국의 법률과 『만국공법萬國公法』이 번역되었다. 또한 일본 사회의 변혁을 위해서는 구미 각국의 역사에 대한 이해가 절대적으로 필요했기 때문에 구미 각국의 역사와 문명사에 대한 번역도 많이 했다.

역사는 문명의 진보 과정이며 문명사는 「문명개화」 과정에 대한 구체적인 서술이라고 생각했기 때문이다. 기조(Francois Pierre Guillaume Guizot)의 『구라파歐羅巴문명사』에는 「진보」라는 말이 나오고, 버클(Henry Thomas Buckle)의 『영국개화사』도 진보사관에 입각하고 있는 책이다. 메이지 시대의 번역가들은 이 「진보」에 주목했던 것이다. 또 한편 스펜서의 사회진화론이 번역 소개되어 근대일본에 많은 영향을 미쳤다. 오늘 강연은(2007년 12월 8일 한국일본어통번역학회 제11회 학술대회) 막부 말기를 포함하는 양학시대와 메이지 10년대의 자유민권 기간까지를 포함하는 문명개화기를 연결시켜서 이야기하고자 한다. 번역 홍수 시대가 가능했던 시대상황과 배경을 살펴보고, 그 과정에서 있었던 번역어의 문제를 알아보고자 한다.

이 강연을 준비하면서 주로 참고한 문헌은 가토 슈이치加藤周一의 논문 「메이지 초기의 번역」과 마루야마 마사오丸山眞男와 가토 슈이치의 공저인 『번역과 일본의 근대』이다.

1. 막말 명초의 시대상황

쇄국 상태에 있던 도쿠가와德川 시대 일본의 대외관계는 조선 · 유구(琉球: 지금의 오키나와로 당시에는 독립된 왕국)와의 통신관계, 중국 · 화란과의 통상관계가 전부였다. 통신通信관계란 믿음이 통하는 관계, 서로 신뢰할 수 있는 관계라는 뜻으로 지금으로 말하면 외교관계라는 말이다. 도쿠가와 시대 265년간에 12회 일본에 파견되었던 조선통신사의 「통신사」라는 말도 여기에 연유한다.

쇄국기간 중에 일본 지식인들이 직접 외국인을 접할 수 있는 기회는 극히 한정되었고, 그 대상도 거의 통신관계를 맺고 있는 나라에 머무를 수 밖에 없었다. 그러나 중국에 대해서는 오랜 동안 문헌적인 지식이 축적되어 있었고 당시 나가사키長崎를 통해 들어오는 서적에 의해 중국의 지리와 역사, 제도와 문화적 동향에 관해서는 자세히 파악하고 있었다. 또한 통상관계에 있던 화란의 상관장商館長이 매년 막부에 제출하는 화란 풍설서風說書에 의해 해외 사정도 어느 정도 파악하고 있었다.

8대 쇼군將軍 요시무네吉宗는 1720년 제한했던 한역漢譯 양서의 수입을 허용하고, 난학蘭學의 형태로 양학洋學도 장려했다. 요시무네는 에도江戶를 찾은 화란 상인과 직접 만나 화란의 지식과 문물에 강한 호기심을 나타내고, 특히 천문天文 역법曆法에 관심을 가졌다고 한다. 당시 일본에서도 천문 · 역학曆學 · 의학 등이 두드러지게 진전되었던 점을 생각하면, 요시무네의 난학 장려는 그의 식산흥업殖産興業 정책과도 관련이 있다.

난학의 성과는 그 후 다누마田沼 시대인 1774년에 「해체신서解體新書」의 간행으로 나타났다. 「해체신서」는 일본 최초의 서양 해부서로 본문 4권, 해부도 1권으로 되어 있는데, 마에노 료타쿠前野良澤와 스기타 겐파쿠杉田玄白가 중심이 되어 4명이 4년에 걸쳐 번역한 것이다. 이를 계기로 난학은 실용의 학문으로 급속히 발전하였다.

료타쿠와 스기타의 천재적인 문하생으로 평가받고 있는 오츠키 겐타쿠大槻玄澤에 의해 일본 최초의 난학교가 설립되고, 화란어 입문서인 『난학계제蘭學階梯』가 나오고 그의 영향 하에 난화蘭和사전도 만들어지게 되었다. 1811년에는 막부에 「반쇼와게고요가카리蠻書和解御用掛」라는 번역국이 설치되어 많은 난학자가 번역 전문가로서 여기에 모이게 되었는데, 이것도 오츠키 겐타쿠의 건의에 의한 것으로 생각된다. 이리하여 19세기 초에는 에도 · 교토 · 오사카 · 나가사키와 같은 도시에서 난학이 더욱 보급되고 발전했다.

쇄국 상태에 있던 일본이 서양제국諸國과의 관계에서 더 이상 쇄국정책을 지속하기 어려운 상황이 18세기 말에서 19세기 전반에 걸치는 시기에 도래했다. 이 시기에 러시아 · 영국 · 미국 · 불란서의 군함과 상선 · 포경선 등이 일본 연안에 접근하거나 항구에 들어와, 때로는 땔감과 마실 물을 요구하고 때로는 무역을 요구하거나 측량을 하는 건수件數가 점점 늘어났다. 1853년에 미국의 페리 제독이 이끄는 네 척의 군함이 에도江戶(지금의 도쿄) 앞 바다인 우라가浦賀에 나타나 통상을 요구한 것이 그 절정이었다. 구미 열강이 물리적인 힘을 앞세워 쇄국 일본의 개항을 요구해 온 것이다.

19세기 전반은 구미 국가의 제국주의적 팽창의 시대이다. 특히 인도를 정복하고 아편전쟁(1840-42)으로 중국을 반식민지화한 최강의 제국주의국가인 영국은 아시아의 마지막 시장으로 일본 진출을 꾀하고 있었다. 이것이 가능했던 것은 19세기 전반에 구미에서의 연이은 원양遠洋 항해기술의 혁신으로 일본과의 거리가 획기적으로 단축되기에 이르렀기 때문이다.

일본은 페리 제독 내항來航 다음 해인 1854년에 미국의 위력에 굴하여 일미화친조약을 맺고, 4년 후인 1858년에는 일미수호통상조약을 시작으로 화란 · 러시아 · 영국 · 불란서와도 같은 불평등조약을 맺었다.

일본은 미국과 화친조약을 맺기 10년 전인 1844년에 화란 국왕으로부터 서한을 통해 개항을 권고받고, 중국의 아편전쟁을 예로 들어 군사적 저항이 위험하다는 경고도 받았다. 일본의 대외관계는 쇄국시대와는 전혀 달라졌다. 이제 일본은 중국보다도 강한 서양의 위협에 대항해야만 했다. 그러기 위해서는 무엇보다도 상대방에 대한 정보 수집이 절대적으로 필요했다. 정보의 부족은 제국주의의 위협을 증폭시킬 수밖에 없기 때문이다.

계몽 사상가 후쿠자와 유키치福澤諭吉는「상대를 안 연후에 그를 치려한다」고 말하고,「외국의 형세와 실정을 알고 과연 상대가 적대시해야 할 자인지 우방友邦시해야 할 자인지를 가려야」한다는 입장을 취했다(『西洋事情』, 1866). 아편전쟁 직후에『해국도지海國圖志』를 펴낸 중국의 학자 위원魏源도 아편전쟁이 있은지 10년 후에「오랑캐를 누르려는 자는 반드시 먼저 오랑캐의 사정을 아는 것부터 시작한다. 오랑캐의 사정을 알고자 하는 자는 반드시 먼저 역관譯館을 세우고 오랑캐의 서책을 번역하는 일부터 시작한다」고 쓰고 있다.『해국도지』는 막부 말기에 일본의 개국론에도 영향을 미쳤다고 알려지고 있는 유명한 저서이다. 그러나 중국에서는 중화사상이 너무 강해서 아편전쟁을 경험하고서도 위원이 주장하는「역관을 세우고 오랑캐의 서책을 번역하는」 조직적인 사업이 일어나지는 않았다.

메이지유신에 의해 수립된 메이지정부는 교섭 상대인 서양에 대한 정보와 제도 개혁의 모델로서의 서양에 대한 정보를 얻기 위해 적극적이었다. 집권한지 채 4년도 되지 않는 메이지정부가 정권 지도자의 거의 반이 포함된 대대적인 시찰단을 구성하여 2년 가까운 기간 동안 구미에 파견한 데서도 그 적극성을 알 수 있다. 이와쿠라岩倉 사절단의 공식적인 목적은 불평등조약의 개정교섭이었으나, 보다 중요한 임무는 제도개혁에 필요한 정보를 얻는 것이었다. 시찰단에게 기대되는 정보의 내용은 다방면에 걸친 것으로, 크게 분류하면 정치법률에 관한 것, 경제에 관한 것, 교육에 관한 것으로 볼 수 있다. 사절단의 부사副使의 한 사람이었던 이토 히로부미伊藤博文가 말했듯이 「구미 각국의 정치 제도 풍속 교육… 이 대체로 우리 동양을 뛰어넘고 있기」 때문에 「개명開明의 바람을 우리나라에 옮겨 놓기」 위해서는, 명치明治의 개혁도 「모두 구미 각국에서 행해지고 있는 현재의 제도에 따를」 수밖에 없었다. 그러기 위해서는 「구미 각국에서 행해지고 있는 현재의 제도」에 대해 자세히 알지 않으면 안된다. 사절단의 사명이 바로 거기에 있었다.

그러나 사절단이 아무리 대규모라 할지라도 사절단의 현지 시찰만으로 서양에 대한 필요한 정보가 모두 수집될 수 있는 것은 아니다. 현지 견문은 소수 사람에게만 한정되고, 당사자가 직접 외국어를 능통하게 구사할 수 있거나 유능한 통역사를 이용할 때만 가능하기 때문이다. 또한 현지 견문을 통해 얻은 정보가 보다 많은 사람에게 전달되어 공유되기도 쉽지 않다. 이같은 제약을 극복하고 광범한 지적사회가 외국에 대한 정보를 문헌을 통해 알 수 있는 방법은 번역이다.

2. 일본 번역시대의 배경

19세기 후반인 메이지유신 전후 3,40년간에 일본에서는 정부와 민간을 합쳐 방대한 서양의 문헌이 번역되었다. 이는 양적으로 방대한 것만 아니라 그 영역에 있어서도 거의 모든 영역을 망라할 정도로 광범했다. 법률의 체계에서 과학기술의 교과서까지, 서양의 역사와 지리에서 국제관계의 현상분석까지, 미국의 「독립선언」에서 불란서의 미학이론까지 포함하고 있다. 이처럼 많은 문헌을 단기간 내에 비교적 정확하게 번역해 낸 것은 기적에 가까울 정도로 놀라운 일이다.

서양문화의 동점東漸이라는 같은 상황에 놓였던 아시아의 어느 나라에서도 이같은 문화현상은 찾아볼 수 없다. 한국은 물론 중국에서도 일본처럼 광범위한 번역은 이루어지지 않고 번역문헌의 종류는 극히 부분적인 데 그쳤다. 이러한 적극적인 번역사업이 메이지 일본의 근대화의 기초가 되었음은 부정할 수 없다.

1883년 야노 후미오矢野文雄가 수 많은 번역서를 어떤 순서로 어떻게 읽는 것이 좋은지에 관해 쓴 독서 안내서인 『역서독법譯書讀法』의 서문에는 「현재 역서 출판이 성행하고 있다. 그 수가 몇 만권으로 그저 많기 만한 것이 아니다. 이는 실로 경하할 만한 일이다」라고 쓰여 있다. 이 서문은 저자 자신이 쓴 것이 아니기 때문에 좀 과장된 데가 있다. 저자 자신이 쓴 같은 책의 「예언例言」에 의하면 「게재한 역서의 서목書目은 내무성 도서국에 납본納本된 총 역서의 목록과 메이지 초 이후의 판권 서목 등에 관해 수천부의 많은 책을 일일이 조사하고, 유익하다고 생각되는 역서는 모두 일일이 그 실물을 열람한 연후에 이를 선정한 것이다. 단지 그 제목만을 좋다하여 이를 기재한 것은 아니다」라고 되어 있다.

서문에 몇 만권이라 한 것은 과장된 것이고 저자 자신이 일일이 조사했다는 수천부라고만 하더라도 놀라운 일이다. 그야말로 「번역문화의 시대」라 할만하다. 당시에는 역서가 내무성 도서국에 납본되었다는 것도 흥미로운 일이다. 역서를 통한 구미 사상에 대해 국가가 검열하고 통제했음을 엿볼 수 있기 때문이다.

그러면 어떻게 이처럼 짧은 기간 내에 거의 모든 분야에 걸쳐 방대한 책을 번역해 낼 수 있었을까하는 생각이 든다. 우선은 메이지정부의 적극적인 문명개화 정책을 배경으로 생각할 수 있다.

부국강병을 지향하는 메이지정부는 서양의 근대사상과 생활양식 등을 적극 도입하고, 문화의 근대화에 힘썼다. 이런 풍조를 당시 문명개화라 불렀는데 주로 도쿄東京와 같은 대도시를 중심으로 전개되었다. 문명개화의 풍조로 「기모노」 대신에 양복을 입고, 머리도 상투를 틀지 않고 산발한 채 거리를 활보하는 것이 유행했다. 음식도 이제까지와는 달리 육류가 환영을 받고, 도쿄의 긴자銀座 거리에는 벽돌로 지은 건물이 들어서고 가스등燈과 인력거 등이 새로운 명물로 등장했다.

이같은 풍속의 변화와 함께 사상계, 교육계, 종교계 등 사회전반에 걸친 변화가 있었다. 사상계에서는 이제까지의 지배적인 사상이었던 유교가 비판을 받고, 자유주의 · 공리功利주의와 같은 근대사상이 새로이 받아들여졌다. 후쿠자와 유키치의 『서양사정』 『학문의 권장』 『문명론의 개략』, 나카무라 마사나오中村正直가 번역한 『서국입지편西國立志編』 『자유의 이치自由之理』 등이 널리 읽혔다. 이것이 소위 메이지시대의 계몽사상으로 「명륙사明六社」가 이를 대표한다. 또한 이 때 천부인권사상이 널리 유포되어 메이지 10년대를 장식했던 자유민권운동에 영향을 미쳤다.

이처럼 정부에 의해서 위로부터의 문명개화 정책이 펼쳐져 사회의식이 크게 변화하고 풍속까지도 달라지게 되는 것은 메이지 4년인 1871년부터이다. 그 때까지는 메이지유신으로 인한 동란기動亂期로 그만한 여유가 없었다. 1871년은 지방제도의 개혁인 폐번치현廢藩置縣 조치로(7월) 전국의 번을 폐지하고 부현府縣을 둠으로써 중앙집권화를 완전히 달성한 해이며, 이와쿠라 토모미岩倉具視를 특명전권대사로 하는 견외遣外 사절단이 출발한(11월) 해이다. 국내외적으로 메이지정부가 안정되었음을 천명하는 의미도 있었다.

이와쿠라 사절단이 파견될 때 여자 5명을 포함하는 59명의 유학생이 동행했다. 이들은 각기 미국 · 영국 · 불란서에 분산되었다. 사절단이 출발하기 전인 같은 해 9월에 유학생의 총 수는 무려 354명이나 되었다. 메이지정부는 이미 그 전해에 폐번치현이 이루어지기도 전부터 15개 번에 각기 2명씩 유학을 보내도록 명령을 했으며, 그보다도 더 전인 도쿠가와 시대에 번이 독자적으로 파견한 유학생도 있었다. 여기에 59명의 유학생이 더 보태진 것이다. 후에 루소의 사회계약론을 『민약론民約論』으로 번역 소개하고 자유민권론자로 활약한 나카에 초민中江兆民도 여기에 포함되어 있었다.

유학생들은 귀국하여 주로 명륙사를 중심으로 활동했다. 1865년에 사츠마薩摩 번의 유학생으로 영국 런던대학에서 수학하고 67년에 미국에 건너갔던 모리 아리노리森有禮는 메이지 원년인 68년에 귀국했다. 모리 아리노리는 신정부에 참가하여 1870년부터 외교관으로서 미국에서 활동하다가 1873년 7월에 귀국하여 『만국사략萬國史略』의 저자인 니시무라 시게키西村茂樹와 상의하여 가을에 명륙사明六社를 결성했다.

명륙사에는 니시무라 시게키 이외에 후쿠자와 유키치, 니시

아마네西周, 나카무라 마사나오, 가토 히로유키加藤弘之, 쓰다 마미치津田眞道, 간다 다카히라神田孝平, 미쓰쿠리 린쇼箕作麟祥 등이 참여했다. 이들은 후쿠자와를 제외하고는 모두 메이지정부의 관리였다. 니시와 쓰다는 육군성, 가토와 니시무라는 문부성, 모리는 외무성, 간다는 효고兵庫 현령縣令(지금의 지사), 미쓰쿠리는 사법성, 나카무라는 대장성에서 재직하고 있었다. 그 중 니시무라와 미쓰쿠리, 나카무라는 각기 해당 부서의 번역관과 편서관編書官을 맡았다.

이들은 관리이긴 했으나 다른 관리들과는 달랐다. 모리 아리노리를 제외하고는 막부 말기 때 양학의 교육과 양서의 번역을 맡았던 교육연구기관인 개성소開成所(가이세이조:1856년에 창설된 반쇼시라베쇼蕃書調所가 1862년에 요쇼시라베쇼洋書調所로 개칭되었다가 그 다음 해에 다시 개칭됨) 출신들이다. 가토 히로유키는 막말 개화론자였던 사쿠마 쇼잔佐久間象山에게서 배우고 막신幕臣으로서 양학교육기관인 개성소의 교수가 되어 메이지유신 후 천황에게까지 양서를 강의했다.

명륙사는 개화를 위한 운동체로, 『명륙잡지』를 발간하여 사회 전체를 대상으로 교육(계몽)활동을 활발히 전개했다. 명륙사 동인同人의 대부분은 여러 형태로 정부에 참가했으나 그들의 입장이 모두 일치하는 것은 아니었다.

모리 아리노리와 가토 히로유키는 낙관론의 입장이었으나 쓰다 마미치나 나카무라 마사나오는 정부 개혁의 입장으로 자유·자주의 주장에 역점을 두었다. 쓰다 마미치는 문명과 야만의 구분을「오로지 그 백성이 언행의 자유를 가지느냐 가지지 못하느냐에」 있다고 하면서 출판의 자유를 주장했다. 1874년 1월에 의회 개설을 주장하는 「민선의원설립건백民選議院設立建白」이 발표되자 명륙사 사람들의 의견이 나뉘어졌다. 가장 철저한 찬성론자는 후쿠자와였고, 쓰다나 니시무라도 찬성이었으나, 모리와 가토는 시기 상조론을 폈다.

1874년 3월에 창간되어 정치 · 경제 · 종교 등 다양한 문제에 대해 계몽사상을 고취해 온 『명륙사 잡지』는 75년 11월에 정부의 언론탄압으로 폐간되었다. 이로써 정부 주도형의 개화는 지식인들과 불협화음을 일으키게 되었으나, 명륙사를 중심으로 한 계몽사상의 영향은 그 후 메이지 10년대의 자유민권운동으로 이어졌다.

이제까지 살펴본 바와 같이 정부가 민간 지식인의 호응을 받으면서 문명개화를 적극적으로 추진하기 시작한 것은 메이지 4년인 1871년부터이다. 그러나 문명개화 그 자체는 메이지 4년에 비롯된 것이 아니라 도쿠가와 막부 말기부터 이미 시작되었다고 볼 수 있다.

「문명개화」란 말 자체가 civilization의 번역어에서 출발하여 정착된 것으로서, 이미 막부 말기에는 문명개화라는 말이나 사고방식이 존재했다. 내용적으로는 구미의 문화를 어떻게 일본에 도입하여 정착시킬 것인가 하는 것이 기본과제의 중요한 부분이었다. 일본에 있어서 문명개화의 역사는 곧 양학의 역사라고 말할 수 있다. 메이지유신 전후 3,40년간에 번역 홍수의 시대를 맞이할 수 있었던 것은 그 배경에 양학의 전통이 있었기 때문이다.

3. 번역어의 문제

미쓰쿠리 린쇼는 1869년에 정부로부터 불란서 민법의 번역을 명命 받고, 「권리」니 「의무」니 하는 말은 중국어역 『만국공법』에서 빌리고 「동산」 「부동산」과 같은 번역어는 한자를 조합하여 새로이 만들었다고 회고담(1887년 9월 15일)에서 말하고 있다. 지금은 아무렇지도 않게 생각하기 쉽지만 메이지시대 번역가들이 문화적 배경이 다르고 전혀 새로운 개념을 담은 서구의 사상을 번역할 때 번역어의 문제는 심각했을 것이다.

당시 번역가들은 오늘날처럼 구미어를 가타가나片仮名로 그 발음을 표기해서 처리하지 않고 철저하게 번역을 했기 때문에 그 어려움은 더 컸을 것이다. 그래서 번역자들은 난학자들이 이미 사용했던 번역어를 그대로 쓰기도 하고 중국어로 이미 번역된 책에서 번역어를 차용하기도 했다. 또 이미 고전 중국어에 있는 어휘를 선택하여 그 의미를 전용轉用하는 경우나 전혀 새로운 한자어를 만들어 쓰는 신조어新造語의 경우가 있다.

난학자의 번역어를 차용한 경우는 대부분 자연과학의 기술적 용어이다. 난학자는 화란의 의서를 번역할 때 장기나 조직의 이름이 한방의학에서 알려져 있는 경우에는 「심心」이나 「폐肺」처럼 그대로 따랐다. 그러나 한방의학에 해당하는 말이 없을 경우에는 번역어를 새로 만들 수 밖에 없었다. 「신경神經」과 같은 말은 『해체신서』(1774)를 번역할 때 만들어 낸 것이며, 「선腺」이나 「췌膵」 등은 우다가와 겐신宇田川玄眞이 『의범제강醫範提綱』(1805)을 저술하면서 만들어 낸 글자로 아예 중국에도 없는 글자이다. 메이지시대의 의학용어는 이를 그대로 이어받았다. 또한 화학이나 물리학 용어도 마찬가지로, 「산소」「탄소」「질소」「유산硫酸」「염산」「초산硝酸」「중력」「원심력」「장력張力」 등이 모두 난학자들이 사용하던 번역어이다.

두 번째로 중국어역의 번역어를 차용한 경우인데, 앞에서 예를 든 「권리」나 「의무」 등이 이에 해당한다. 중국어역 휘튼(Henry Wheaton)의 『만국공법』(1866)이 일본에서는 1867년에 번각飜刻 되었는데 이 책에서 right를 「권權」 및 「권리權利」로 번역했다. 가토 히로유키도 그의 저서 『입헌정체략』(1868)에서 「권」 및 「권리」의 용어를 사용하고 있는데 이는 아마도 전 해의 번각본인 『만국공법』에 따른 것으로 생각된다. 1870년 간행된 가토의 『진정대의眞政大意』에도 「권리」와 「의무」라는 용어가 나오고, 같은 해 니시 아마네의 강의에서도 right를 「권리」 obligation이나 duty를 「의무」라고 번역하고 있다.

여기서 「권리」라는 번역어에 대해 좀 더 알아보고자 한다. 「권리權利」는 원래 중국의 고전인 『순자荀子』나 『사기史記』에도 보이는 용어로 권력과 이익을 의미한다. 영어 right의 번역어로서는 우선 중국에서 『만국공법』의 역자인 마틴(William Alexander Parsons Martin)이 사용한 것을 메이지유신 전후에 일본의 역자가 그대로 이어받았다. 그러나 일본에서 1866년에 호리 타쓰노스케堀達之助 등이 펴낸 영일사전인 『개정증보 · 영화대역수진사전改正增補 · 英和對譯袖珍辭典』에는 right의 번역어로 「도리道理」 및 「권權」을 쓰고 있다. 또한 니시무라 시게키도 1875년 10월 『명륙잡지』 제 42호에서 「권리」를 한자로 「權

理」라고 쓰고 있다. 일찍이 영일사전에서 볼 수 있었던 「도리」와 「권」을 합쳐 「權理」라고 한 것 같다.

지금도 권리의 「권權」은 권력이나 권세를 연상시키고 「이利」는 이익이나 이기利己를 연상시키는 점을 생각하면, 메이지 초기에는 더욱 개인이나 조직의 권리 주장이 악덕시 되었을 것이다. 미쓰쿠리 린쇼가 1870년에 불란서 민법을 번역하면서 「민권」이라는 말을 처음 신조어로 썼을 때, 민법편찬위원회의 위원 중 한 사람은 「민民」에 「권權」이 있다는게 뭐냐」고 따져 물었다고 한다.

영어의 right에는 「이익」보다 「도리」의 뜻이 포함되어 있기 때문에 번역어로서는 「권리權理」가 「권리權利」보다는 나았을 것 같다. 그러나 메이지 10년대 1877년 이후에는 번역어 「권리權理」는 도태되고 「권리權利」만 남게 되었다.

세 번째는 고전 중국어의 어휘를 전용한 경우이다. 앞에서 본 「권리」는 중국에서 고전 어휘를 전용한 경우인데, 일본에서도 같은 방법으로 중국의 고전 어휘를 전용한 경우가 있다. 「자유」라는 번역어가 이에 해당한다. 「자유」는 「후한서後漢書」에 「백사자유百事自由」라는 말로 등장하는데 「무슨 일이든 마음대로」라는 뜻이다. 일본에서 「자유」를 liberty의 번역어로 한 예는 앞에서 잠시 나왔던 right를 「도리」 및 「권」으로 번역했던 호리타쓰노스케의 영일사전에서 찾을 수 있다. 「자유」라는 말은 「권리」라는 말과 더불어 아주 어려운 번역어였던 것 같다. 후쿠자와도 『서양사정』(1866) 권券 1에서 「자주임의自主任意」에 주를 달아, 「본문에 나오는 자주임의, 자유라는 글자는 마음대로 방탕

하여 국법도 두려워하지 않는다는 뜻이 아니다. 모두 그 나라에 있으면서 남과 사귀는데 사양하거나 삼가함 없이 자기 능력껏 해야 한다는 뜻이다. 영어로는 이를「freedom」또는「liberty」라고 한다. 아직 적당한 번역어가 없다」고 쓰고 있다. 적합한 번역어가 없기 때문에 어쩔 수 없이「마음대로」라는 뜻을 지녔던「자유」를 전용한 것이다.「문학」이라는 말도 원래는『논어』에 나오는 말로 학문 일반을 뜻하던 것이었다. 이를 니시 아마네가 literature의 번역어로 채택했는데, 이 번역어가 후에 그대로 중국에 역수입되었다.

중국의 고전에 나오는 어휘를 전용하는 경우는 철학 용어에서 그 예를 많이 찾아 볼 수 있다. 철학 용어는 주로 니시 아마네가 많이 생각해 냈는데 reason의 번역어인「이성」도 여기에 속한다.「이성理性」은『후한서』나『소학小學』에서는「성질을 다스리고 닦는다」는 뜻이며, 불교에서는「만물의 본성」이라는 뜻이다. 현재 사용하고 있는 서양철학의 reason과는 많이 다르다. 그 밖에「의식」(『논형論衡』),「관찰」(『공총자孔叢子』),「연역演繹」(『주희朱熹』의『중용장구中庸章句』)과 같은 말이 이에 속하는데, 지금은 번역어로서의 의미만 살아있고 중국 고전에서의 본래의 의미는 오히려 잊혀지고 있다.

마지막으로 신조어의 경우이다. 이 경우는 원어의 어원적 의미에 가장 맞게 새로 만들어야 하기 때문에 특히 어려웠으리라 생각된다. 앞에서 살핀 니시 아마네의 철학용어에는 신조어도 많이 있는데,「주관」「추상抽象」「정의」「귀납歸納」「관념」등이 그것이다.「철학」이란 말 자체가 니시 아마네의 신조어인데

이 또한 어려운 번역어이다. 처음에는 「이학理學」이라는 번역어도 쓰였다. 나카에 초민 같은 사람은 이노우에 데쓰지로井上哲次郎가 『철학자휘哲學字彙』(1881)라는 책을 펴내 「철학」이라는 번역어가 상당히 보급된 이후에도 「이학」을 고집했다고 한다.

니시 아마네도 philosophy의 직역으로는 「이학」이 좋다고 생각했으나 이학으로 했을 때 생기는 문제를 생각했다. 이학理學은 송학宋學이나 주자학을 뜻하는 말로 이제까지 쓰여 왔고, 1873년 이전에 이미 physics나 natural science의 번역어로 자연과학 일반을 의미하는 용어가 되어 있었기 때문이다. 니시 아마네는 이같은 용어상의 혼란을 피하기 위해 「철학」을 선택한 것으로 보인다. 이런 경우 오늘날 같으면 가타가나로 그냥 「フンロソフン-(필로소피)」라고 표기했을 것이다.

신조어 중에 「동산」 「부동산」 등은 미쓰쿠리 린쇼가 민법을 번역하면서 새로 만든 번역어라고 앞에서 소개했다. 미쓰쿠리가 「권리」나 「의무」는 한역 『만국공법』에서 빌려오면서 「동산」 「부동산」은 새로 만들 수밖에 없었던 배경이 재미있다. 『만국공법』 한역본에는 「동산」(영어로는 personal property)에 해당하는 말이 「동물動物」이라 되어있고 「부동산」(영어로는 real property)은 「식물植物」이라 되어 있었다. 한자로 되어 있는 번역어이지만 한역본의 번역어를 그대로 채택할 수 없는 사정이 있었다.

일본 근대어는 대부분 이처럼 번역어에 의해서 성립되었는데, 번역어가 처음부터 하나로 통일되어 있었던 것은 아니다. 즉 하나의 서양어를 여러 역자가 달리 번역함으로써 몇 개의 번역어가 공존하는 기간이 있었다. 예를 들어 liberty의 번역어로는 일찍부터「자유」가 쓰였지만(『개정증보 영화대역수진사전, 1866』), 그 후에「자주」「자재自在」「불기不羈」라는 말이 등장(가토 히로유키는 1867년에는「자주」「자재」, 1870년에는「불기」를 썼다)하다가, 1873년 경부터 적어도 영일사전에는「자유」로 좁혀졌다.「자유」는 비교적 빨리 통일된 번역어인데, 이는 일반의 호응이 좋았기 때문이다.

번역어에 따라서는 정부기관이나 관립官立 대학이 특정 번역어를 씀으로써 정착되는 경우도 있다. 자연과학 일반을 의미하는「이학理學」같은 경우가 이에 해당하는데, 정부가 1870년에「오사카 이학소理學所」를 명명命名하고 도쿄제국대학에「이학부」를 만들자 자연스럽게 정착되었다. 법률용어의 경우는 정부가 법을 제정하게 되면 자연스럽게 통일된다.

번역어는 이처럼 여러 가지 요인에 의해 통일 정착되게 되는데 그 정착 시기는 각기 다를 수밖에 없다. 영일사전의 번역어를 기준으로 보면, 자유는 빨랐지만 권리는 이보다 늦고, indivisual의 번역어인「개인」의 정착은 가장 늦었다.

망국의 유생 정암 이태현

유상희 ●●

임오(1942)년 음력 4월 전라도 남원의 유생(儒生) 정암(精菴) 이태현(李太鉉)은 전주 옥류동(玉流洞) 염수당(念修堂)의 스승 흠재(欽齋) 최병심(崔秉心)[1]에게 다음과 같은 내용의 서찰을 보냈다.

(…전략…) 가만히 생각하옵건대, 저들의 죄악은 하늘에 가득 차고 땅 끝까지 뻗쳐서 천지신명들이 반드시 죽일 것이옵니다. 저들은 오랫동안 털끝만큼도 구휼(救恤)을 돌아보지 않고, 갖가지 방자하고 흉악한 일만을 찾아 펼치며 갈수록 더욱 극악해지니 우리나라 백성이 끝내 한 사람도 남지 않아야 멈출 것이니, 원통하고 분하지 않사옵니까?
얼마 전 저 원수 오랑캐가 저들이 신봉하는 신주(神主)를 가져다가 집집마다 봉안케 하니, 천하 만고에 어찌 이런 변고가 있으오리까? 무릇 임금과 신하, 아비와 아들의 본성(本性)을 가진 자는 비록 만 번 죽임을 당할지라도 어찌 차마 집안에 저 오랑캐의 신주를 모셔두고 편안히 앉아 바라보고 살 수가 있겠사옵니까? 고로 저 태현은 신주를 똥 묻은 더러운 갑 속에 넣어 밖에 놓아두고 밤에 꺼내어 칼로 목을 베어버리려 한 적이 몇 번인지 모르옵니다. 그러나 노모 때문에 결단하지 못하였사오나 같은 하늘을 이고 살 수 없는 의리만은 일찍이 하루도 잊은 적이 없사옵니다.

후일 다시 생각하옵건대, 오로지 노모가 화를 입을 것만을 염려한다면 결국 저들의 신하와 아들이 되는 것을 면하지 못할 것 같아 마침내 통분을 이기지 못하여 금년 2월 29일 장도로 신주의 목을 벤 후 육시하고 나니 어찌나 상쾌한지요.

대개 종묘사직(宗廟社稷)은 나라의 군주보다도 더 소중한 것이오라 저들의 신주 또한 저들 오랑캐 임금보다 더 소중할 것이니, 저 태현이 신주의 목을 베고 육시한 것이 저들 오랑캐가 우리 국모를 시해하고, 우리 국왕을 욕보이고, 우리 사직을 쓸어버리고, 우리의 황묘(皇廟)를 철폐한 만분의 일의 원수를 갚은 것이 아니겠사옵니까?

혹자는 망령되이 이르기를 "저들 시조 신주가 우리에게 무슨 원수를 지었다고 그리 베고 육시할 것까지는 없지 않느냐?" 고 하는데, 그것은 사람들을 오도하는 말이옵니다.

대저 저들이 집집마다 저들의 추장 신주를 봉안케 하는 것은 우리의 조상으로 삼고자 하는 것이옵니다. 그렇게 된다면 공자 이래 공명정대한 의리와 법칙이 일체 이 땅에서 모두 없어지고, 삼강(三綱)이 침몰하고, 구법(九法)[2)]이 무너져 선비란 사람도 저 더러운 오랑캐를 몰라보고 신하로서 군왕이 있음을 알지 못하여 인심이 편벽되고 거슬리며 하늘과 땅이 꽉 막히고 혼연히 뒤섞여서 금수(禽獸)사회가 될 것이니 가히 두렵지 않사옵니까?

그런데 학자라는 자들이 그 의미를 알지 못하고 오로지 화가 미칠까 두려워 집안에다 오랑캐의 신주를 모셔두고 전혀 부끄럼 없이 지내는 것은 오랑캐의 후손을 면하지 못한 것이옵나이다. 비록 만권의 경서를 읽고 천편의 저술을 하였다할지라도 그것이 무슨 소용이 있겠사옵니까? 고로 저 태현은 후일의 참화를 돌아보지 않고 이미 그것의 목을 베어버렸사옵니다.

요즘 저들이 제 머리를 삭발하려 하고, 또 제 처자를 신식학교로 불러내어 저들 오랑캐말로 소위 서사(誓詞)를 가르치면서 전쟁 예술 운운하니, 저 태현이 비록 노둔하오나 어찌 저들의 위세가 두려워서 제 두발을 깎을 수 있으며, 또 제 처자를 적의 소굴에 보내어 그들에게 오랑캐를 배우게 하겠사옵니까? 저 태현이 수십 년 동안 학문을 한 주목적은 오늘날 쓰기 위한 것이옵니다. 고로 제가 이제 장문의 글을 보내어 그 죄악을 낱낱이 수죄(數罪)[3]하기를 저 홍학사(洪學士)[4]가 금나라 오랑캐를 꾸짖듯이 우리 유생을 죽일 수는 있어도 욕되게 할 수는 없다는 대의를 밝히고, 이어서 한번 죽는 것을 결판내려 하옵니다.

이것이 노모를 둔 시하(侍下)로서 그 불효가 막대하오나, 또한 대의에 따르는 것인즉 부득이 하지 않을 수 없나이다.

간옹(艮翁;艮齋)[5]께서도 "비록 시하일지라도 만약 머리를 깎는 변을 당한다면 반드시 죽어야 한다." 고 가르쳤을 것입니다. 그 예를 미루어 가히 볼 수가 있나이다. 그러하오나 저 태현이 아직 정의(精義)가 반드시 합(合)한다는 것을 믿지 못하오니, 원하옵건대 한 말씀 주셔서 저로 하여금 대의를 세우도록 가르쳐 주시옵소서. 간옹이 장의사(張義士;在學)에게 하신 것같이 하시면 어떠신지요?

또 저 태현이 이미 문하(門下)에서 수업을 하였사오니, 후일 화변(禍變)이 문하에 미칠까 두렵사옵니다. 이는 심장(深長)한 우려가 아닐 수 없사옵니다.

이제 왜놈들의 열 가지 죄목을 수죄한 글을 써 올리오니, 엎드려 생각하옵건대, 일별(一瞥)하신 후 즉시 거두시고 타인에게는 일체 보이지 마시옵소서.

정암이 스승에게 아래와 같은 격문을 동봉하였다.

數倭十罪

日賊之罪惡盈於覆載間而爲天地神明之所必殛者不勝盡擧只撮其最大者十條二數之爾當俛首而敬聽焉

其一春秋之法亂臣賊子人人得而誅之彼伊藤博文者弑爾先祖之逆賊而爾國之所當必誅者也爾朝但知立巳爲主之恩不惟不誅之

反以萬古忠臣待之是分明無父之子亦無忠逆之分而爾國亂臣賊子將接賊子將接跡於後世矣

其二聖人之法繼絕世擧廢國治亂持危爾國自前徒恃富强數侵我國我乘運衰害我國母辱我君父多殺忠賢竟呑我國是惡獸不若也

其三春秋大一統之法惟中國稱帝夷狄雖入主不敢稱帝爾國徒恃富强僭稱皇帝是不知天無二日之義也此罪至大也

其四昔壬辰爾國八寇蹂躪我列郡魚肉我生靈毁我 宗廟辱我陵寢大明神宗皇帝動天下之財東援八年再造我邦凡我邦一草一木生民一毛一髮無非帝德攸被也毅宗皇帝及夫甲申運去曆盡之日不失國亡君死之正故尤菴先生臨命遺囑遂菴先生建萬東廟於淸州華陽洞我邦士林數百載奉祀神毅兩皇帝昔年爾輩毁撤此廟詬迫士林此罪至大也

其五暴殄天物天下之大罪也爾輩爲戰砲之用驅率我人千頃萬田刈伐方長發德之牟麥菜果强播綿種搜索村落雖一掬之綿若用衣服則無論男女老少皆呼出而毆打惑拘囚而罰金畢竟竭盡而後已至於米穀麻麥亦使供出一如綿花各種稅金虐毒聚斂稻麥全未熟時教兒輩亂散刈伐每田取數把而去山林禁樵吏打樵人而焚薪惑罰金由是人皆不得柴糧凍餒塡散又年年募民驅送他國戰鬪役事死喪焚尸而歸者不知幾億數故萬姓哀怨接天皆爲是日曷喪予及汝偕亡此罪至大又召民間婦女于新校教誓詞夷語爾輩作羣搜索村落奪所綿穀毆打織婦此甚於火賊也

其六禮者天地之棟樑人民之質幹而冠婚喪祭禮之大者爾輩設火葬法禁我禮葬則喪葬之禮廢矣令人皆削髮行新昏冠則昏之禮廢矣並呑我邦侵害儒門聽訟父子校混男女則五典之禮皆廢矣此皆爾夷俗傳染之大罪也

其七爾國徒恃富强侵伐中國及西洋諸國魚肉無罪億萬生靈暴殄無限億萬物貨刑戮兵殺砲聲火爆之毒氣盈天亘地我邦人將至靡有孑遺此罪至大也

其八春秋之法禽獸不敢逼人類夷狄不敢犯華夏今爾輩脅我邦人

一一剃髮巖穴守華之士極賤侮之逢之路街則必勒剃髮此罪至大也
其九聖人明用夏時之訓於天下後世爾輩使我邦人婦正朔而用夷
曆改本姓而創夷氏送酋主而受價金此罪至大也
其十我邦土倭之罪尤大於被讐夷天地飜覆綱常蠹蝕國母遇害君
父受辱忠賢被禍社稷覆亡皆倀鬼土倭輩迎入讐夷聽指揮播惡滅
倫之罪也後世王者作此土倭必先服罪也
吾家本自璿族不幸適丁夷狄滔天腥羶滿地之時代常痛冤君父之
讐未復而未嘗不腐心切齒沫血飮泣矣昔年爾讐夷我使遵夷制改
本姓誓死不從矣爾又送始酋神主使我奉之嗚呼此自太極肇判以
後所創有之大惡大變也洪學士所爲奉虜服事縱延晷刻之命其於
祖宗何天下何者爲此準備語也夫我之於爾有萬世必報之讐今我
勢力未敵雖不能復雪然其不共戴之義未嘗一日忘諸心矣雖萬被
戮豈可奉萬世必報之讐虜酋主乎故拔我佩刀旣斬神頭以雪爾國
之害我國母辱我君父呑我國家廢我皇廟萬一之憤何等爽快近日
爾又欲剃我髮召我妻子欲教之誓詞夷語戰術云雖將吾身斬作萬
段豈有前去我髮亦豈有送我妻子學爾夷狄之理乎惟爾君臣上下
明讀我書相與悔改前日罪惡還我國於我皇太子並盡收爾兵甲將
卒之在中國及我國者一一歸之爾國焉則天怒將息矣不然天必戮
滅爾種而無類矣
切勿泛汎聽焉

壬午年 四月 日 大韓遺民 李太鉉 書

倭酋 前

위의 글을 한글로 번역한 것을 옮겨본다.

일본 도적들의 죄악이 하늘과 땅 사이에 가득하니 천지신명이 반드시 너희들을 죽일 것이기에 그것을 다 들어 논할 수는 없고, 그 중에서 가장 큰 열 가지 죄목만 골라 낱낱이 수죄하노니 너희들은 마땅히 머리를 숙이고 삼가 들을지어다.

그 첫째, 공자의 춘추필법(春秋筆法)[6]에 나라를 어지럽히는 난신적자(亂臣賊子)를 모든 사람들이 주책(誅責)하였나니, 저 이토 히로부미(伊藤博文)란 놈은 너희 주군을 살해한 역적으로 너희 나라에서 반드시 죽여야 할 놈이도다. 그런데도 너희 주군은 오로지 자신을 내세워 왕으로 삼은 은혜만을 알고 죽이지 않을 뿐 아니라 도리어 만고의 충신으로 그를 대우하니, 이는 분명히 아비 없는 자식이요, 또한 충신과 역적을 분간하지 못하는 것으로 너희 나라는 장차 저 난신적자들이 끊임없이 뒤를 잇게 되리라.

그 둘째, 성인(聖人)의 법은 단절된 옛 세대를 이어서 망해 가는 나라를 일으켜 국난을 다스리고 위태로움에도 부지하게 하는 것이거늘 너희 나라는 위의 무리들이 부강함을 믿고 수차 우리나라를 침략하였고, 우리의 국운이 쇠약한 틈을 타 우리 국모를 시해하고, 우리 국왕을 욕되게 하고, 우리의 충신과 현인을 무수히 살해하고, 마침내 우리나라까지 병탄(倂呑)하였으니 이는 악독한 짐승만도 못하도다.

그 셋째, 춘추에 천명을 받고 천하를 통일하는 법은 오직 중국만이 황제를 칭하는 것으로 설사 오랑캐가 쳐들어와 임금이 될지라도 감히 황제라 칭하지는 못하거늘 너희 나라의 무리는 부강함을 믿고 참람히 황제라 칭하니, 이것은 하늘에 해가 둘이 있을 수 없는 이치를 모르는 것으로, 그 죄야말로 지대하도다.

그 넷째, 옛날 임진(1592)년에 너희 나라가 우리나라에 쳐들어와 여러 고을을 짓밟아 우리의 생령들을 마구 결단내고 우리의 종묘를 훼손하고 능침을 파헤쳐 욕보였으나 대명(大明) 신종(神宗) 황제께서 천하의 군병을 동원하고 천하의 재물을 모아 동방의 우리나라를 8년 동안 구원하여 다시 일으켜 세우셨으니 우리나라의 풀 한 포기, 나무 한 그루, 창생들의 한 낱 털끝마저도 황제의 은덕을 입지 않은 것이 없도다.

의종(毅宗) 황제께서는 저 갑신(1644)년에 국운이 다하고 천명이 끝난 날을 당해서도 나라가 망하고 임금이 죽는 정도(正道)를 잃지 않으셨으니, 우암(尤庵;宋時烈) 선생이 임종 시에 수암(遂菴)[7] 선생을 불러 유언으로 만동묘(萬東廟)를 청주의 화양동(華陽洞)에 세울 것을 부탁하셨도다. 그리하여 우리나라 사림들이 수백 년 동안 내려오면서 신종 · 의종 두 분 황제를 받들어 제사를 지내왔거늘, 지난해 너희 무리가 이 만동묘를 철폐하고 우리나라 사림들을 구박하였으니 그 죄가 지대하도다.

그 다섯째, 하늘이 주신 물건을 아낄 줄 모르고 함부로 쓰는 것은 천하의 대죄이거늘 너희들은 전쟁을 위한 대포에 쓰기 위해 우리나라 사람들을 몰아 이끌고 수천만 경의 논밭에서 지금 한창 자라나 이삭이 나오는 밀 · 보리 · 채소 · 과일나무를 베어내고 그곳에 목화씨를 뿌렸고, 촌락마다 가가호호 수색하여 만약 한 줌의 목화솜이라도 의복으로 사용하면 남녀노소를 불문하고 모두 불러내어 구타하고 구속하여 벌금을 물게 함으로써 그 집이 완전히 탕진된 후에야 그쳤도다.

또한 쌀, 삼베, 보리까지도 공출(供出)하도록 하여 목화솜과 마찬가지로 빼앗아가고, 각종 세금을 혹독하게 징수하며, 벼, 보리는 채 익기도 전에 학교 아이들을 끌고 와서 마구 베어 그 논밭에서 즉시 훑어 전부 가지고 갔도다. 또 산림은 땔나무도 금지하여 관리들이 나무 하는 사람을 구타하고 그 땔나무를 불 살라버리거나 벌금을 물게 하였도다. 그 때문에 땔나무와 식량을 구하지 못하여 얼어 죽고 굶어 죽고 병들어 죽은 시체가 도처에 산재하도다.

또 해마다 양민을 모집하여 타국과의 전쟁과 부역에 내몰아 놓고, 죽으면 그 시체를 불태워 재로 돌려보낸 자가 얼마나 많은지 알 수 없도다. 그리하여 만백성의 통곡소리가 하늘을 찌를 듯하고, "이런 날이 언제나 지나갈꼬? 모두 다 죽는구나." 라고 하니 그 죄가 지대하도다.

또 양민의 부녀자를 소집하여 신식학교에서 이른바 황민서사(皇民誓詞)를 오랑캐말로 가르치고, 무리를 지어 촌락마다 수색하여 목화솜과 곡식을 빼앗아가고, 길쌈하는 부녀자들을 구타하니 이는 화적떼보다 더 심하도다.

그 여섯째, 무릇 예(禮)란 하늘과 땅의 들보와 기둥이요, 백성들의 바탕이요 줄기로 관혼상제가 그 예의 큰 것이거늘 너희들은 화장법(火葬法)을 만들고 우리나라의 상례, 장례의 예법을 폐지하였다. 또 우리나라 백성들에게 모두 삭발하도록 명하고, 새 혼 · 관례법을 시행케 함으로써 우리의 혼 · 관례를 폐지하였도다.

우리나라를 병탄하고 우리 유교의 가문을 침해하여 아비와 자식이 소송을 하고 남녀가 혼합하여 한 학교에서 동학하니 오륜(五倫)의 예가 다 사라졌도다. 이것이 모두 다 너희들 오랑캐의 풍속이 전염된 것으로 지대한 죄이로다.

그 일곱째, 너희 나라 도배들은 부강한 것을 믿고 중국과 서양 여러 나라를 침범하여 죄 없는 억만 생령을 결단내고 무한의 억만 물자와 재화를 아까운 줄 모르고 낭비하고, 형벌로 죽이고, 군대로 죽이고, 대포소리와 폭탄의 독기가 하늘에 가득 차고 땅에 뻗쳐 우리나라 백성들을 하나도 남김없이 죽이려 하니 그 죄가 지대하도다.

그 여덟째, 공자의 춘추필법에 "금수는 감히 인류를 핍박하지 못하고, 오랑캐는 감히 문화국을 침범하지 못한다." 고 하였거늘 너희들은 우리나라 백성들을 위협하여 일일이 삭발하고, 굴속에 숨어서 문화의 풍속을 지키려는 선비들을 몹시 천대하고 모멸하며, 길에서 만나면 반드시 강제로 삭발하니 이는 가장 큰 죄로다.

그 아홉째, 성인(聖人)이 하(夏)나라의 역법(曆法)을 사용하는 법을 밝히어 천하의 후세에 가르쳤거늘 너희들은 우리에게 음력(正朔)을 없애고 오랑캐의 역법을 사용하게 하며, 본래의 우리 성씨(姓氏)를 오랑캐의 성씨로 고치게 하고, 너희 추장이 보내 준 돈을 사용하게 하니, 이 죄가 지대하도다.

그 열째, 우리나라의 토왜(土倭;친일파)의 죄가 원수 오랑캐보다 더욱 더 크나니 천지가 뒤바뀌고, 윤리강상(倫理綱常)이 사라지고, 우리 국모를 시해하고, 국왕을 욕보이고, 충신과 현인들이 화를 당하고, 종묘사직을 망쳤으니, 이 모두가 저 창귀(倀鬼)와 토왜가 원수 오랑캐들을 영입, 모두 지휘하여 악을 전파하고 인륜을 멸한 죄이로다. 후세의 국왕이 되는 자는 반드시 이 토왜들을 먼저 처단해야 할 것이로다.

우리 가문은 본래 왕족(王族)으로서 불행하게도 저 오랑캐가 하늘을 뒤덮고 피비린내가 땅에 가득한 시대를 당하여 항상 원통하고 비분하며, 국왕의 원수를 갚지 못하여 일찍부터 부심하고 이를 갈면서 피눈물을 머금지 않은 적이 없었도다.

지난해 너희 원수 오랑캐들이 우리에게 오랑캐의 제도에 따라 성씨를 바꾸도록 한 것을 나는 죽기를 맹세코 따르지 않았도다. 그런데 네놈들은 또 너희 추장의 신주를 보내어 받들게 하였도다. 아! 슬프도다! 이는 태극조판(太極肇判)[8] 이후 처음 있는 큰 죄악이고 큰 변괴로다.

홍학사가 "오랑캐를 떠받들고 복종하면서 비록 몇 시간의 목숨을 연장한다 할지라도 저 조상 종묘는 어찌 할 것이며 천하 인민은 어찌 하리오?"라고 하였나니, 바로 이를 위하여 준비한 말이도다.

대저 너희는 우리가 수 만년이 지나더라도 반드시 복수해야 할 원수로서 지금은 우리의 세력이 대적하지 못하여 비록 복수하고 설욕하지 못하지만, 너희들과 함께 하늘을 이고 살지 못한다는 의리만은 하루도 마음속에서 잊은 적이 없도다.

설령 만 번 죽임을 당한다할지라도 어찌 만세에 반드시 복수해야 할 원수 오랑캐의 신주를 받들 수 있겠는가? 그래서 내가 장도를 빼어 이미 그 신주의 머리를 베어 너희 나라가 우리 국모를 시해하고, 우리 국왕을 욕보이고, 우리나라를 병탄하고, 우리의 황실(皇室) 종묘를 폐철한 만분의 일이라도 의분을 설욕하고 나니 얼마나 상쾌한지 모르겠노라.

요즘 네놈들은 또 내 머리를 깎으려 하고, 내 처자를 불러다가 이른바 서사를 오랑캐말로 가르치려고 하니, 비록 내 몸을 만 조각낸다 한들 내 어찌 내 미리를 깎을 수 있으며, 또 내 처자를 보내어 너희 오랑캐 말을 배우게 할 수 있겠느냐?

오직 너희 임금 신하 상하 모두가 내 글을 읽고 함께 지난날의 죄악을 회개하고, 우리나라를 반환하고, 우리 황태자를 돌려보내 주고, 아울러 중국과 우리나라에 있는 너희들의 무기와 군대를 전부 거두어 너희 나라로 돌아간다면 하늘의 노여움이 풀릴 것이다. 그러지 않으면 하늘이 반드시 너희들을 모두 죽여 씨를 없애버릴 것이로다. 절대로 범연히 듣지 말지어다.

임오년 대한 유민 이태현 서

왜추(倭酋)[9] 전(前)

오늘날에도 망언을 일삼는 일본의 극우파와 아베 총리 일당이 귀담아 들어야할 말이다. 저들의 잔혹한 식민통치를 생생하게 기억하고 있는 증인들이 아직 많이 생존해 있는데도 진정한 사과와 응분의 보상은커녕 엄연한 역사적 사실조차 외면하고 부정하는 데 그치지 않고 오히려 정당화하고 있으니, 참으로 적반하장이 아닐 수 없다.

정암 이태현은 1910년 남원읍 신정리(새터마을)에서 전주 이씨 가문의 3대 독자로 태어났다. 호적명은 월금(月今)이며 6세부터 한문을 익히기 시작하였고, 8세부터는 수 십리 밖의 서당에 다니며 본격적으로 한학을 수학하였다. 그리고 15세 때 네 살 위의 김해 김씨 질판(質判)과 혼인하여 7남매를 두었다.

그는 20대 후반부터 큰 스승을 찾아 전주로 나가 당대 호남 제일의 거유(巨儒)이며 항일독립투사인 흠재 최병심의 문하에서 수학하였다. 이 무렵부터 남원의 유림 및 도학파와 더불어 '이언청년애정(伊彦青年愛正)'[10]이란 비밀 항일단체를 결성하고, 신사참배 거부, 일기(日旗)게양 거부, 왜정입적 거부, 창씨개명 거부, 일어사용 거부, 근로봉사 거부 등 적극적인 독립운동을 전개하였다.

1936년 일제의 탄압이 점차 심해지자, 그는 남원군 주생면 상동리 부동마을로 이주하였다. 그 무렵부터 밤에 도포차림의 빈객(賓客)이 공주, 옥천, 대전, 전주, 순천, 정읍, 순창, 운봉 등지에서 빈번히 찾아왔다. 그때마다 짚신은 방안에 들여놓고 방문을 검은 천으로 가린 채 밀담을 하다가 날이 새기 전에 떠나곤 했다. 그 때마다 노모는 밖에서 망을 보고, 부인은 식사 수발하기에 분주하였다.

정암은 1940~42년에 걸쳐 『정암사고(精菴私稿)』 『성사요결(性師要訣)』을 집필하였다. 스승 흠재를 비롯한 여러 선학(先學), 동문들과 성리학(性理學)과 항일독립문제에 대하여 교신한 서간문이 주를 이루고, 논설문, 수상(隨想), 일기, 국사개설, 수신(修身), 경세(經世), 가사(家事), 관혼상제, 만동묘 제향축문(祭享祝文) 등 다양한 내용이다. 일제 당국으로서는 초특급 불온서적이므로 압수당하지 않으려고 먼 곳에 사는 지인에게 은밀히 보관하게 하고, 한 동지에게만 그 사실을 알리며 후일 자식들이 찾을 수 있게 해 달라고 당부하였다고 한다.

1942년 음력 5월 어느 날 밤늦게 귀가한 정암은 벽장 안에 이중벽을 만들어 감추어 두었던 보따리를 들고 새벽녘에 집을 나서며 부인에게 자녀들의 입단속을 당부하였다. 며칠 후 다시 귀가한 정암은 침통한 모습으로 의관을 정제한 채 밤을 지새우는 등 평소와 다른 태도였다. 그리고 음력 5월 23일 남원 주생주재소에 출두하여 위의 「수왜십죄」 등을 외치고 저진(自盡)하니 향년(享年) 33세였다.

하지만 유족의 생활이 너무도 어렵다 보니, 정암이 순국한 지 무려 15년이 지나서야 겨우 유고(遺稿)를 찾아다가 가보로 간수하였다. 위의 서찰과 격문도 그 저서에 게재되어 있다. 이 귀중한 기록을 통하여 우리는 일제 강점기말의 구체적인 정황을 알 수 있고, 망국의 유생 정암이 견디기 어려웠던 점을 간추려 볼 수가 있다. 즉 명성황후 시해사건, 왕실의 모욕, 창씨개명 강요, 황민서사 강요, 전통적 관혼상제 폐지, 일본어사용 강요, 일기게양 강요, 신사참배 및 신주 봉안 강요, 삭발 강요, 가혹한 세금징수, 식량과 전쟁물자 공출, 징병과 징용, 부녀자 소집 식민지 교육, 만동묘 철폐, 가혹한 인권 침해와 형벌, 친일파 전횡 등으로 요약할 수 있다.

그 중에서도 순국을 결심하게 한 결정적인 것은 창씨개명(創氏改名), 신주 봉안, 일기 게양, 삭발 강요라고 할 수 있다. 이는 우리 민족의 정신을 말살하고 일본의 신민으로 만들려는 노골적인 동화정책(同化政策)이었기 때문에 대쪽같이 곧은 선비정신을 잃지 않은 대한의 유생 정암은 굴복이냐 죽음이냐를 놓고 택일할 수밖에 없는 극한상황에 처했던 것을 알 수 있다. 그때 스승 흠재에게 상담을 하였고, 스승은 문하생의 굴복을 원하지 않으매 결국 자진할 수밖에 없었던 것이다.

하지만 3대 독자로서 노모까지 9식구나 거느린 33세 가장의 자진만은 만류하는 것이 스승의 도리가 아닌가 한다. 스승으로서는 문하생이 대의를 위하고 학행일치(學行一致)를 하도록 하는 것이 정도(正道)라 생각하였겠지만, 사람의 생명은 그 무엇과도 바꿀 수 없는 소중한 것이고, 더욱이 뒤에 남을 대가족을 생각했으면 그런 극단적인 선택은 제지하는 것이 마땅할 터인데 오히려 부추긴 셈이다.

흠재는 당시 이름난 항일운동가로서 일제의 불법적인 토지 수용에 항거하다가 임실주재소에 구금되었을 때는 결사적인 단식투쟁을 한 끝에 석방된 전력이 있는 강고한 인물이다.

정암은 흠재의 항일에 대하여 다음과 같이 되새기고 결의를 다진다.

저 원수 오랑캐들이 일기를 그려 보내와 매양 저 왜놈 달력의 초하루와 보름날, 그리고 그들의 절일(節日)을 당하면 반드시 마을의 가가호호에 명령하여 대문에 세워놓게 하고, 아니하면 불경죄라며 다그치니, 우리나라 백성들을 저들의 신첩으로 여길 뿐 아니라 저들 나라와 더불어 하나로 만들려고 하는 데 불과한 것이로다.

내가 일찍이 들으니 흠재선생께서 저들의 명령에 항거하고 일기를 내걸지 않으셨다고 하는데, 그 의리야말로 해와 달같이 밝게 빛나도다.

나 태현 또한 선생을 본받아 역시 일기를 내걸지 않으려고 마침내 몰래 그것을 찢어버렸도다. 그것은 노모가 놀랄까 두려워 그런 것이며, 후일 저들이 반드시 조사하여 힐책하고, 화가 임박하면 나는 단지 한번 죽을 뿐이로다.

또한 정암은 이보다 앞선 경신(1940)년에 창씨개명을 강요당하자, 다음과 같이 결의를 다진 바 있다.

만일 아들에게 아버지와 할아버지의 성을 버리고 따로 성를 새로 만들어 사용하게 한다면 이는 곧 근본을 바꾸고 성씨를 바꾸는 것으로 하늘과 땅이 뒤바뀌고 윤리 강상(綱常)이 좀먹고 예절과 의리는 더러운 똥구덩이에 떨어지며 인류는 금수에 들게 될 것이로다.

바로 이때 창씨개명 명령이 있어서 모든 사람들이 다 그 명령을 따르고 있으니, 아, 슬프도다! 하늘과 땅이 개벽한 이래 어찌 이런 변고가 있단 말인가? 오늘 내가 스스로 마음속에 맹세하기를 나더러 수천 년 전부터 내려온 내 아버지, 할아버지의 성을 버리고 다시 새 성씨를 만들라고 한다면 설령 죽인다하더라도 결단코 따르지 않을 것이다. 만약 그것으로 핍박을 한다면 오직 한 번의 죽음이 있을 뿐이다.

당시 흠재 문하에는 호남지방뿐 아니라 충청도지방에서까지 다수 모여들어 수학하고 있었다. 정암도 전주에서 200리나 떨어진 남원 산골에서 논 5마지기를 팔아 全州 근교에 논 3마지기를 매입하여 동문수학하던 임모 학자에게 임대, 경작하게 하여 전주에 기거하는 동안 식량을 조달받았다.

일제 강점기말 해외에서의 독립운동은 계속되고 있었으나, 국내에서는 혹독한 탄압과 교활한 회유 때문에 대부분 변절하고 굴종하지 않을 수 없었던 것이다. 정암이 절친한 동문에게 보낸 서찰을 보면 당시의 정황이 짐작된다.

「김교암(金繑菴)께 임오(壬午)」

(…전략…) 얼핏 듣자오니 존형(尊兄)의 댁에서도 저 오랑캐의 두목 신주를 두고 있다고 하는데, 비록 화를 두려워한 마음에서 나온 것이지 兄의 본심에서 나온 것이 아니란 것을 아오나 만일 한사코 그러신다면 저 의리는 아주 깜깜하게 막혀버리고, 강상(綱常)[11]은 아주 없어져 저 오랑캐를 받들어 조상을 삼는 금수가 되어버리는 것을 면하지 못할 것이니 가히 두렵지 않나이까?

대저 우리가 경서를 읽고 배우는 것은 오랑캐 되놈 금수를 면하고 충효의 사람이 되기 위함인데, 지금 만약 살기만을 탐하고 화가 두려워 그런 불의를 행한다면 비록 죽도록 경서를 읽어도 무용지물이 되고 심력(心力)이 헛수고가 될 뿐이외다.

내가 평생토록 배운 것의 요체(要諦)는 오늘날에 쓰고자 한 것이외다. 원하옵건대 집사께서도 곧 돌아가셔서 저 오랑캐의 신주를 베어 산산이 조각내어 그것으로 신과 인간의 분통을 씻으소서. 만약 그것으로 화를 입는다면 웃음을 머금고 땅속으로 들어갈 따름이외다. 사람이 죽어서 하늘과 땅으로 더불어 합치된다면 이 어찌 호연(浩然) 통쾌(痛快)하지 않겠나이까?

(…중략…) 이런 훈계의 말씀은 오늘날 우리가 항상 가슴 속에 꼭 담고 다니면서 지키고 잠시도 잊어서는 안 될 것이외다. 그러나 이것은 도리를 아는 사람과 더불어 말할 수 있는 것이지 속인들에게 들려주기는 어려운 것이외다.

생각하건대, 일별하신 후 즉시 불에 던져 태워버리고 타인에게는 일체 보이지 말아주소서. 혹시 계획이 성사되기 전에 낭패할까 두렵나이다.

위의 서찰로 미루어 알 수 있듯이 당시 가장 강력한 항일투사 흠재 문하생들도 대부분 일제에 굴종하고 만 것이다. 정암은 그런 현실에 절망하여 자신만이라도 대의를 지키고자 더욱 굳게 결의한 것 같다.

그 무렵의 정암은 일기에 목숨을 걸고 일본침략을 저지해야 할 정치지도자들이 오히려 일본의 앞잡이 노릇을 한 것에 대하여 분개하고 증오하였다.

「日記」(임오년 음력 4월 9일)

(…전략…) 저 갑신(1884)년에 이르러 개혁당 박영효 등 4적과 을사년(1905)에 5조약을 약정한 박제순 등 5적과 정미년(1907) 7조약을 약정한 이완용 등 7적은 우리 국민 모두가 그 놈들의 목을 베고 사지를 찢고, 두개골은 옻칠해서 마시는 그릇을 만들고, 전신의 뼈는 강한 쇠절구에 빻아서 그 가루를 음식에 타 먹어도 만분의 일의 분이 풀리지 않을 것이다.

(…중략…) 후세의 군왕이 되는 자는 이 모든 도적들을 반드시 먼저 벌하고, 또한 반드시 부관참시(剖棺斬屍)해야 할 것이다. 그리하면 당시 순절

하고 의리를 지킨 제현(諸賢)과 이토 히로부미를 죽인 안의사(安義士)의 의리가 소소히 저 일월같이 밝게 빛나 길이길이 후일 후세에 사례가 될 것이다. 이 어찌 성대(盛大)하지 않은가?

정암이 왜적보다 친일파 정치지도자들에 대하여 더욱 비분강개한 모습을 엿볼 수 있다. 그는 또 흠재 뿐만 아니라 흠재의 스승인 간재의 항일정신을 본받으려는 결의를 보인다.

간재 선생께서 여러 선비들에게 제시한 글에 이르시기를 "저들이 나를 부르는 것은 무엇 때문인가? 의병을 일으키는 것에 대하여 묻고자 한다면 창의(倡義)는 곧 적을 토벌하고자 하는 것이니, 적을 토벌하고자 하는 사람이 어찌 기꺼이 저들의 부름에 달려갈 수 있겠는가? 또 호적에서 빠진 것을 가지고 힐책한다면, 호적에 빠진 것은 그들의 신민이 되지 않겠다는 것을 보여준 것이니, 저들의 신민이 아님을 보인 사람이 어찌 기꺼이 저들의 부름에 달려갈 수 있겠는가? 그러니 저들이 비록 천 번을 부르고 만 번을 부른다 해도 나는 결코 한 발가락도 들지 않을 것이다. 만일 저들이 내가 가지 않는 것에 화가 나서 곧 순검(巡檢) 하나를 보내 칼을 빼어 내 머리를 잘라 간다면 나로서는 의리를 지키기 위한 것이고, 저들에게는 분을 풀기 위해서이니, 이 어찌 양쪽 다 잘된 일이 아니겠는가?"
"내 일찍이 지은 시가 있으니,

萬劫終歸韓國士
억만 겁이 지나도 한국의 선비로 돌아갈 것이요
一生竊附公門人
한 평생 조심스레 공자의 제자로 있을 것이로다.
若纔擧一趾卽是
이제 만약 한 걸음이라도 거동한다면

李氏之賊臣聖門之叛卒

조선의 적신이요 성인을 배반한 졸장부니

爾吾豈爲是哉

내 어찌 그런 짓을 하리오." [12)]

라고 하셨다.

위와 같이 정암은 간재의 항일정신을 찬양하고, 그의 뒤를 따르고자 하였지만, 노모와 처자의 반대에 직면하여 괴로워한다.

> 아! 슬프도다! 나 태현이 평소에 간옹에게 배우기를 원하여 이 말씀을 수년간 외우고 익혀서 오늘날 의리를 지키는 자료로 삼았는데, 저 원수 오랑캐 역적들이 우리 백성들을 14세부터 40세에 이르기까지 모두 신식학교로 불러내고 있도다. 그러나 내 어찌 가히 평소에 배웠던 것을 다 잊고 문득 죽음이 두려워 저들의 부름에 달려갈 수 있을쏘냐? 저들이 비록 천 번을 부르고 만 번을 불러내어도 나는 조금도 마음이 흔들리지 않을 것이로다.
>
> 그런데 노모와 처자들은 이런 내 마음을 모르고 목전의 화를 모면하고자 온 집안이 소동을 피우며 애써 나가기를 권유한다. 그러나 내가 만일 여기서 적의 소굴에 발을 들여놓으면 평생 배웠던 것이 모두 없어질 것이고, 그 썩은 냄새와 치욕을 설령 동해 바닷물을 다 끌어다 씻어도 역시 다 씻지 못할 것이로다.

일제 강점기말에 날로 극심해지는 친일파들의 전횡도 정암을 죽음으로 몰아가는데 일조한다.

우리나라 토왜들이 온통 일본 도적들의 지휘에 따라 초하루와 보름날 밖에 나가 부역을 할 때마다 마을 사람들을 소집해 놓고 저 원수 오랑캐들의 명령에 따라 만세를 부르고, 또 소위 서사를 외우게 하고 잘못 외우는 사람은 사정없이 구타한다. 그리고 또 매일 새벽마다 저 오랑캐의 사당에 가서 참배하게 하고, 정오에는 저 원수 군주를 위하여 묵도하게 하여 안 하는 사람은 처벌하니, 이런 자들은 사실 모두 조선인이 아니도다.

또 「학정난내(虐政難耐)」라는 제하에 다음과 같이 썼다.

내가 일찍이 몸소 전답을 갈아 노모를 봉양해 오는데 저 원수 오랑캐들이 전쟁의 군량미로 비축하기 위해 강제로 남의 곡식을 빼앗아가고 방아 찧는 것을 일체 금지하니, 우리 백성이 다 굶주려 죽어도 털끝만큼도 돌보아 구휼하지 않으니 참으로 간사한 도적으로, 저 이리, 승냥이, 개 같은 짐승보다도 못한 놈들이다. 내가 우리 집 양식이 떨어진 것을 보고 어둔 밤을 틈타 매를 갈고 절구질하다가 남은 곡식을 저 오랑캐 종놈들에게 들키어 한없이 몹쓸 욕설과 질책을 당하였다.
그 후 들에 나가 모판에서 일을 하고 있는데 저 왜놈 종놈들이 또 찾아와서 내가 저들의 명령에 따르지 않는다면서 역시 한없는 질타와 욕설을 해댔다. 그 치욕과 분한(憤恨)을 어찌하리오.
나 또한 혈기가 있는 몸으로 어찌 생명을 버릴 각오로 저 무도한 놈들에게 보복할 용기가 없는 것은 아니지만, 마음속으로 지금 연로한 모친이 계신데 혹여 걱정과 심려를 끼쳐드려 더욱 불효할까 두려워 끝내 그 치욕과 분노를 참으며 그 수모를 당하고 말았다. 그런데 저들의 세력은 하늘을 찌를 듯 높아서 이 외로운 몸으로는 가히 대적하지 못한다.
하물며 옛것을 지키는 몸으로 어찌 저 원수 오랑캐 역적들과 옳고 그름을 견줄 수 있겠는가. 오직 내 의리만을 지킬 뿐이다. 그러나 이 치욕과 분노는 나 혼자만의 것이 아니라 우리나라 팔도의 만백성이 똑같이 당하는 것이다.

한편 「자서(自誓)」라는 글에는 그가 얼마나 중화사상(中華思想)에 매몰되어 있었던가를 알 수 있는데, 그것도 정암을 죽음으로 몰아가는 하나의 원인이 된 것 같다.

> (…전략…) 나 태현이 일찍이 집안에 기자(箕子)[13], 공자(孔子), 주자(朱子) 세 분 성인의 영정 두 본을 소장하고 있는데, 한 본은 조심스레 집안에 보관해 두고, 한 본은 항상 몸에 지니고 우러러 사모해 왔다.
> 지금 온 천하가 다 망하고 오랑캐가 되어 내가 위태롭고 두려워하기를 저 폭풍 앞에 외로운 등불 같을 뿐 아니라, 더욱이 내가 저 오랑캐 신주의 목을 베고 토막을 내었으니 후일 화가 임박해오면 그것을 펴놓고 절하고는 세 분 성인의 영정을 안고 문묘(文廟)에서 자결하고자 한다. 그렇게 하면 아마도 선생(간재)의 가르침에 맞지 않을까 한다.

정암이 일제의 탄압과 핍박에도 의연하게 저항하자, 그에 대한 보복은 상상을 초월한다. 우선 창씨개명을 하지 않으니, 이른바 '불령선인(不逞鮮人)'[14]으로 낙인 찍혀 공민권을 행사할 수 없었다. 또 그가 의관을 정제하고 읍내에 나가면 왜경이 가위를 들고 달려들어 상투를 자르려고 하는가하면, 흰 도포에 물총으로 빨간 물을 분사하여 옷을 망치는 등 갖가지 수모를 당하였다. 정암도 처음엔 자식을 신식학교에 보냈으나, 국어사용을 금하고 일어사용을 강요하는가 하면 신사참배를 강요하는 것을 알게 되자, 즉각 등교를 중단시키고 집에서 직접 한학을 지도하니, 자식들은 또래 아이들과 어울리지 못하여 몹시 싫었으나 지엄한 부친의 명을 어길 수 없어 늘 풀이 죽어 지냈다.

또한 정암이 신주를 조각내고, 일장기를 찢어 버린 행위는 중

벌을 면하기 어려운 사건이었다. 가장의 그런 위험한 처사에 전전긍긍하던 노모와 부인은 아이들을 생각해서라도 남들처럼 세상에 맞추어 살자고 누차 애원하였으나 요지부동이니 가정불화가 끊이지 않았다. 부인은 마침내 정암이 전주에 기거하는 동안 아들들을 신식학교에 보냈다. 하지만 뒤늦게 그 사실을 알게 된 정암은 아이들의 교과서를 모두 불 사르고 만류하는 부인의 머리를 등잔받침대로 가격하니 선혈이 낭자하고 온 집안은 울음바다가 되었다. 정암은 3대 독자라서 그랬는지 자식욕심이 유별났으니, 그의 가슴이 가장 아팠을 것이다.

이렇게 망국의 유생으로서 대의를 위해 처절하게 고군분투하던 정암은 마침내 한계에 부딪히자 죽음을 각오하고 집을 나설 때 노모는 돌도 채 지나지 않은 막내아들을 업고 마당에 서 있었다. 의관을 정제하고 나가는 아들에게 노모가 어디 가느냐고 묻자, 읍내 좀 다녀오겠다고 대답한 후 평소와는 달리 막내아들의 손을 잡으며 얼굴을 잠시 들여다보고 나서 노모에게 깊숙이 절을 하고 유유히 집을 나섰다. 그의 도포 소매에는 전주에서 미리 준비한 비상과 잘 벼른 단도가 들어있었다. 노모에 대한 효심이 남달랐건만 왜정에 굴종하는 길 외에는 살아갈 방도가 없었으니 최악의 불효도 감행해야 하는 비극적인 운명을 맞이한 것이다.

정암은 자신을 체포하려고 혈안이 되어있던 왜경들을 주재소로 스스로 찾아가 그들 앞에서 미리 준비한 「수왜십죄」를 외친 다음 마지막으로 "잔학무도한 너희 왜국은 마땅히 천벌을 받아 머지않아 패망할 것이로되, 나 이태현은 네 놈들 밑에서 더 이상 욕되게 사느니 차라리 목숨을 버리겠노라."라고 크게 외친 후 비상을 마시고 단도로 목을 찔렀다. 이를 지켜본 왜경들은 적잖이 놀랐을 테지만, 어디 얼마나 결기가 강한지 보자는 심사로 가위를 들고 다가와 상투를 자르자고 하였다. 그 순간 정암은 눈을 부릅뜨고 피투성이가 된 두 손으로 머리를 감쌌다. 그런 기개에 감동했던지 왜경들도 그제야 만행을 멈추고 남원도립병원으로 후송하였다. 당시 집에서는 일꾼을 얻어 늦은 모내기를 하고 있어서 새참을 내가려던 차에 갑자기 뇌성벽력과 함께 소나기가 쏟아지는 가운데 비보가 전해져 처자가 달려가 보니, 목에 붕대를 맨 채 전신이 흠뻑 젖어 부들부들 떨고 있던 정암은 처자를 보자 이불을 가져오라고 외치는데, 성대가 손상되어 목소리가 잘 나오지 않았다. 온몸이 젖은 것은 음독한 것을 세척해 내기 위해 물을 많이 사용한 때문이었을 것이다. 부인이 집까지 달려가 이불을 이고 다시 병실에 당도했을 때는 이미 의식불명 상태였다. 소생할 가망이 없다고 판단한 왜경이 귀가조치를 하여 4인교에 실려 돌아온 아들의 참혹한 모습을 본 노모는 실신하였고, 전년에 혼인한 17세의 자부(子婦) 역시 유생의 여식답게 자신의 약지를 망치로 깨어 시부(媤父)의 입 안으로 피를 흘려 넣는 효성까지 보였으나 효험이 없었다. 왜경은 이 사건을 '가정불화로 인한 비관자살' 로 처리하였다.

졸지에 가장을 잃은 9식구는 그 후 어찌되었을까?

그 동안 가까이 지내온 동네사람들마저도 혹시 화를 입지나 않을까 두려웠던지 접근조차 꺼리니 우선 품앗이가 어렵게 되었다. 게다가 장례 이후에도 왜경의 잦은 가택수색과 감시가 괴로웠던 유족은 결국 탈상도 하기 전에 의지할 인척을 찾아 정암의 처가가 있는 남원읍 향교리 구암 마을로 이사를 하였다. 집과 전답을 서둘러 처분하니 제값을 받을 리 없어 가세는 더욱 기울었다. 식구는 많고 벌이는 없으니 남은 전답을 하나씩 헐값으로 파는 것이 유일한 생계수단이었다.

정암은 이미 28세 때부터 거사를 계획했던지 영정사진을 대형으로 찍어 벽에 걸어놓았고, 32세 때는 16세의 장남을 서둘러 혼인시키더니, 거사 직전에는 15세의 장녀를 정신대(挺身隊) 차출이 염려된다며 서둘러 혼인시켰다. 하지만 너무 연소하여 예식만 올리고 3년 후에 '신행(新行)' 하기로 합의하였기 때문에 대혼란의 와중에서 참상을 다 지켜본 것이다.

37세에 홀로 된 부인은 생계를 위해 콩나물을 길러 파는 등 가리는 일이 없었고, 종당에는 밀주를 빚어 팔기까지 하였다. 그런 형편인지라 정암이 임모 학자에게 위탁 경작시킨 논 3마지기를 돌려받으면 큰 도움이 되었을 터인데, 야속한 인심에 또다시 울어야 했다. 그는 임대료도 주지 않고 있다가 해방 후 토지개혁이 실시되자 자신의 소유로 등기해버린 것이다. 그런데 40년 가까운 세월이 흐른 후 공교롭게도 정암의 외손자와 임모 학자의 외손녀가 혼인을 하게 되었으니 참으로 기이한 인연이다.

어린 나이에 과중한 짐을 지게 된 장남은 그 고통을 견뎌내지 못하고 자식 하나 남기지 못한 채 25세에 요절하였고, 차남은 초등교육조차 받지 못한 채 해방을 맞이한 후 17세의 나이로 비정규학교인 고등공민학교에 입학하였으나 서기관까지 올랐고, 3남은 노모와 농사를 짓다가 남원우체국 수위를 지냈고, 4남은 만학으로 야간대학을 나와 사무관이 되었고, 막내 5남은 환경미화원으로 일하면서 운전면허를 취득, 남원우체국에서 운전 일을 하였다. 이렇게 정암의 자녀들을 일일이 들추어본 것은 정암의 순국은 꺼져가는 민족정기를 일깨우기 위한 대의로 칭송받아 마땅하지만, 유족의 입장에서 보면 절대로 용납할 수 없는 대참사였다는 것을 일깨우기 위함이다.

1970년대 들어 우리나라도 의식주 문제가 어느 정도 해결되자, 그 동안 소홀히 해온 분야에도 눈길이 가기 시작하여 남원군에서는 유지들이 자발적으로 군민의 성금을 모아 1972년 10월 17일 남원읍 동림교(東林橋) 건너편 언덕 위에 '순절의사 정암 이태현 추모비(殉節義士 精菴 李太鉉 追慕碑)'를 건립하였다. 정부에서도 1973년 6월 국가유공자로 추서하고, 1977년 12월에는 대통령 표창, 1991년 광복절에는 건국훈장 애국장을 추서하였다. 2000년대에 들어 공직에서 정년퇴임한 차남 영철(泳哲)이 광복회 전라북도 지부장에 추대되었다. 정암의 유고(遺稿)는 순한문으로 되어 있어서 그 동안 몇몇 연구자들 외에는 거의 읽혀지지 않은 것을 안타까이 여긴 차남 내외의 노력으로 마침내 한글로 완역되어 『정암사고(精菴私稿)』라는 이름으로 순국 70주년이 되는 2012년에 남원문화원에서 발간되었다.

우리나라 경제가 크게 발전하여 독립유공자 유족도 상당한 연금과 자녀 학비면제 혜택을 받을 수 있게 되어 정암의 친손자들은 모두 고등교육까지 받아 각 분야에서 활발히 활동하며 안정된 생활을 하고 있다.

한편 무학의 장녀는 전주 인근에 살던 정암 동문의 중매로 초가삼간과 논 두마지기뿐인 편모시하(偏母侍下)의 무학에 가까운 농부와 혼인하여 모두 9남매를 낳았으나, 딸 둘은 약 한 첩 써 보지 못하고 병마로 잃었고, 다른 딸 둘은 초등교육이 고작이었다. 외손자는 유자녀 혜택을 전혀 받을 수 없었기 때문이다. 그런데 몇 해 전 보훈법이 남녀 차별 없이 개정됨에 따라 가장 연장자인 장녀가 웬만한 직장여성의 월급에 상당하는 120만원의 유족연금을 받을 수 있게 되었지만, '출가외인(出嫁外人)' 이라며 흔쾌히 동생에게 양보하였다. 평생을 단 돈 1원도 피처럼 아끼는 내핍생활로 일관해 왔고, 하물며 치명적인 병마에 시달리고 있던 형편이었음에도 망설임이 없었다. 3년 전 85세로 한 많은 일생을 마친 그 장녀의 장남이 바로 필자이다.

필자의 어머니는 필자가 말귀를 제대로 알아듣지도 못할 즈음부터 하늘같이 외경하던 부친을 앗아간 '왜놈' 들이 얼마나 몹쓸 짓을 했는가를 귀에 못이 박히도록 들려주었다. 그 영향으로 필자는 남보다 일찍부터 반일의식이 싹 터 있던 데다가 6.25 전쟁 직후 입학한 초등학교에서부터 철저한 '반공 · 반일' 교육을 받게 되어 확고한 반일 정신으로 무장되어 있었다. 그 결과 고3 때부터 '한일회담반대시위' 대열에 서게 되었고, 대학 1학년 때인 1965년 4월 17일에도 역시 '한일회담반대' 가두시위에 앞장섰다가 연일 벌어지는 시위에 지쳐 이성을 상실한 진압경찰에게 무차별 난타당하여 실신한 채로 경찰병원에 넘겨졌다. 겉날림 치료를 받고 깨어나 성북경찰서에 유치되었다가 덕수궁 옆 서울형사지방법원에서 구류 1주일에 처해졌다. 당시는 '집시법(集示法)' 이 제정되기 전이라서 '도로교통법' 으로 다스릴 수밖에 없었던 것이다. 만신창이가 되어 석방된 후 병원치료를 받을 형편이 되지 않아 고향으로 내려가 한데 변소에서 곰삭은 인분을 걸러서 하루 서너 사발씩 일주일쯤 마셨더니 어느 정도 회복되었다. 역겨운 냄새 때문에 눈물을 흘리면서도 마늘을 많이 먹은 기억이 지금도 생생하다. 그 때의 상흔이 아직도 온 몸에 선명하게 남아 있으니 아마 죽을 때까지 없어지지 않을 것 같다.

필자는 1968년 김신조 일당 무장공비들이 벌인 이른 바 '1.21 청와대 기습사건' 으로 남북 간에 일촉즉발의 전운이 감돌 때 입대하여 최전방 GOP부대에 배치 받아 만3년 간 혹독한 군대생활을 하는 동안 나름대로 국가관이 정립되었고, 일본에 대한 생각도 바뀌어 제대 후 교직에 몸담으면서 일본어 학습을 시작하였다.

정암의 손자·손녀 20여 명 가운데 제일 연장자인 필자가 일문과 교수가 되었고, 장손의 차녀가 현재 한국외국어대학교 일본어과에 재학 중인 것에 대하여 정암은 어찌 생각할지 자못 궁금하다.

돌이켜보건대, 필자는 교단생활 내내 정암을 잊을 수 없었고, 혹여 그의 대의를 망각할까 봐 정년을 맞는 날 때까지 긴장하고 지냈다. 세상이 크게 변했다고는 하지만, 역시 부담감을 떨칠 수가 없었기 때문이다.

◆ 주해(註解)

1) 최병심(1874~1957) 1904년에 명릉참봉(明陵參奉)에 임명되었으나 나가지 않았다. 1917년 왜정(倭政)이 전주에 잠업소(蠶業所)를 설치한다고 대대로 전수해 온 대지를 매도하라고 요청했으나, 일제에 토지를 내줄 수 없다고 단호히 거절하자, 토지 수용령을 발동시켜 가옥을 모두 소각하였다. 최병심은 갖은 고초를 겪으면서도 결사적인 단식 투쟁으로 대결하였다. 만동묘(萬東廟) 철폐로 인한 정향(丁享) 문제로 항거하다가 왜경들에 의해 괴산경찰서에 10여 일 간 구속되기도 하였다. 한말 독립투사들의 비사(秘史)를 엮은 조희제(趙熙濟)의 『염재야록(念齋野錄)』에 춘추대의적(春秋大義的)인 민족자존의 의지를 밝힌 서문을 쓴 일로 조희제와 함께 임실경찰서에서 옥고를 치르기도 하였다. 역사적 상황의 불안정과 격변 속에서 유학의 본질인 도학과 의리 정신을 지켜가면서, 전주 옥류동(玉流洞)의 염수당(念修堂)에서 많은 영재를 배출하였다. 최병심은 사람이 음양 · 흑백을 분별할 줄 모르면 소인 · 난적이 되기 쉽다고 전제하고, 같은 계열의 학파라도 학문의 진리에 어긋나는 논설은 가차없이 엄격하게 분석 비판하여, 태극(太極) · 심성(心性) · 이기(理氣) · 의리론(義理論) 등 많은 잡저를 저술하였다. 천하의 지극히 높은 것이 성(性)이요, 백체의 가장 영묘한 것은 심(心)이나, 심은 때로는 욕망에 흐르기 쉬움을 경계해야 하므로, 성을 높여 도(道)를 스승으로 삼고 성경(誠敬)으로 심을 조절하면, 성과 심이 일치되어 사람이 곧 천리(天理)에 부합된다고 강조하였다. 맹목적인 학파의 추종에서 벗어나 성리의 근원에서 진리를 추구해, 성품을 높이고 마음을 낮춘다(性尊心卑)는 것과 성품이 스승이라면 마음은 제자다(性師心弟)라는 주장을 계승하여 발전시켰다. 저서로는 『흠재문집(欽齋文集)』 30권 14책이 있다.

2) 홍범구주(≪서경≫의 홍범에 기록되어 있는, 우(禹)가 정한 정치 도덕의 아홉 원칙.
3) 범죄행위를 들추어 세어 냄.
4) 홍익한(洪翼漢) 조선시대 16대 인조 때의 문신. 삼학사(三學士)의 한 사람. 초명은 습(霫), 자는 백승(伯升), 호는 화포(花砲). 본은 남양(南陽). 병자호란(丙子胡亂)에 척화론(斥和論)을 주장(主張)하여, 뒤에 오달제(吳達濟) · 윤집(尹集)과 함께 청(淸)나라에 잡혀가 끝내 굽히지 않고 죽음을 당해 그들은 감탄(感歎)하여 '삼한삼두(三韓三斗)' 의 비를 세웠음. 시호(諡號)는 충정(忠正)

5) 田愚(1841~1922) 전라북도 전주 출신. 본관은 담양(潭陽). 초명은 경륜(慶倫) · 경길(慶佶). 자는 자명(子明), 호는 구산(臼山) · 추담(秋潭) · 간재(艮齋). 아버지는 재성(在聖)이다. 임헌회(任憲晦)의 문인. 1882년 선공감가감역(繕工監假監役) · 선공감감역 · 전설사별제(典設司別提) · 강원도도사, 1894년 사헌부장령, 이듬해 순흥부사 · 중추원찬의(中樞院贊議)를 제수받았으나 모두 나아가지 않았다. 그의 명성이 널리 알려지자 1895년 박영효(朴泳孝) 등이 수구(守舊) 학자의 우두머리로 지목하여 개화를 실현시키려면 그를 죽여야 한다고 여러 번 청했으나 고종의 승낙을 얻지 못하였다. 1908년 나라가 어지러워지자 왕등도(暀嶝島) · 군산도(群山島) 등으로 들어가 나라는 망하더라도 도학(道學)을 일으켜 국권을 회복하겠다고 결심하였으며, 부안 · 군산 등의 앞 바다에 있는 작은 섬을 옮겨 다니며 학문에 전념하였다. 1912년 계화도(界火島)에 정착하여 계화도(繼華島: 중화를 잇는다는 뜻)라 부르면서 세상을 떠날 때까지 저술과 제자 양성에 힘썼다. 그의 학문은 스승인 임헌회의 영향을 많이 받았다. 임헌회는 홍직필(洪直弼)의 문인으로서, 홍직필이 이재(李縡)의 문인에게서 학문을 닦았으므로, 자연히 인성(人性)과 물성(物性)이 같다는 견해를 가졌다. 그리하

여 이들은 이른바 낙론(洛論) 계열의 학자라 불린다. 그는 이와 같은 사상의 영향을 받아 인성과 물성이 다르다고 주장하는 한원진(韓元震)과는 의견을 달리하였다. 그는 의리정신을 숭상하고자 조선조의 조광조(趙光祖)·이황(李滉)·이이(李珥)·김장생(金長生)·송시열(宋時烈)을 동방의 오현(五賢)이라고 칭하였다. 그리고 이들의 문집 가운데서 좋은 말을 뽑아 『근사록(近思錄)』의 체재를 모방하여 『오현수언(五賢粹言)』을 만들었다. 그는 자신의 생각과 조금이라도 의견을 달리하는 점이 있으면 주저하지 않고 그 잘못을 지적하며 자기의 성리학설을 세웠다. 그리하여 그는 김창협(金昌協)에게서 사상적인 영향을 받았지만, 『농암사칠의의(農巖四七疑義)』를 지어서 그 불합리함을 지적했고, 기정진(奇正鎭)의 「외필(猥筆)」을 반박하는 「외필변(猥筆辨)」을 썼다. 또한 이항로(李恒老)에게는 「화서아언의의(華西雅言疑義)」로 반박하였고, 이진상(李震相)에게는 「이씨심설조변(李氏心說條辨)」으로 반박하였다. 그는 오직 이이와 송시열의 사상을 계승하는 데 힘썼으며, 나름대로 성리학적 경지를 창안하여 심본성설(心本性說)을 주제로 성존심비(性尊心卑) 또는 성사심제(性師心弟)의 설을 주장하였다. 이는 주희(朱熹)가 인간의 도덕적 의지와 작용을 설명하면서 성을 가장 근본적인 것으로 여겼다는 점에서 착안한 것이며, 그는 이러한 창안이 주희의 학설을 올바로 이해한 것이라 생각하였다. 주희는 모든 도덕적 의지는 성(性)에 근본하고 성은 천리(天理)라고 말하였기 때문에 천리인 성은 당연히 높고 마음은 낮은 것이라 하였다. 전우는 "주자가 말하기를 성은 태극이라 하였고 심(心)은 음양이라고 하였다. 그러므로 하늘과 태극은 마땅히 높은 것이고 심과 음양은 마땅히 낮은 것이다."라 했고, 또 "이를 미루어 보면 성은 스승이고 심은 제자라는 것은 주희의 설에 바탕을 두기는 했으나 내가 새로 창시한 것이니 의리가 지극히 정미한 것이며 절실한 공부이며 이것이 스스로 만든 심제(心弟) 두 글자다."라고 하였다. 그는 심성론(心性論)에 있어서도 성은 천리이며 심은 기(氣)라고 주장함으로써 '심즉이(心卽理)'에 반대하였다. 이와 같은 견해는 송시열의 학설을 이어받은 것으로 보인다. 이기(理氣)에 대해서는 「이기유위무위변(理氣有爲無爲辨)」에서 태극은 이만 있고 동정(動靜)의 능력은 없으며 음양이 동정한다고 하였다. 또한 이를 무위(無爲), 기를 유위(有爲)한 것이라 했고, 인간에게 있어서도 성은 무위한 것이며 심은 유위한 것이라고 하였다. 심성(心性)에 대해서는 성은 천리로서 무형·무위이며 심은 유위의 기라고 하였다. 그러므로 성은 순선(純善)이므로 대본(大本)이며 심은 작용이니 성명(性命)의 도덕성에 근본하지 않으면 안 된다고 하였다. 이와 같은 그의 학문적 성격과는 달리 처신에 대해서는 여러 의견이 엇갈리고 있다. 김평묵(金平默)은 "간재는 죽기가 무서워 의병을 일으키지 못했고, 화가 미칠까 두려워 외세를 배척하지 못하였다."고 비판하였다. 그러나 전우 자신은 정통 왕권(王權)의 계승만이 국권의 회복이라 생각했고, 파리장서에 가담하지 않은 것도 이적(夷狄)을 끌어들이는 일이라고 하여, "이는 척화를 하기 위해 또 다른 외세의 간섭을 자초하는 일이니 열강의 세력을 빌려 이들에게 호소하는 일은 하지 않겠다."라고 거절하였다. 그의 이와 같은 견해를 따로 모은 책이 『추담별집(秋潭別集)』이다. 여기에서는 "국권을 회복한다고 하면서 외세와 손잡게 되면 이는 나라를 회복하기 이전에 내 몸이 먼저 이적이 되는 것이니 이는 절대로 할 수 없는 일이다.", "500년 종사도 중요하지만 3,000년의 도통(道統)을 잇는 것이 더 소중하니 무가치하게 목숨을 버리지 말고, 학문을 일으켜 도(道)로써 나라를 찾아야 한다.", "을사년의 수치에도 통곡할 수밖에 없었고, 우리의 모든 선비는 마땅히 피를 토하고 눈물을 흘리며 이를 악물고 살 수밖에 없으나, 눈앞의 위태함만을 알고 나라의 참된 힘이 무엇인가를 깨닫지 못하면, 그것은 총칼 앞에 헛

되이 목숨을 버리는 일일 뿐이니, 차라리 몸과 마음을 올바로 가다듬어 신명을 얻어 학문을 열심히 닦아 뜻을 편다면 1년, 2년, 10년, 20년 어느 때인가는 우리의 힘으로 이룰 수 있을 것이다." 라고 하였다. 이와 같은 그의 견해는 도학 정신에 더욱 투철하려는 것이었다. 어떤 이는 이에 대해 "수천 년의 도학이 간재 한 몸에 달렸으니 가벼이 죽기보다 학문을 북돋우는 것이 더 큰일이다." 라고 말하기도 하였다. 또한 그는 스스로 일제의 탄압에 대해 조선 사람으로 자처하면서 전혀 일본인을 상대하지 않고 세금도 내지 않았으며, 제자 가운데 개화하는 사람은 이름을 지웠다. 이와 같은 학문적 업적에 대해 곽종석(郭鍾錫)은 그의 저서 『면우집(俛宇集)』 권111의 「홍성길(洪成吉)에게 답하는 글」에서 "나 스스로는 간옹에게서 평소에 그 청절(淸節)을 흠앙(欽仰)했던 것이요, 성존심비(性尊心卑)의 뜻은 모든 사람들이 미치지 못했던 바이니 간옹이야말로 나의 의혹된 바를 풀어줄 수 있는 분이다" 라고 하였다. 제자로는 오진영(吳震泳) · 최병심(崔秉心) · 이병은(李炳殷) · 송기면(宋基冕) · 권순명(權純命) · 유영선(柳永善) · 김병준(金炳駿) · 김택술(金澤述) 등을 비롯하여 3,000여 명이 있다. 저서로는 『안자편(顔子篇)』 · 『연원정종(淵源正宗)』 · 『간재집』 · 『간재사고(艮齋私稿)』 등이 있다. 그의 성리학 연구 업적은 높이 평가되고 있으며, 전통적인 유학사상을 그대로 실현시키려 한 점에서 조선조 최후의 정통 유학자로서 추앙받고 있다. 그러나 그의 행적에 있어서는 나라가 망해도 의병을 일으키려 하지 않고 도학군자만을 자부하고 있었고, 또한 파리장서(巴里長書)에도 참여하지 않았다며 지탄을 받기도 하였다. 그는 전통적 도학의 중흥만이 국권 회복의 길이라 여겼기에 이 정신에 투철했던 것이고, 그의 처신이 어떠했던 지간에 조선조 최후를 장식했던 성리학적 공헌은 높이 평가될 수 있다.

6) 『春秋』와 같이 비판적이고 엄정한 필법을 이르는 말. 대의명분을 밝히어 세우는 역사 서술 방법.
7) 권상하(權尙夏)(1641~1721) 조선 후기의 학자
8) 하늘과 땅이 분리됨
9) 일본 추장이란 의미로 일왕을 비하한 말
10) '이언' 은 평안도와 황해도에서 선발하여 경기도에 와서 사냥을 하도록 한 사냥꾼을 의미함.
11) 삼강오상(三綱五常)을 이름. 삼강은 유교의 도덕에서 기본이 되는 세 가지 강령. 임금과 신하, 부모와 자식, 남편과 아내 사이에 마땅히 지켜야 할 도리로 군위신강, 부위자강, 부위부강을 이름. 오상은 인(仁), 의(義), 예(禮), 지(智), 신(信)의 다섯 가지 덕.
12) 『추담집(秋潭集)』에서
13) 중국(中國) 은(殷)나라 주왕(紂王)의 친척(親戚). 나라가 망하여 조선에 들어와, 예의 · 전잠(田蠶) · 방직(紡織)과 팔조(八條)의 교(敎)를 가르쳤다 하나, 이는 후세 사람들의 조작인 것으로 보는 것이며, 진(晉)의 두 예의 주(註)에는 기자(箕子)의 묘가 양(梁)나라 몽현(蒙縣)에 있다 했음. 기자동래설(箕子東來說)은 사실이 아니라는 것이 지배적임.
14) 일제 강점기에, 불온하고 불량한 조선 사람이라는 뜻으로, 일본 제국주의자들이 자기네 말을 따르지 않는 한국 사람을 이르던 말.

언어를 버리는 지혜

이덕봉 ●●

인간에게 언어가 없었다면 지금쯤 어떤 모습으로 살아가고 있을까. 원숭이처럼 경계음을 내는 정도의 단순한 전달 수단으로 살아가고 있을 가능성이 크다. 언어가 없기 때문에 생각할 수도 없고 느낌을 전달할 수도 없었을 것이므로 집단을 이루거나 사회를 형성하지도 못했을 것이다. 개체 단위로 떠도는 상태에서 손에는 아무런 도구도 없이 나약한 종으로 살아갈 수밖에 없다. 여느 동물과 마찬가지로 체모로 덮여 페로몬의 유혹에 따라 교미하고 새끼를 낳아 어미는 조그만 굴속에서 새끼를 기르고, 먹이를 찾아 떠돌다가 원숭이에게 밀리고 고릴라에 쫓기며 늑대나 호랑이는 최대한 멀리 피해 가면서 가까스로 종족을 유지하는 멸종위기에 직면한 동물이었을 것이다. 만일 다른 영장류가 존재한다면 인간은 천연기념물로 보호받고 있을지도 모른다. 언어가 없으므로 오늘 해야 할 일을 계획할 수도 없고, 다른 사람과의 약속은 물론 미래의 설계 또한 불가능 하다.

언어가 없다는 것만으로 이렇게 삶의 양상이 달라지다니, 인간의 삶에서 언어가 차지하는 역할이 절대적이라는 사실에 새삼 놀라게 된다.

심리학의 연구 성과에 따라 언어는 인간만의 전유물이 아니고 모든 동물들이 나름대로의 전달 수단을 갖고 있다는 것은 오래전에 밝혀진 바이다. 다년간 고릴라에게 인간의 단어를 가르친 결과 최대 2000여 단어를 인식하기에 이르렀으나 발음이 되질 않아 의사소통은 불가능하였다. 그러나 수화를 가르친 결과 1000여 단어를 습득하고 구사하게 되었고 나중에는 원숭이의 수화 속도가 너무 빨라 가르친 조련사마저 알아보기 힘들 정도였다 한다. 원숭이는 제스처라는 언어의 달인이었던 것이다. 캘리포니아의 33살짜리 로렌드 고릴라 코코는 충치의 고통을 수화로 호소하여 치료를 받아 화제가 된 적이 있다. 이처럼 고릴라는 학습을 통해 상당한 수준의 언어를 구사할 수 있는 지능이 있음에도 불구하고 아래턱이 길어서 인간과 같은 분절적 발음이 불가능하다. 훗날 유인원의 발음기관이 진화 되는 날 영화 '혹성탈출' 에서 보았던 놀라운 장면이 현실이 될 가능성은 매우 높다.

어린 아이 정도의 지능을 가진 돌고래는 인간의 귀에는 들리지 않는 초음파 언어로 교신한다. 여러 마리의 돌고래가 바닷가 모래위로 튀어 올라 물로 돌아가질 못하고 떼죽음을 당하는 사례가 종종 보도되곤 한다. 이는 지상의 기계장치로부터 발생된 모종의 초음파가 돌고래들을 부르는 언어가 되어 전속력으로 달려오다 변을 당한 것으로 짐작되고 있다. 어쩌면 엄마 돌고래의 어서 오라는 소리를 듣고 집나가 떠돌아다니던 돌고래들이 그리운 엄마의 목소리가 들리는 곳을 향해 돌진한 것인지도 모른다.

대부분의 동물들은 페로몬을 분비함으로써 서로에게 끌리는 신호를 주고받는다. 즉 화학적 언어를 사용하는 것이다. 그러나 인간만은 이 화학적 언어의 지각 기능이 오래전에 쇠퇴하였다고 한다. 그 대신 시각과 청각으로 같은 효과를 올리고 있는데, 마음을 담을 수 있는 언어를 사용하여 이성에게 사랑을 표현함으로써 이성의 마음이 움직여 맺어지게 된다. 세계 여러 나라에는 예로부터 전해오는 다양한 연가들이 있다. 베트남의 '쿠안호' 라는 연가는 세계문화유산으로 지정되었다. 일본에도 '우타가키' 라는 연가가 전해지고 있고 우리나라에도 신라시대에 선화공주를 유혹하였던 '서동요' 도 연가이었을 것이다.

모든 동물들이 언어를 사용하고 있음에도 불구하고 유독 인간만이 문명의 발달을 이루게 된 데는 동물의 언어와 인간의 언어 사이에 근본적인 차이가 있기 때문이다. 동물의 언어는 경계음과 같은 변형이 불가능한 소리로만 구성되지만 인간의 언어는 분절적인 발음이므로 다양한 소리의 조합이 가능하다. 불을 발견한 후로 인간은 익힌 음식을 먹게 되면서 턱이 퇴화하여 짧아짐에 따라 다양한 분절음을 발음할 수 있게 된다. 뇌의 용량이 늘고 후두가 인두의 아래쪽으로 내려오게 되면서 더욱 다양한 발음이 가능하게 되었다. 이미 40만 년 전부터 가능해진 이러한 발음 능력은 갈수록 다양한 개념의 단어를 생성하게 되고 복잡한 구조의 문장도 생성하게 된다. 언어 능력의 발달과 함께 인간은 보이지 않는 것을 표현하고 전달할 수 있게 되었고 상상이 가능하게 된다. 상상력은 더 많은 개념을 축적하게 되고 축적된 지식을 교육하여 전달하면서 문화는 계승되고 문명이 발달하게 된다.

어미와 자식간에 이루어지는 의사소통은 가족이라는 공동체를 유지할 수 있는 유대를 이루게 되고 가족을 기본 단위로 하여 지역사회 국가사회로 공동체는 확대된다. 공동체 생활에서는 언어를 통해 개인 간의 감정과 의사를 소통하게 되고 다양한 공동체 활동이 이루어진다. 공동체는 언어로 표현된 규율을 정하여 관리하고 유지하게 되어 관습과 법이 되고, 물물교환의 수단으로서 화폐라는 가치를 생성하여 활발한 경제 활동을 전개하게 된다.

언어의 발달로 추상적인 사고가 가능하게 되면서 다양한 가치와 새로운 개념이 축적되어 언어는 '시' 라는 예술 형태로 진화하고, 시는 노래가 되고 소설, 드라마, 영화, 뮤지컬 등 다양한 예술로 확대된다. 모든 존재의 의미를 철학적으로 설명하게 되고, 눈에 보이지 않는 신을 이야기하기에 이른다.

현재 인간이 누리고 있는 모든 문화적 특혜는 언어로부터 기인한다. 모든 동물들이 불이 무서워 피하는 것과는 달리 인간만은 불을 이용하게 되면서 진화와 더불어 숱한 기적을 이루고 명실공히 만물의 영장으로서의 지위를 스스로 확보하게 된 것이다.

한편 인간의 모든 불행은 언어로 인해 발생한다. 언어를 사용하여 복잡한 의사소통이 가능하게 되면서 이해와 소통만이 아니고 오해와 논쟁이 발단이 되어 분쟁과 전쟁까지 초래하게 된다. 의도적인 거짓이 가능하게 되면서 남을 속이게 되고 시비가 벌어지고 대립과 충돌로 확대되어 인간관계에는 금이 간다. 말이 통하지 않으면 동질성을 잃고 고립되며, 대화 상대가 없으면 외롭고 괴로워한다. 미래의 안위를 걱정하게 되고 건강 걱정, 살림 걱정, 자식 걱정, 부모 걱정, 나라 걱정 등 모든 걱정이 언어로 이루어진다. 일상생활의 번민에서 인간 존재에 대한 근원적 물음에 이르기까지 인간의 모든 고뇌가 언어가 있음으로 해서 가능해진 것이다. 갖가지 욕망이 풀리지 않는 언어의 실타래가 되어 꼬이고 생각이 그 속에 갇힌다.

철학은 삶의 의문과 근원적 고뇌에 대한 해법을 언어로 설명하고자 한다. 그러나 언어는 인간과의 관계에서 생성되는 단편적인 내용을 담은 것일 뿐이고, 표현하기 위해서는 순서와 시간에 의존해야 하는 선조적인 한계를 갖고 있다. 언어의 이러한 제한적 한계 때문에 다양하고 다층적인 사람의 마음이나 포괄적인 인간 세상의 이치, 자연의 섭리를 설명하고자 하나, 설명할수록 빠뜨린 부분과 새로운 측면이 끊임 없이 나타나게 되어 각종 학설만 무성하게 된다. 언어로 접근한 철학이 언어의 벽에 부딪치게 되는 것이다. 일상생활을 영유하기 위한 도구로 사용하던 언어를 가지고 신과 마음의 문제를 해결하고자 한 것 자체가 언어의 사용 목적에 맞지 않는 오류인 셈이다.

기독교는 말씀을 학습하고 기도문을 외우며 기도를 올림으로써 일상의 상념을 잊고 오로지 신과 대면하도록 유도한다. 불교는 좌선을 통해 무념무상의 상태에 몰입함으로써 상념을 잊게 한다. 이들 종교적 치유 방법에서 공통적으로 보이는 특성은 언어를 한 방향으로 고르고 정리하여 일상의 언어를 잊게 하고 있음을 알 수 있다. 대부분의 고뇌는 머릿속의 언어가 꼬여서 정리되지 않는 상태에서 느끼는 현상이다. 마음속에 번민이 가득할 때 그 번민을 글로 적어보거나 누군가에게 털어놓는 것만으로도 치유의 효과를 보게 되는 것은 꼬였던 언어가 풀려 정리되기 때문이다.

우리의 전통 문화 속에는 언어에 의해 입게 될 피해를 줄이기 위한 삶의 지혜가 보인다. "벽에도 귀가 있다", "낮말은 새가 듣고 밤말은 쥐가 듣는다" 하여 늘 말을 조심하도록 하는가 하면, "말이 아니면 타지를 말고 길이 아니면 가지를 말라" 하여 언어를 승마에 비유함으로써 언쟁에 휘말리는 것을 경계하기도 한다. "입살이 고살" 이라든지 "말이 씨가 된다" 하여 말에 깃든 영 즉, 언령 사상에 입각하여 언어로 인해 초래될 재앙을 예고한다. 자기 PR의 시대인 현대에 있어서 마저 "웅변은 은이요 침묵은 금" 이라 하여 말 수를 적게 하는 지혜를 가르치고 있다. 언어를 재앙의 씨앗으로 보는 경험적 지혜인 셈이다.

한국 불교계의 큰스님이신 성철스님께서 열반계에 남긴 "내말에 속지 말라, 나는 거짓말 하는 사람이여" 라는 말은 유명하다.

깨우친 사람은 말이라는 도구 안에서만 생각하지 말라는 가르침일 것이다. '무소유' 라는 수필집으로 알려진 법정스님께서 홀로 있음의 자유와 세상의 흐름을 거꾸로 바라보게 함으로써 얻게 되는 자유를 일깨워준 것도, 언어에 의해 생성되고 부풀려진 인간의 과욕으로부터 자유로워지는 지혜를 가르친 것은 아니었을까. 선종하신 천주교의 김수환 추기경께서 스스로를 '바보' 라고 부르며 자신을 낮추었던 것도, 자신의 생각과 언어를 낮추고 줄여가는 비법은 아니었던지 감히 짐작해 본다. "사랑이 머리에서 가슴으로 내려오는 데 70년 걸렸다" 는 추기경의 말도 머릿속에서 언어로 생각하던 사랑을 언어가 아닌 가슴으로 느끼는 데 그만큼 오래 걸렸다는 뜻이었을 것이다. 일본의 방황하던 젊은 승려 코이케 류노스케가 써서 베스트셀러가 된 '생각을 버려라' 라는 책에서 자기로부터 자유로워지기 위해 생각하지 않는 명상 수행을 권하고 있는데 결국 언어를 버리라는 말과 통한다. 언어를 버리게 되면 생각을 할 수 없을 것이고 생각을 하지 않으면 모든 번뇌로부터 자유로워질 수 있기 때문이다. 각종 명상 교실에서 '내려놓으라' 는 말을 자주 듣게 되는 것도 잡다한 걱정과 생각을 내려놓으라는 말이라는 점에서 언어를 버리라는 말과 같다 하겠다. 인간 번뇌의 화근은 언어로부터 기인하므로 언어를 잊으라는 공통의 치유법을 제시하고 있는 것이다.

현재 자신을 괴롭히는 생각을 서툰 외국어만으로 생각해 본다면 그 생각은 유치한 표현으로 한정되게 되어 심각함을 표현할 엄두가 나질 않을 것이다. 더 나아가 배운 적이 없는 수화로 표현해야 된다면 아무 것도 표현할 길이 없을 것이다. 자기가 잘 아는 언어의 사용을 깨끗이 중지하고 대상을 가슴으로 느끼고 자연과 예술을 몸으로 느끼는 훈련을 쌓는다면 언어로부터 자유로운 인식활동이 가능해질 것이다.

도구를 잘 못 사용하면 도구가 고장 나거나 사용자가 다치게 된다. 언어라는 도구를 잘못 사용하여 고장 나게 되면 사용자는 골치가 아프고 생각이 풀리질 않아 고민은 더욱 깊어진다. 사용자가 고장 나게 되면 정신병이나 우울증에 빠져 앓아눕게 된다. 자동차의 성능이 발달하여 기능이 향상될수록 사고로 인한 피해는 그만큼 더 커지기 마련이다. 언어라는 도구의 경우에도 문명화 된 사회에서 교육 수준이 높아질수록 지적 수준이 향상됨에 따라 언어의 표현 능력은 향상되지만 욕망의 크기도 커지고 고뇌의 깊이도 더해져 인간이 감당하기 어려운 각종 현대적 병리로 나타난다.

일상에서 사용하는 도구는 늘 갈고 닦고 점검하여 성능을 유지하고 잘 보관하여 수명을 연장하듯, 우리의 생활 도구인 언어도 갈고 닦아 좋은 성능으로 사용법에 맞게 사용하되 무리하게 남용하지 않고 잘 관리하여야 사용자에게 도움을 줄 것이다. 언어라는 도구를 보다 유익하게 사용하기 위해서는 필요한 곳에서 필요한 만큼만 사용하여 언어의 피해를 줄이고, 때때로 보관함에 넣어 둠으로써 언어로부터 격리되는 시간을 늘리는 지혜가 필요하다. 언어의 힘을 빌지 않고 자연과 예술을 느껴보기도 하고, 상대의 마음을 느낌으로 받아들이고 자신의 마음을 상대에게 느낌으로 전하는 방법을 익혀 볼 일이다.

언어를 잊고 버리자는 이야기를 언어로 표현하고 있는 모순을 느낄 때쯤 언어를 내려놓는다.

사람은 언어를 통해 세상을 본다.
말씀은 세상의 모습으로 오지만 빛은 말씀의 저편에 있다.
말씀을 따라 언어를 내려놓을 때 사람은 빛과 하나가 된다.

편집후기

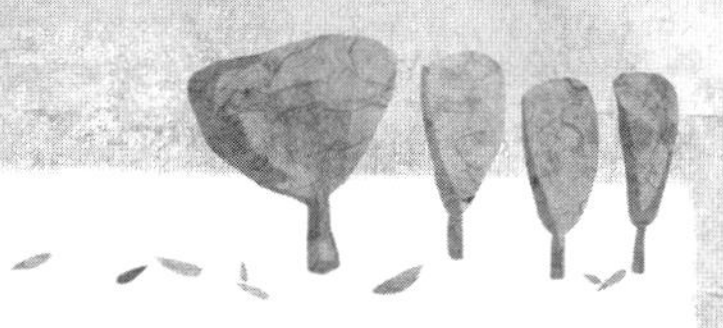

끝나지 않은 이야기

목근회 회원 12분의 에세이 19편을 받고 보니 '十人十色' 이라는 말 그대로 장르와 내용이 다채로왔다. 문체 또한 연수필에서 경수필에 이르기까지 성격적인 공통점을 찾기가 어려울 만큼 다양하였다. 이렇게 다양한 얼굴의 글들을 '목근춘추' 라는 한 줄의 끈으로 꿰기 위한 방법으로서 내용을 크게 묶어 소제목을 붙여 보았다. 그리움을 회상하는 내용은 '그리운 이야기' 로 분류하고, 취미 생활에 관련 된 글은 '소꿉 이야기' 에, 기행문은 '가본 이야기' , 지나온 삶의 이야기는 '일궈온 이야기' , 학술적인 성격에 가까운 것은 '알아본 이야기' 로 분류하였다. 이렇게 분류하고 보니 약속이나 한 것처럼 테마별로 고르게 분포되어 있었다. 역시 구색을 갖춘 목근회의 균형잡힌 성격이 잘 드러난 것 같았다.

목근회의 요람을 신기 위해서 지난 자료들을 뒤져서 연혁을 정리하였다. 대부분의 중요한 역사는 찾아내서 정리 되었으나, 99년부터 2010년 사이의 특강 기록이 누락되어 안타까웠다. 가신님과 함께 사라져버린 역사는 안타깝지만, 향후에라도 자료 보전에 만전을 기해야 할 것 같다. 9월부터 새로이 회원에 가세한 이한섭 교수와 임팔룡 교수의 경우는 편집 일정 관계로 이 번 호에는 옥고를 실을 수 없는 것이 아쉬움으로 남는다.

목근회 회원 중 연장 회원들께서 70대이신 2006년에 에세이 1권 "구름따라 세월따라"가 간행되었고, 80대이신 이번에 2권 "목근춘추"가 발간되었다. 다음 번에는 90대가 되셨을 때에 3번 째 에세이집이 출간되기를 기대하면서 편집후기를 마친다.

편집위원회

木槿會 발자취

창립 1998년 3월 7일

1.창립 모임

목근회는 박희태, 손대준, 신근재, 이영구, 황성규의 발기로 '재경일본학정년교수친목회' 의 창립모임을 1998년 3월 7일 오후 5시에 한국일본학회 사무실(종로구견지동 견지빌딩5층)에서 가짐
참석자: 권만혁, 박희태, 손대준, 신근재, 유제도, 이상태, 이영구, 정치훈, 황성규 계9인

2. 명칭

창립모임에서 '목근회' 로 잠정 결정한 뒤
5월 20일의 두 번째 모임에서 확정.

3. 목근 일화

목근은 나라꽃인 무궁화를 가리키며, 수필가 고 김소운님께서 「サンデー毎日」가 동란하의 한국을 가리켜 '지옥' 이라 하고, 일본을 '천국' 이라 한 좌담기사(1951.7)에 분개하여, '대한신문' 에 일본에 보내는 공개서한 형식인 '목근통신' 을 연재한 바 있다. 1951년 11월 그 번역문을 「中央公論」에 특별기고 함으로써 '목근' 이라는 이 꽃 이름은 일본에 널리 알려지게 된다.

4. 창립 회원

김성연, 박희태, 권만혁, 신근재, 유제도, 이영구, 이상태, 손대준, 정치훈, 황윤주, 이종덕, 황성규(연령순) 이상12명

5. 추후 영입 회원 및 작고 회원

⊙영입회원

2001년 5월 포산 곽영철

2004년 3월 영월 오영진

2007년 3월 공산 김동수, 벽운 김태정, 현암 박무희

2012년 3월 동우 유상희, 7월 리산 이덕봉

2014년 9월 리송 임팔용, 연명 이한섭

⊙작고회원

古岩 황성규(1999.01.19)

泰仁 유제도(2000.10.21)

雨江 이상태(2005.03.14)

勝山 정치훈(2005.06.04)

周亨 손대준(2010.08.17)

靈月 오영진(2014.02.21)

秋崗 김성연(2014.09.15)

6. 역대 회장

98.3 만광 박희태

99.3 경산 권만혁

00.3 우촌 신근재

01.3 서송 이영구

02.3 우강 이상태

03.3 주형 손대준

04.3 승산 정치훈

05.3 현당 황윤주

06.3 보광 이종덕

案　　內

호랑이의 늠름한 기상이 돋보이는 새봄입니다. 그 동안의 회포를 풀고 정담을 나누고자 몇몇 분의 뜻을 모아 아래와 같이 자리를 마련하였사오니 참석해 주시기 바랍니다.

아　　래

- 때 : 1998. 3. 7 (土) 오후 3:00
- 곳 : 한국일본학회 사무실 (☎723-4670)
  종로구 견지동 110-1 견지빌딩 5층
  (제주은행 맞은편 시사일본어사)

1998년 2월 23일

(假稱) 在京日本學停年敎授親睦會
發起人 朴熙泰 孫大俊 愼根縡
李榮九 黃聖圭 (가나다 순)

07.3 포산 곽영철

08.3 공산 김동수

09.3 벽운 김태정

10.3 영월 오영진

11.3 현암 박무희

12.3 만광 박희태

13.3 우촌 신근재

14.3 서송 이영구

7. 간행물

2006.12.31 첫 에세이집 "구름따라 세월따라" (ISBN89-957355-4-6) 영강사(348쪽)

2013년 7월에 목근회 요람을 발행하자는 서송의 발의에 따라 9월에 편집위원회(우촌, 벽운, 동우, 리산) 가 결성되었다.

2014.10 두 번째 에세이집 "목근춘추" 온북스에서 간행(280쪽)

8. 특강

98년 5.20 두 번 째 모임에서 모임 때마다 돌아가며 20분정도의 특강을 하기로 함.

⊙특강 기록

98.7.31 특강 추강, 테마: 海馬 테스트에 대해서

98.11.27 특강 승산, 테마: 枕繪에 대해서

99.1.29 특강 태인, 테마 :R. Wagner에 대해서

(중간 1999-2010간의 기록 유실)

12.7.19 특강 보광, 테마: 相撲에 대해서

12.9.21 특강 서송, 테마: 경성제국대학의 설립초기 상황

12.11.16 특강 우촌, 테마: 평양방문기

13.1.18 특강 만광, 테마:모음과 장단음에 대하여

13.3.22 특강 만광, 테마:성매매특별법 논란으로 본 성매매 규제의 역사

14.3.20 특강 보광, 자료:반일이라는 이름의 만병통치약

14.5.2 고양 꽃박람회 답사 및 벽운 진행으로 句會1부

14.6.19 동구능 답사 및 벽운 진행으로 5월 구회2부 계속

14.7.17 특강 벽운, 테마: 품위있는 유머에 대하여

14.9.18 특강 벽운, 테마:「ミヤコホテル 論爭」

9. 현재의 회원 명단(2014년 9월 1일 현재)

- 秋崗 金成連 • 晩光 朴熙泰 • 景山 權萬赫 • 祐村 愼根縡
- 瑞松 李榮九 • 玄堂 黃胤周 • 普光 李鍾德 • 苞山 郭永喆
- 公山 金東秀 • 碧雲 金泰定 • 玄庵 朴武熙 • 東隅 柳相熙
- 里山 李德奉 • 然明 李漢燮 • 里松 林八龍

10. 회칙

98.3.7 창립모임 때부터 초안 작성하여 98.11.27일 다섯 번 째 모임에서 회칙 확정

제1장 총칙

제1조(목적) 본 회는 회원 서로의 건강관리, 여가선용 등에 관한 정보를 교환하고 친목을 도모하는 데 그 목적이 있다.

제2조(명칭) 본 회의 이름은 목근회(木槿會)라 일컫는다.

제3조(장소) 본 회의 사무실은 서울에 둔다.

제2장 회원

제4조(회원) 본 회의 회원은 일본학(일어일문학)계에서 활동하다가 정년퇴임한 교수로서 수도권에 거주하는 남자로 한다.

제5조(입회) 본 회의 회원이 되고자 할 때에는 본회의 전체 회원의 동의를 받아야 한다.

제6조(탈퇴) 회원이 탈퇴하고자 할 때는 탈퇴서를 제출하여야 한다.

제3장 모임 및 총회

제7조(모임) 본 회의 모임은 정기 모임, 비정기 모임으로 구분한다. 정기 모임은 홀수 달 셋째 목요일에 가지며, 비정기 모임은 필요에 따라 가질 수 있다.

제8조(정기모임) 정기 모임에서 할 일은 우의를 돈독히 하면서 친목에 필요한 행사를 갖는다.

제9조(총회) 총회는 매년 1회 3월에 열며, 3월 정기 모임과 겸해서 열 수 있다. 총회에서 할 일은 다음과 같다.

1. 회칙의 제정 및 개정
2. 입회비 및 연회비의 조정
3. 예산 및 결산의 승인

제10조(의결) 모임의 의결은 재적 회원 과반수 이상의 출석과 출석 회원 과반수 이상의 찬성으로써 이루어진다.

제4장 임원

제11조(임원) 임원으로는 회장 겸 총무를 한 사람 둔다. 회장은 필요시 모임을 소집할 수 있다.

제12조(선출) 회장 겸 총무는 총회에서 선출하고 임기는 1년을 원칙으로 한다.

제5장 재정 및 회계

제13조(재정) 본 회의 재정은 회원의 회비 및 찬조금으로 충당한다.

제14조(회비) 회비는 총회의 의결로 정한다. 입회비는 입회 시점의 본 회의 총 자산을 회원수로 나눈 금액으로 정한다.

제15조(회계) 본 회의 회계연도는 매년 3월1일부터 다음 해 2월 말일로 한다.

제6장 부칙

제16조(발효) 본 회칙은 목근회 창립일(1998년3월7일)부터 발효한다.

제17조(기타) 본 회칙에 명시되지 않은 사항은 관례에 따른다.

제18조(개정) 본 개정 회칙은 2012년 3월 15일부터 시행한다.

제19조(개정) 본 개정 회칙은 2014년 7월 17일부터 시행한다.